JN277307

元禄《げんろく》の光《ひかり》と翳《かげ》

朝日文左衛門の体験した「大変」

大下 武
OSHITA Takeshi

ゆいぽおと

はじめに

一〇〇石取りの尾張藩士「朝日文左衛門」は、現代に似た時代を生きた。今からおよそ三〇〇年前、元号でいえば元禄《げんろく》・宝永《ほうえい》・正徳《しょうとく》、将軍でいえば五代綱吉《つなよし》から六代家宣《いえのぶ》、執政でいえば柳沢吉保《やなぎさわよしやす》から間部詮房《まなべあきふさ》、政策担当でいえば荻原重秀《おぎわらしげひで》から新井白石《あらいはくせき》、事件でいえば赤穂浪《あこうろう》士《し》の討入りから元禄関東大地震・宝永大地震・富士山大噴火。そういう時代に生きて、浮世の憂《う》さを忘れさせてくれたのが、近松・竹本コンビの人形浄瑠璃と、好き放題に飲めた酒、そして気の置けない多くの友人たちであった。

大坂夏の陣を最後に戦《いくさ》がなくなり（元和偃武《げんなえんぶ》）、やがて武断から文治への政治転換があって、元禄の時代を迎えた。この時期、上方《かみがた》を中心に「町人」が主役の、活気ある文化が開花したが、この華やかさの背景には貨幣経済の発達があった。良くも悪くも、お金を出せば何でも手に入る消費社会が到来したのである。

中・近世史が専門の守屋毅《たけし》氏（一九四三〜一九九一）は、「われわれの都市生活・都市文化の出発点が元禄にあつたのではないか、元禄はとおくて、ちかい時代なのである」と述べ、かつて流行《はや》った「昭和元禄」という言葉について「日本が高度成長をはたし、都市大衆社会が実現した時期の現実認識として、存外、当をえた標語だったようにもおもわれる」、「元禄から現代までが、なだらかな放物線をえがきつつ、連続しているようにみえる」と述べられている（『元禄文化』）。その昭和からすでに二十数年経つが、この見方に魅《ひ》かれるのは、朝日文左衛門の『鸚鵡籠中記』を読んでいて、思わずうんうん頷きたくなるような場面に、いくども出くわすからだ。たしかに「元禄」は、「現代」に似た一面をもつ。

守屋氏が、とおい元禄を現在への出発点に定めた理由は、「町人」が、はじめて文化の担い手になった、という点にある。文左衛門は微禄ながら武士だが、嵌《は》まりこんだのは「武芸」ではなく、町人が担う「遊芸（浄瑠璃）の世界」であった。戦後日本も、第二の「町人」というべき「市民」を生み出した。その市民が、いま文化の担い手になっているが、「江戸の町人」のように客体化できない分、「何を仕出かすか分からない」という危うい一面をもつ。

長く戦乱の時代を経て、歴史上例を見ない「戦争のない二五〇年」が訪れた。元禄はその時代の、最初に開花した文化といってよい。いまの人たちは「戦後七〇年の平和」などと威張っているが、まだまだ江戸時代の足元にも及ばない。

もうひとつ、元禄時代は地震や火山活動の盛んな時期で、気候変動も大きかった。そうした天変地異も現代に似る。元禄の次の元号にあたる宝永の大地震は、いま騒がれている南海トラフが起因の地震であり、富士山の噴火に連動したことでも知られる。文化的な類似が、地震や火山活動にまで及ぶのは迷惑な話だが、生き延びるための先例となるなら、大いに学ぶべきだろう。次々に訪れる難局に対し、冷静に対応し切り抜けてきた江戸時代人の知恵と態度を、『鸚鵡籠中記』の世界から学びとっていきたいと思う。

元禄の光と翳

―朝日文左衛門の体験した「大変」―

もくじ

はじめに　1

第一章　元禄芝居模様　―芝居狂いの文左衛門―　11

かぶき者から歌舞伎へ　12
阿国歌舞伎　14
名古屋の主張　16
名古屋山三郎とお国　19
名古屋の芝居のはじまり　21
朝日文左衛門の芝居見物　25
人形浄瑠璃　28
橘町大木戸近くの芝居地　33
芝居狂いの文左衛門　39
御器所村　45
滝沢馬琴、汲み取り代で揉める　50

御器所の佐久間氏　54
長崎奉行佐久間信就　58
長崎貿易　60
芝居興行が行われた理由　64

第二章　元禄から宝永期の、もうひとつの顔　―朝日文左衛門の体験した「大変」―　67

元禄関東大地震　68
『鸚鵡籠中記』に見る江戸城と大名屋敷の被害　72
コラム　菰野《こもの》藩主の土方《ひじかた》家　110
コラム　『折たく柴の記』が記す元禄大地震
―震災直後、湯島天神下から日比谷御門まで歩く―　119
隆起した房総南端　131
宝永四年の大地震　132
コラム　文左衛門の交友関係（高岳院での会衆）　139
尾張国内の地震被害　142

地震の発生した時刻　155
富士山噴火　158
コラム　富士見原から富士山は見えたのか　161
噴火の後始末　182

第三章　元禄につづく時代　189
宝永六年正月の事件　―綱吉の死は麻疹？―　190
コラム　目からウロコの話「麻疹《はしか》の今昔」　204

第四章　「お鍬祭り」と「お蔭参り」　―六十年周期の不気味―　209
お鍬祭り　210
お蔭参り　216

第五章　宿命の対決　―荻原重秀と新井白石―　233
貨幣改鋳をめぐって　234

荻原重秀、逐われる　246
荻原重秀勢力の一掃　250
絵島事件　253
将軍になり損ねた尾張の殿様　264

おわりに　277

朝日家関係略系図

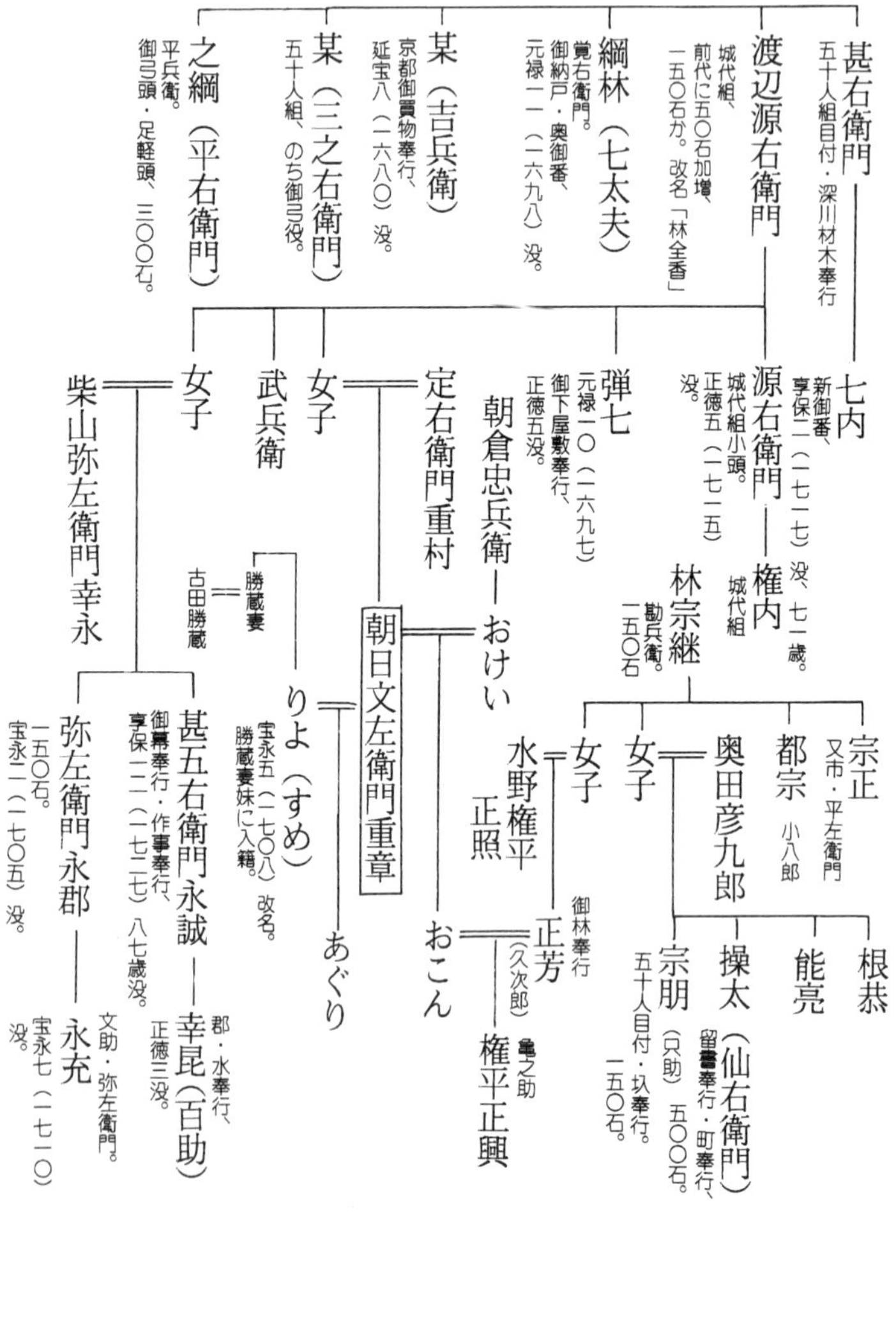
甚右衛門
五十人組目付・深川材木奉行
渡辺源右衛門
城代組、前代に五〇石加増、一五〇石か。改名「林全香」
綱林（七太夫）
覚右衛門。御納戸・奥御番、元禄一一（一六九八）没。
某（吉兵衛）
京都御買物奉行、延宝八（一六八〇）没。
某（三之右衛門）
五十人組、のち御弓役。
之綱（平右衛門）
平兵衛。御弓頭・足軽頭、三〇〇石。
七内
新御番、享保二（一七一七）没、七一歳。
源右衛門
城代組小頭。正徳五（一七一五）没。
権内
城代組
林宗継
勘兵衛。一五〇石
弾七
元禄一〇（一六九七）御下屋敷奉行、正徳五没。
朝倉忠兵衛
おけい
定右衛門重村
女子
武兵衛
勝蔵妻
吉田勝蔵
女子
柴山弥左衛門幸永
朝日文左衛門重章
りよ（すめ）
宝永五（一七〇八）改名。勝蔵妻妹に入籍。
あぐり
おこん
宗正
又市・平左衛門
都宗
小八郎
奥田彦九郎
女子
女子
水野権平正照
正芳（久次郎）
御林奉行
権平正興
亀之助
根恭
能亮
操太（仙右衛門）
留書奉行・町奉行、五〇〇石。
宗朋（只助）
五十人目付・扒奉行。一五〇石。
甚五右衛門永誠
御幕奉行・作事奉行、享保一二（一七二七）八七歳没。
幸昆（百助）
郡・水奉行、正徳三没。文助・弥左衛門。
弥左衛門永郡
一五〇石。宝永二（一七〇五）没。
永充
宝永七（一七一〇）没。

第一章　元禄芝居模様

―芝居狂いの文左衛門―

かぶき者から歌舞伎へ

芸能史研究家の関山和夫《せきやまかずお》氏は、「時代精神としての〈かぶき〉の死は、芸能としての〈歌舞伎〉の誕生である」と説かれた（『中京芸能風土記』）。『広辞苑』では、〈かぶき〉を次のように解説する。

【かぶき】　天正年間（一六世紀末）ころに流行した俗語〈カブク〉の連用形で、①異常な放埓《ほうらつ》をすること。ふざけた振舞い。異様な風俗。②歌舞伎踊り（歌舞伎初期の「女歌舞伎」または「若衆歌舞伎」の踊り。流行唄にあわせて踊る）の略。③歌舞伎劇（阿国歌舞伎に発源し江戸時代に興隆。歌舞伎芝居とも）の略。

これを関山氏の評言にあてれば、「異様な現実の時代（戦国時代）」が終りを迎えたとき、それが「踊りや芝居の世界」に甦《よみがえ》った、ということか。信長・秀吉の時代には「かぶく」精神が現実の時代精神であり、ときに「指導者の精神」として生きていたが、江戸時代の初めは、それを引きずりながらもすでに社会の主流にはなり得ず、次第に少数者、ハミ出し者として疎外され、やがて「仮の世界、非現実の舞台」でしか生きられなくなった、そういうことであろう。

では実際に「かぶき者」が社会のハミ出し者になっていく姿とは、どんなものであったのか、その一端を記録から追ってみよう。『徳川実紀』（台徳院殿御実紀第一九）の慶長一七年（一六一二）六月廿八日の条に、次のような記事がある。台徳院とは、二代将軍秀忠の法名である。

○大番組頭《おおばんくみがしら》芝山権左衛門正次《まさつぐ》、その家僕《かぼく》（奉公人）を誅《ちゅう》しけるに、その党、集まり競い来《きた》りて、正次を討《うち》て逐電《ちくでん》す。これは近年諸国に無頼《ぶらい》の悪党あり。その首長を大鳥居逸平《おおとりいいっぺい》、大風嵐之助《おおかぜあらしのすけ》、大橋摺之助《おおはしすりのすけ》、風吹塵右衛門《かぜふきちりえもん》、天狗魔右衛門《てんぐまえもん》などいえる者、その党類の悪少年を集め血誓をなし、もし党類災難の事あらんには、身命を捨てて、君父《きみかぞ》といえども恐れず、力をあわせ、その志を遂げんと約しければ、悪少年・遊侠の類幾百人が党を分かち市中を横行し、人を害し郷里を騒動せしむる事虚日なし。このほど官よりも厳禁を下され、悪党を追捕《ついぶ》せらる。（以下略）

芝山は大番組頭とある。大番は戦時の旗本精鋭部隊だが、平時は二条城と大坂城の番役を務める。一二組からなり、一組につき大番頭一人、大番組頭四人、大番衆五〇人で構成（下に与力・同心が就く）、一年交替で二組ずつ両城に在番し、他は江戸城の守備に就く。

その大番組頭だった芝山が、あるとき家来のしくじりを咎《とが》め手討ちにしたところ、その仲間たちが来襲し、芝山を殺して逃げ去った。捕えてみるとその仲間はかぶき者で、大鳥居逸平を首領とするグループのメンバーだった。すでに名前からして異様な一党だが、彼らはたとえ主人や父親でも理不尽な扱いには、身命を賭して復讐する「血の盟約」を結んでおり、やがて首領以下三〇〇人が捕えられて、市中引き回しのうえ磔《はりつけ》にされた。大鳥居はもと大久保長安《ちょうあん》（佐渡奉行）の屋敷に雇われた小者《こもの》だったが、なかなか才があり、侍に取り立てられたのだという。

この直後の元和元年（一六一五）、大坂夏の陣を最後に世の中から戦《いくさ》がなくなり、武士たちは泰平の世の身の処し方に困惑することになる。定年退職後のサラリーマンみたいなものだ。将軍直属の精兵だった旗本たちは、平時の仕事である「番役」に暇をもて余《あま》した。また再就職の術《すべ》を失った牢人《ろうにん》たちは途方にくれ、旗本の次男以下は一生涯「部屋《へや》住《ず》み（居候）」の悲哀を味わうことになる。社会が現状維持に向かえば、彼らは収まりのつかない余計者となり不満が次第に強くなる。慶安《けいあん》四年（一六五一）の「由比《ゆい》（井）正雪《しょうせつ》の乱」や翌年の「承応《じょうおう》事件（別木《べつき》庄左衛門事件）」といった牢人の暴発へつながり、また「かぶき者」「だて者」「奴《やっこ》」たちは、遊侠の世界へハケ口を求めた。

彼らの行動は、「華美」「乱行」「異装」「喧嘩」「信義」「徒党」「無法」といった言葉に象徴されるが、やがて幕府も容認できなくなり、正保《しょうほう》五年（一六四八）の触れで「かぶきたる体《てい》、がさつなる儀、不作法なるもの」を捕えるとし、寛文《かんぶん》二年（一六六二）の触れで、彼等の「長い刀や大脇差、髪の結い方、髭、絹、帯」などを禁制とした。以後この種の規制は次第に厳しくなり、「かぶき者」は現実の世界から仮の世界へと逃避することになる。

阿国歌舞伎

こうした時代に重なりながら登場するのが「かぶき芸能」である。通説によると慶長八年（一六〇三）、出雲《いずもの》阿国《おくに》（生没年不詳）ら巫女《みこ》集団が京都の四条河原《しじょうがわら》でかぶき踊《おどり》を演じて見せた。

これが歌舞伎の最初とされ、いま、四条大橋東詰の「南座《みなみざ》」西側に「阿国歌舞伎発祥地」の石碑が立つ。しかしこれは半ば伝承に基づく話で、簡単には決められない。

すでに室町時代から、鴨川《かもがわ》（出町《でまち》以北は賀茂川と表記）の河原が猿楽や田楽の興行で賑わったことは、よく知られている。出雲阿国が五条の東橋詰《ひがしはしづめ》で「やや子踊《おどり》（もともと幼女の演じる踊り、初期女歌舞伎の演目）」を興行、やがて北野社へ移ったあと、四条河原では「遊女かぶき」が行われるようになり、元和頃（一六二〇前後）には四条河原のかぶき興行として定着した。半世紀後の寛文一〇年（一六七〇）、鴨川に新堤が築かれてからは、右岸河川敷《かせんしき》にあった仮設の芝居小屋が堤外の東橋詰に移され、従来の河川敷は「新河原町（先斗町《ぽんとちょう》）」として開発、新たな「茶屋町《ちゃやまち》」が出現した。

四条大橋を東に渡ると、四条通を挟んだ北側に二軒、南側に三軒の芝居小屋が向かい合っていたが、その後火災のたびに数を減じ、化政期（一八〇〇年代はじめ）には南・北一軒ずつとなった。さらに明治二七年の四条通拡幅工事が北側へのみ広げられたため、北座が廃され、南座のみとなった。いま顔見世興行で「まねき」を掲げる南座が、「歌舞伎発祥之地」とされる所以《ゆえん》である。

しかし、「ちょっと待ってくれ、歌舞伎発祥はこちらだ」と名乗りを上げるのが、名古屋の南に位置する熱田である。その言い分を聞いてみよう。

名古屋の主張

天明二年（一七八二）、名古屋本町《ほんまち》三丁目で出版業を営む指峯堂《しほうどう》伊勢屋忠兵衛（西村氏、書肆、俳人）が、親交のある猿猴庵高力種信《えんこうあんこうりきたねのぶ》（一七五六〜一八三一、尾張藩士・三百石、絵本画家・文筆家）の挿絵《さしえ》協力を得て、『尾陽戯場事始《びようぎじょうことはじめ》』という一書を編んだ。指峯堂とはあまり聞かない名前だが、親友の横井也有《やゆう》は『鶉衣《うずらころも》』で、「年ごろ相知れる好事《こうず》の漢《おとこ》あり。あらたに世渡る業を営むとて、書坊の主となりけり」と、半ば羨《うらや》ましげに紹介し、指峯堂を「好事の人」と評している。

要するに当代きっての趣味人であり、また文化人なのである。「指峯」は号で、也有は「高きを望む丈夫《ますらお》の志を表せるものか」と推量している。「堂」は本屋の屋号に似るが、本来は雅号に添える言葉で、名古屋の書肆《しょし》風月堂などもその類《たぐい》である。

指峯堂は俳諧をよくし、芝居にも造詣《ぞうけい》が深かったが、その著『尾陽戯場事始』で「名古屋人こそが歌舞伎の生みの親」と説いた。それだけでは単に好事家《こうずか》の地元贔屓《びいき》と片付けられそうだが、本編は、慶長（一六〇〇年前後）以来元文《げんぶん》三年（一七三八）まで、およそ一三〇年間にわたる主な芝居興行を、上演場所・役者・演目などにわたって編年的に記録しており、日本の芸能史研究にとって貴重な史料を提供しているのである。なお「戯場」の読み方は「ぎじょう」「げじょう」があるが、『名古屋叢書』（第一六巻）所収の校訂にあたった尾崎久彌《ひさや》氏（一八九〇〜一九七二、名古屋を代表する江戸文学研究者。没後一万四千点の収集品を蓬左文庫に寄贈）は、「最も通りがよいのは〈ビヨウギジョウ〉」とされているので、いまはこれに従う。以下同書で指峯堂が上張する「歌舞伎のルーツは名古屋」説を見ておこう（以下は本文の要約）。

○『尾張人物志』に「名古屋三左衛門《サンザエモン》ハ古渡村ノ人ナリ。幼名ハ山三郎《サンザブロウ》、初メ蒲生氏郷《ガモウウジサト》ニ仕《ツカ》エ後ニ森右近忠政ニ仕エテ禄三千石ヲ賜ル。ソノ児童タルトキ、容顔美麗ニシテ古今ナラビナキ国色《コクショク》ナリ。天下ノ男女、ヒトタビ望見スル者ハ、必ズ心ヲ動カサズトイウコトナシ云々」とあるが、さらに付け加えると、彼は〈風俗歌舞〉に抜きん出ており、のち流浪の身となってから都の近辺を徘徊し、永禄年ころ、「出雲の於国《おくに》」と称する巫女《みこ》と親密な仲になった。以後京都の北野で舞のできる女たちを集め、説経に合わせ踊らせた（この時三左衛門を幼名の名古屋山三郎に改めた）。それから三代目の孫娘「お国」のとき、彼女が太夫となって五条河原で芝居を興行した。ゆえに今の世の芝居は、わが尾張の国人《くにびと》が始めたことであり、いま三都（京・大坂・江戸）の劇場が盛んなのも、みな名古屋山三郎のおかげである。その山三郎と阿国が名古屋入りしたのは永禄四年（一五六一）のこと、熱田の「鷲峰山《だんぷ》（断夫山）」近くにヤグラを構え、山三郎の故郷ということで一座のメンバー全員が揃い、以後二ヶ月余にわたって「やや子踊」を興行した。（以下略）

名古屋山三郎《さんさぶろう》のふるさとと紹介される古渡村《ふるわたり》は、名古屋城下のはずれ、熱田との中間地点にある。彼が仕えた森忠政《ただまさ》は森長可《ながよし》（長久手の合戦で戦死）の末弟だが、兄の蘭丸《らんまる》らがすでに「本能寺の変」で没していたため、忠政が森家を継いだ。忠政の家臣となった山三郎は

「国中きっての美形」（関色・国色）としてその名を知られたが、やがて流浪の身となって永禄年中（一五五八〜七三）に京都へ移り住み、ここで出雲阿国と知り合い、似合いの美男美女カップルとして北野社頭で踊りを興行した。

「説経に合わせ踊った」とあるのは、「説経節（仏教の説経が歌謡化したもの）」の曲調に合わせて踊った、という意味。それから三代のちの子孫が、五条河原に進出して女歌舞伎を興行した。つまり京都歌舞伎のルーツをたどっていくと、名古屋山三郎に行き着く。尾張の人たちにとって、彼は郷土の誇りというわけだ。その郷土である名古屋へ、永禄四年（一五六一）阿国と一座のものたちを率いて里帰りし、断夫山《だんぷさん》の近くで、二ケ月にわたり「やや子踊」を興行した。したがって京都の北野とならんで熱田の断夫山は、「歌舞伎発祥の地」ということになる（『名古屋の史跡と文化財』に「お国歌舞伎興行伝説地」として紹介）。

断夫山は、熱田神宮の北西直《す》ぐにある県内最大の前方後円墳（墳長約一五〇メートル、六世紀前半の築造）で、熱田社がミヤズヒメを祀ったことからダンプ山をミヤズヒメの墓と考え、「ヤマトタケルと再会するまで夫（男性）を断つ」という意味の名が付された。そのほとりで「山三《さんざ》とお国《くに》」の歌舞伎がはじめて演じられたとするなら、それはそれで因縁めいた話だが、ことはそう簡単でない。

『尾陽戯場事始』を校訂された尾崎久弥氏は、「永禄四年（一五六一）という年代はまったくの妄言《もうげん》で、こんなに古く遡《さかのぼ》らせてしまったため、山三郎・阿国に初代や二代目があるという話を作らざるを得なくなった」と手厳しく注記されている。阿国の登場は通説では一七世紀はじめとされており、たしかに半世紀近く早すぎる。名古屋山三郎を名古屋の歌舞伎発祥に結びつけようとして、いろいろ無理が生じたのであろう。

名古屋山三郎とお国

名古屋山三郎《さんざぶろう》はいろいろ脚色され歌舞伎にも登場するが、実在した人物（一五七二～一六〇三）である。一四歳のときその美貌を愛され蒲生氏郷《がもううじさと》の小姓になった。美形の勇士としてその名は広く知れ渡ったが、文禄四年（一五九五）氏郷が亡くなると牢人して京都四条辺りに住み、のち妹（森忠政の正室）のツテで美濃の森忠政に再仕官する。忠政の転封《てんぽう》により、美濃兼山《みのかねやま》から信濃《しなの》・美作《みまさか》へと移り、慶長八年（一六〇三）、同じ藩の剣豪井戸宇右衛門と闘い、ともに絶命したという（吉川弘文館『日本近世人名辞典』ほか）。

一方出雲阿国《いずものおくに》については前史があって、阿国につながる最初の情報は、天正一〇年（一五八二）奈良の春日社拝殿で演じられた「やや子踊」である。加賀の芸能一座がこの地を訪れ、八歳と一一歳の子供《やゃこ》が、男女の恋を小歌に合わせて踊ったという。神社記録には、ひと言「イタイケニ面白かった」とある。幼気《イタイケ》、つまり幼い子の愛らしさ・いじらしさに、大層興《きょう》が増したというのである。いまなら、小学生が恋の唄（演歌）の意味も分からず、仕草《しぐさ》をまじえ熱演・熱唱したということだろう。すでに「倒錯」への萌芽がある。

この後二〇年、「やや子踊」は京を中心に大いに流行し、慶長五年（一六〇〇）、都《みやこ》の近衛《このえ》信尹《のぶただ》の屋敷に出雲の一座が呼ばれ、「やや子踊」が上演された。そこで踊ったのが「お国」と「お菊」を名乗る二人の女性、この「お国」が果たして「出雲阿国」だったか覚束《おぼつか》ないが、彼女とその周辺の女性たちの活動の一端がうかがわれる話である。

それから三年ののち、「出雲のお国」なる女性が、北野天満宮境内の定舞台《じょうぶたい》で「歌舞伎踊《かぶきおどり》」を演じた。いわゆる「阿国歌舞伎」の誕生である。このとき「お国」は小袖に着流し、大太刀を差した男装で、当時のかぶき者がするように「茶屋遊び」を演じた。茶屋の女は男性が扮し、まさに「かぶき者の倒錯」の世界である。ひっくるめて云うなら、西暦一六〇〇年辺りが、歌舞伎ルーツの一つの定点になりそうだ。

一六〇〇年といえば関が原の合戦の年、「歌舞伎踊」の前身「やや子踊」のはじまった一五八二年は、信長が本能寺で討たれた年、渡辺保氏は「出雲のお国は、（物情騒然たる）時代の裂け目から姿をあらわした」（『江戸演劇史』）と指摘するが、歌舞伎の本質を突いている。

「お国」と「かぶき者名古屋山三郎」との艶聞は、たとえ彼が一時期四条あたりに住んでいたにせよ、年代的には無理がある。歌舞伎踊がはじめて演じられた慶長八年（一六〇三）、山三郎はすでに岡山で井戸某に討たれている。ただし話を現実世界ではなく、舞台の上に持ってくれば別である。渡辺保氏は次のようなストーリーを描く（要約）。

○お国は山三《さんざ》が死んだ話を耳にすると、すぐに劇化した。劇はまず念仏踊からはじまり、その念仏にひかれて客席に山三の亡霊が現れる。それを舞台のお国が招き寄せ、自分の家に案内して酒宴を開き、二人で様々な舞を演じる。その舞を通じ山三の亡霊がお国に〈かぶく心〉を伝授し、やがて山三との別れのときが迫る。

これに近い脚本があって、名古屋山三郎はお国と並ぶ歌舞伎の元祖にされたのだろうか。名古屋人としては、山三に肩入れして「歌舞伎名古屋発祥説」の片棒を担ぎたいが、「永禄四年（一五六一）に山三郎が阿国と来名した」とするのは無理で、実在の山三《さんざ》はまだ生まれていない。山三の母は信長の姪とされるから、名古屋生まれだった可能性はあるが、それ以上詳しくは伝わらない。

名古屋の芝居のはじまり

断夫山近くの「歌舞伎発祥地」伝承がマユツバとすると、史実的にはどの辺りの公演が古いのだろう。初現かどうか別として、一般に古い興行地として挙げられるのが熱田の「円福《えんぷく》寺《じ》」（熱田区神戸町《ごうどちょう》三〇一）である。『尾藩世記』の明暦二年（一六五六）八月条に「熱田亀井道場《かめいどうじょう》、及び橘町門前町尾頭《おとう》等において、初めて狂言芝居を興行す」とある。円福寺の山号は亀井山《きせいざん》、「亀井道場」とも呼ばれ、『尾張名所図会』では南から俯瞰《ふかん》した円福寺境内を描き、北のほうに小さく大法寺と地蔵院を描く。その解説に「時宗、京都四条の金蓮寺《こんれんじ》末。当寺もと天台の古刹《こさつ》なりしを、開山厳阿《ごんな》上人、足利家の一族にて叡山にありしが、故ありて遊行《ゆぎょう》、他阿上人《たなしょうにん》に帰依し、宗を改めこの寺を中興して住持たりし」とある。

叡山に学んだ厳阿はのちに時宗の他阿上人に帰依して改宗し、熱田社南の洲崎《すざき》にあった毘《び》沙門堂《しゃもんどう》（最澄が熱田社参籠の際建立と伝わる）を訪れ、ここに住まいながら波打ち際三町ばかりを築地《つきじ》し、時宗の道場「円福寺」を建ててその開基となった。創建の元応《げんおう》元年（一三一九）は、後醍醐天皇の即位後間もないころにあたる。旧版『名古屋市史』は「市内に時宗のお寺は三カ寺（円福寺・誠清寺・姥堂）」とするが、うち二つは江戸期にできた新しい末寺で、古くからあったのはこの円福寺だけである。

開基の厳阿は、のちに時宗四条派本山の京都四条金蓮寺《こんれんじ》へ移っている。金蓮寺はいま北区鷹峰藤林町《たかがみねふじばやしちょう》（佛教大学北三〇〇メートル）に所在するが、大正一五年（一九二六）までは中京区《なかぎょうく》の中之町《なかのまち》（四条河原町交差点の西北辺）にあり、四条道場と呼ばれていた。

時宗といえば、一遍上人《いっぺんしょうにん》（一二三九〜一二八九）が信州小田切《おだぎり》の里（現、長野市小田切田中）ではじめたという「聖《ひじり》おどり」（『一遍聖絵』第四の五段）を連想する。同段に「そもそもおどり念仏は、空也《くうや》上人（九〇三〜九七二）が市屋《いちのや》、或いは四条の辻にて始行《しぎょう》したまう」とあるように、空也念仏が起源で、「南無阿弥陀仏《ナムアミダブツ》」六文字の名号《みょうごう》を声高《こわだか》に唱えながら、大地を踏みしめ、全身で表現する踊りである。ときに「数百人が踊り回り、板敷きを踏み抜く」（第五）こともあった。

弘安六年（一二八三）には尾張国の甚目寺《じもくじ》を訪れ、七日の断食行法《ぎょうほう》を行っている（第六）。

一遍は五一歳の生涯のうち一五年以上を遊行《ゆぎょう》に過ごし、弟子たちもまた遊行僧として各地

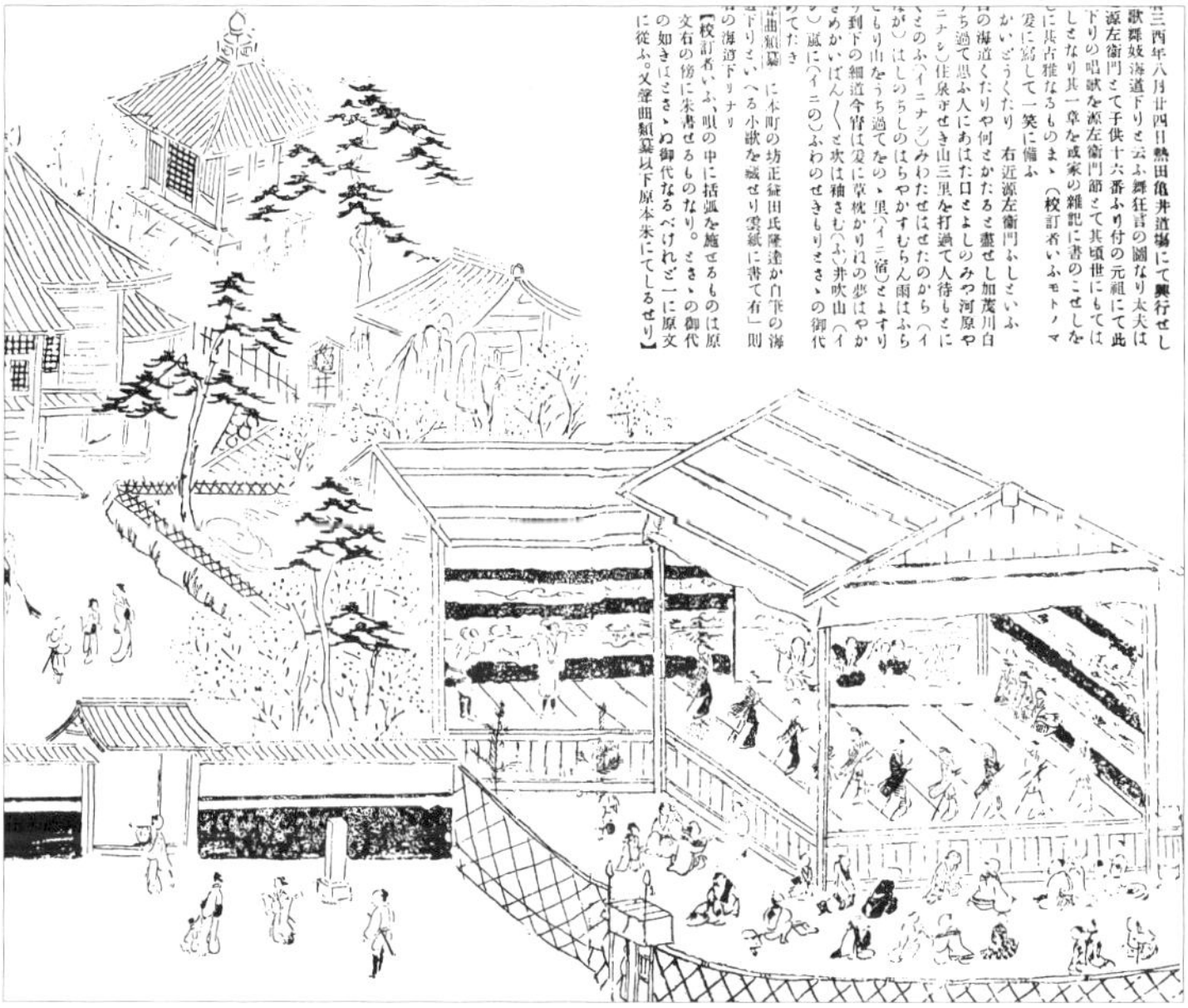

若衆歌舞伎「海道下り」の図（『尾陽戯場事始』）

をめぐり歩いた。東海道から美濃路が分かれる熱田の地に、時宗道場「円福寺」が成立したのはかなり早い時期であり、当然亀井道場には「念仏踊」の舞台も設《しつら》えられたであろう。時代を経て同じ境内が「やや子踊」や「かぶき踊」の場となり、やがて「操《あやつ》り」が演じられるようになったのも、何となく分かる気がする。『尾陽戯場事始』には、絵入りで次の記事が載る。

○明暦三年（一六五七）八月廿四日、熱田亀井道場にて興行せし若衆歌舞伎「海道下り」という能狂言の図なり。太夫にて右近源左衛門とて子供十六番振り付けの元祖にて、こ

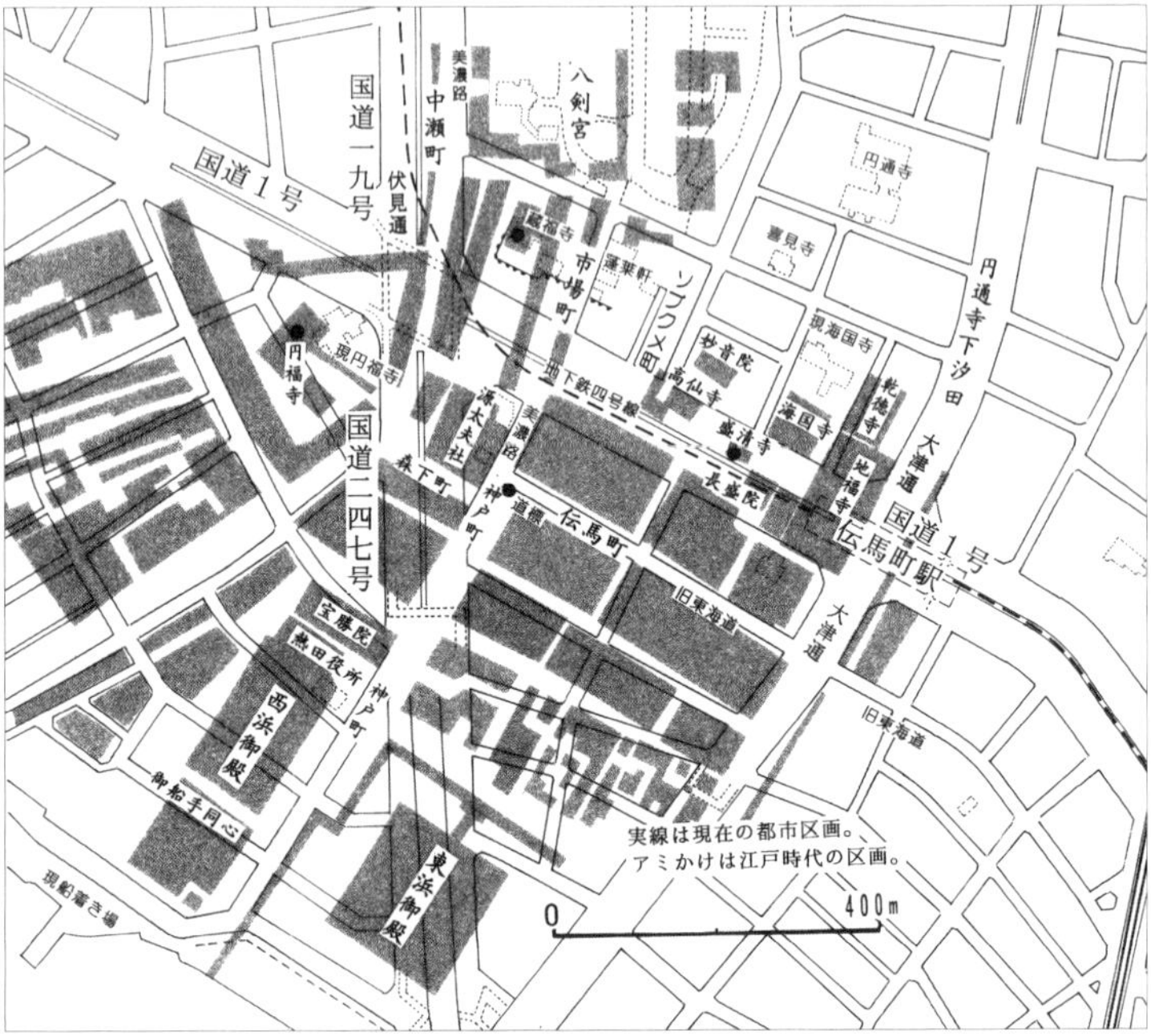

円福寺周辺（アミかけは江戸時代の建物）

の「海道下り」の唱歌を源左衛門節とて、その頃世にてもてはやせしと也。

三代将軍家光は風紀の乱れを恐れ、寛永六年（一六二九）「遊女かぶき」を禁じたため、その蔭に隠れていた「若衆かぶき」が脚光を浴びるようになった。亀井道場では、尾張二代藩主光友の許可を得て明暦三年に「舞」と「若衆かぶき」が興行された。太夫は当代きってのスター右近《うこん》源左衛門《げんざえもん》（上方の女形の祖）で、演目の「海道下り」（東海道を下る景色を詠み込んだ流行歌謡と踊り、右近の当り芸）」は、隆《りゅう》達《たつ》（堺の日蓮宗の僧、近世小唄

〈歌謡〉の祖）の原作に源左衛門が脚色したものである。源左衛門は若衆踊（子供十六番）の振り付けにも工夫を凝らし、以後かれの付けた「振り（型）」が基本形となって、若衆踊は全国的な流行をみた。絵のほうを見てみよう。

円福寺の門をくぐると、本堂の右手に名水として名高い「亀井」の井戸がある。開山の厳阿が井戸を掘っていて岩に突き当たり、見ると亀の甲羅に似ていたという話が伝わる。これが山号となり道場名となった。その井戸の手前に、本格的な能舞台が造られている。

舞台の正面には「地方《じかた》」が並び、その前で若衆たちが列をなして舞い、二面に幕が張られている。また山門とは別に、直接観客席へいたる出入り口も描かれている。能舞台の上の余白には「海道下り」の一節「加茂川・白河うち過ぎて、思う人にあわた（粟田）口……」と記されていて、京都東寺を発《た》ち不破の関まで、経由地の名を掛詞《かけことば》で繋ぎながらの道行《みちゆき》が、延々とつづく。この興行は明暦二年あるいは三年という実年代が押さえられていて、当地では早い時期に属するものだが、それからちょうど四〇年の後、『鸚鵡籠中記』の著者朝日文左衛門重章も、この円福寺を訪れた。

朝日文左衛門の芝居見物

○予、只右《ただう》・瀬左《せざ》・平左《へいざ》と熱田へ行く。亀井の道場操《あやつ》りを見物す。いまだ早きにより浄誠寺へ行き、休足して芝居へ行く。「弁慶京土産《きょうみやげ》」大夫治太夫《じだゆう》なり。文弥節《ぶんやぶし》においてまた上手なり。しかれども義太夫と位を論ずれば相隔たる。竹嶋亀松（八歳という）という小坊主出て施芸、拍子能く身振りいたいけにほとんど一黙。童の粋なり。札銭三十六文、へり取り四十文。予暮れに帰る。（元禄九・一一・二〇）

同行の只右は川澄只右衛門廉忠《かわすみただえもんきよただ》のこと、禄高一五〇石で成瀬隼人正《はやとのしょう》組同心である。瀬左は石川瀬左衛門でやはり一五〇石の隼人正組同心、平左は加藤平左衛門のことで、文左衛門家の斜め向かいにすむ御城代《ごじょうだい》組の同僚である。石川と加藤は大の親友で何処へでも一緒に出かけている。川澄は芝居を通じての仲間だったようだ。

文左衛門たちが時間潰《つぶ》しに入った浄誠寺は、円福寺近辺に見当たらない。円福寺末誠清寺《せいせいじ》の誤記であろうか。誠清寺は創建間もない寺で、市場町筋東の曾福女《そぶくめ》町の奥にあり、寛永一九年（一六四二）に没した橋本市左衛門盛清（盛清院《せいせいいん》と号す）を本貫として開かれた、とある（旧版『名古屋市史』社寺編）。院号の音《おん》を借りて寺号としたのかも知れない。元禄一二年刊行の『熱田町旧記』に市左衛門はないが、橋本作左衛門の名が何度も登場する。

いま神宮正門の表参道は、国道一号線を北へ折れ「時の鐘」の蔵福寺《ぞうふくじ》と「うなぎ」の蓬莱《ほうらい》軒《けん》の間を通って南大鳥居へいたるが、これがむかしの「市場町筋」にあたる。大晦日《おおみそか》が近づくとここに市店《いちのみせ》が並んだので、市場町の名が付いた（『熱田町旧記』）。この市場町を代表する町人が橋本作左衛門で、先祖は信長の家臣だったそうだ。そのむかし信長が天王祭りを市場町でご覧になり、山車《だし》を主催する者に太刀を与えられた故事に倣《なら》い、いまも山車が屋敷前にとまって作左衛門が太刀を渡す儀を行う、と記されている。

市場町の項の末尾に町内の十一カ寺が記載されているが、そこに「時宗・円福寺末寺・盛清寺」とある。文左衛門たちが休息したのは、この盛清寺としておきたい。このあと文左衛門たちは治太夫《じだゆう》の浄瑠璃を聞き、大層感心しながら、「しかし義太夫と位《くらい》を論ずれば、相隔《あいへだ》たる」と批評する。弱冠二二歳の朝日文左衛門の評言、恐るべしである。さらに彼の猛烈批評家ぶりを見ていこう。

○太夫は加太夫《かだゆう》流なり。皆善《よ》しと称す。然れども予を以てこれを見れば、義太夫は入室、左太夫は升堂を欲す。（元禄一〇・二・九）

○実に義太夫は百世の師なり。文弥のうち、彼是《かれこれ》より善きはこれ有り。治太夫なり。治太夫橘町の操り、今日にて仕廻《しまい》。（元禄一〇・五・一）

前者は日置《ひおき》で見た操り芝居の評。左太夫とは宇治左太夫のこと、宇治加賀掾《かがのじょう》（嘉太夫、一六三五〜一七一二）が始めた嘉太夫節《かだゆうぶし》（加賀節とも）の語り手であろうか。「みな左太夫を褒めるが、私に言わせれば義太夫が奥室に達した者なら、左太夫はまだ堂《どう》に升《のぼ》ったばかりだ」と評する。「升堂入室《しょうどうにゅうしつ》」は論語にある言葉で、学問の進み具合を入門・升堂・入室の三段階に分け、奥の深さを表現したもの。

後者の記事は新尾頭《しんおとう》で見た操りの評。「実に義太夫は百代にわたっての大師匠だ」と絶賛し、「治太夫も文弥節《ぶんやぶし》を語る者のなかでは捨てたものではない」と一応認めている。しかしその治太夫が最初の亀井道場の記事では、「義太夫と位《くらい》を論ずれば、相隔《あいへだ》たる」とバッサリ斬られている。治太夫は松本治太夫のことで、浄瑠璃「治太夫節」の祖、延宝の後半から元禄まで二〇年間京都で活躍し、『尾陽戯場事始』にも名古屋公演の記録があって、「天和《てんな》二年（一六八二年）橘町裏《たちばなちょううら》で〈弁慶京土産〉〈景清《かげきよ》〉を興行」と載る。彼に影響を与えた「文弥節」の流祖岡本文弥《おかもとぶんや》（一六三三〜九四）は大坂の浄瑠璃太夫で、一時大坂の町浄瑠璃はほとんどが文弥節といわれるほど流行した。愁嘆場《しゅうたんば》で語られる文弥独特の「泣き節」は、山本土佐掾《とさのじょう》（角太夫）の「うれい節」に対する呼称である。

人形浄瑠璃

浄瑠璃の太夫名・流派が交錯し、話がややこしくなった。ここで少し整理をしておく。

鎌倉時代には、琵琶法師の語る『平家物語』が流行したが、次の室町時代になると『浄瑠璃姫物語』、これを琵琶あるいは扇拍子《おうぎびょうし》（扇子で調子をつくる）で物語ることが、大いに流行した。

浄瑠璃姫とは、三河国矢矧宿《やはぎしゅく》（矢作宿）の長者の娘（実は薬師瑠璃光如来の申し子）で、彼女が奥州へ下る義経《よしつね》と情を交わす話である。このストーリーの「語り節」が流行《はや》ったため、他の語りもすべて「浄瑠璃節」の名で呼ばれるようになった。一六世紀末に琉球蛇皮線《じゃびせん》を改良した「三味線《しゃみせん》」が生まれると、これが「浄瑠璃節」の伴奏楽器となり、さらに「操《あやつ》り人形」とドッキングして、ここに「人形浄瑠璃芝居」が成立することになる。要するに浄瑠璃とは「語り」の入った人形劇で、「操《あやつ》り人形」とか「操り芝居」、略して「操り」と呼ばれることが多い。

様々な流派に分かれるのは、台本もさることながら、「どんな発声や曲節《きょくぶし》で語るか」という個性の違いによる。いろんな流儀が生まれ、「何々節」と創始者の名を付して呼ぶが、やがて元禄期に竹本義太夫が登場すると、たちまち「義太夫節」が浄瑠璃界を席巻《せっけん》し、「浄瑠璃語り」の代名詞となった。そのため義太夫以前の諸流派を「古浄瑠璃」と総称するが、その後ほとんどが廃《すた》れてしまった。朝日文左衛門が浄瑠璃にのめり込むのは、義太夫が登場して間もない、まだ諸流が活躍していたころ、したがって流派優劣の話が複雑になる。

ここで渡辺保氏の「浄瑠璃系図」（『前掲書』）を借り、関係する諸流の要約をしておきたい。

一七世紀の浄瑠璃界に、ふたりの名人が出現した。ひとりは京都の町人杉山丹後掾《たんごのじょう》で家康の没した元和二年（一六一六）に江戸へ下り、元吉原《もとよしはら》近くに浄瑠璃操《あやつ》りの小屋を建て興行に乗り出した。その語りはやわらかい京風で（軟派浄瑠璃）、たちまち江戸の人気を独占した。

これに少し遅れて江戸へ向かった薩摩浄雲《さつまじょううん》は、薩摩琵琶の系統を引く語りで、その豪放な芸風は「硬派浄瑠璃」と称された。ふたりの系統は対照的で、杉山家は二代で絶家するが、浄雲は多くの門弟たちが一大流派を形成し、その流派が互いに競い合って活況を呈した。これを大雑把に整理すると、京都の「宇治加賀掾《うじかがのじょう》」、大坂の「山本角太夫《やまもとかくだゆう》」、江戸の「桜井和泉太夫《さくらいいずみだゆう》」に三分されるという。

浄瑠璃の諸流

杉山丹後掾《たんごのじょう》（軟派）―江戸肥前掾―江戸半太夫（半太夫節）

薩摩浄雲（硬派）
- ―二世浄雲―薩摩土佐掾《とさのじょう》（土佐節）
- ―伊勢島宮内《いせじまくない》（伊勢島節）―宇治嘉太夫《かだゆう》（加賀掾、嘉太夫節）
- ―桜井和泉《いずみ》太夫（金平《きんぴら》浄瑠璃）
- ―井上播磨掾―清水《きよみず》理兵衛―竹本義太夫《ぎだゆう》（筑後掾、義太夫節）
- ―伊藤出羽掾
  - ―岡本文弥《ぶんや》（文弥節）
  - ―都太夫一中《みやこだゆういっちゅう》（一中節）―宮古路豊後掾《みやこじぶんごのじょう》
- ―山本角太夫（相模掾）―松本治太夫《じだゆう》（治太夫節）

○宇治加賀掾（一六三五～一七一一）は紀州宇治（現、和歌山市）の紙屋に生まれ、能楽師から浄瑠璃に転じ、上京して伊勢島宮内《いせじまくない》（～一六五七？）の名代《なだい》（興行権の名義）を継いだ。井上播磨掾《いのうえはりまのじょう》（～一六八五？）の影響を受け、王朝趣味を入れた繊細な語りを特色とし、四一歳で四条河原に「宇治座」を旗揚げし、成功を収めた。義太夫（当時清水理太夫）をワキ太夫に抱えたが、まもなく離反され、生涯のライバルとなる。義太夫以前に近松門左衛門を台本作者としたのも加賀掾であり、結果的にだが「近松・義太夫コンビの生みの親」ともいえる。
○義太夫（一六五一～一七一四）は大坂天王寺に生まれ、大坂浄瑠璃中興の祖井上播磨掾に傾倒してその高弟清水《きよみず》理兵衛に入門、のち京都へ出て宇治加賀掾一座に加わった。やがて興行師竹屋庄兵衛と組んで独立するが、興行的には失敗し、各地を転々とする。しかし貞享元年（一六八四）、大坂道頓堀で竹本義太夫を名乗って竹本座の櫓《やぐら》をあげ、かつて近松が加賀掾のために書いた「世継曾我《よつぎそが》」を語り、今度は大当たりをとった。以後近松の「出世景清《しゅっせかげきよ》」によって二人の提携は不動のものとなり、「義太夫・近松」時代の幕開けとなった。
○一方、宇治加賀掾と並び称された山本角太夫は、延宝三年（一六七六）ころ旗揚げし、成功を収めた。相模掾を受領してのち名声は一層高まり、高音で愁嘆場を表現する「うれいぶし」は広く影響を与えた。その弟子松本治太夫《ぢたゆう》は岡本文弥の「泣き節」に学んで、いわゆる「治太夫節」を創出した。
○残る桜井和泉太夫《いずみだゆう》は、「金平《きんぴら》浄瑠璃」の創始者。江戸で承応・明暦の頃（一六五〇年前後）、坂田金平（源頼光四天王のひとり坂田金時の子）を主人公に、源家若武者の超人的活躍を語った。作者の岡清兵衛とコンビを組んで一世を風靡、その影響は大きく、大坂の伊藤出羽掾は「坂田金吉《かねよし》」を、井上播磨掾は「公平末春《きんぴらすえはる》」を創出して対抗した。この流れがのちに荒事芸の創造につながったといわれる。

※以上、著名な太夫のうち、名古屋に来演した人たちを『尾陽戯場事始』から拾うと、次のようになる。

寛文八年（一六六八）橘町裏　山本角太夫（金平事ばかり久しく致し候）／伊勢島宮内「大やしま」「酒呑童子」／尾頭町　宇治嘉太夫　「横笛龍口」「善光寺開帳」

延宝九年（一六八一）笠寺　山本相模掾「笠寺開帳」「しのだづま」

天和二年（一六八二）橘町裏　松本治太夫「源氏京土産」「景清」

元禄八年（一六九五）御器所　竹本義太夫（これ義太夫節の根元なり）／春日井郡児玉村大日開帳竹本義太夫

同年夏　西志賀村大日にて　竹本義太夫「世継曾我」「蒲生御曹司」「富士牧狩」「源氏烏帽子折」

同年　熱田廿五丁橋の内にて　宇治加賀掾「恵心法師」「七騎落」／西志賀村・巾下新道・尾頭町　竹本筑後掾

正徳三年（一七一三）橘町裏　山本相模掾「天神記」

正徳四年（一七一四）橘町裏　山本相模掾「持統天皇歌軍法」

享保元年（一七一六）橘町裏　山本相模掾「国性爺合戦」

橘町裏での公演回数が抜きんでている。橘町は二代藩主光友公のお声掛かりで公認の「芝居地」になったが、常設小屋が出来たわけではない。常設小屋の成立は、八代宗春公の登場を待たねばならなかった。それでも橘町裏での興行記録が多く見られるのは、やはり公認の場所として特権が認められ、制約が少なかったためだろう。

先の亀井道場（円福寺）の興行絵を見ると、舞台は立派に出来ているが、観客たちはその周辺に三々五々腰を下ろして観ている。文左衛門が出かけた頃はもう少しマシだろうが、まだ小屋掛けで、舞台・客席の全体が建物に覆われるのは享保の半ば頃、したがって観客はたいてい敷物を求めた。「へり（縁）取り」とあるのはうすべり（ゴザ）のこと、入場料の三〇文にくらべゴザ一枚の四〇文はいまの千円にあたり、少々高い。

この熱田亀井道場から名古屋の御城下へ向かい、古渡を過ぎると橘町の大木戸にいたる。その大木戸のすぐ東に「橘町裏」の芝居地がある。

橘町大木戸近くの芝居地

尾張二代藩主の光友が、名古屋の町外れ「橘町」に与えた特権は、「古物商売」独占のほかにこの「芝居地」公認があった。城下から離れた土地への配慮で、藩主公認の芝居地は崇覚寺《そうかくじ》の南、いま愛知産業大学付属工業高校が建つ場所である。この経緯について、尾崎久彌氏は次のように解説されている（「名古屋芝居濫觴跡《らんしょうあと》」）。要約しておこう。

○江戸時代の名古屋では大きな社寺の境内に小屋がけで芝居が興行された。享保中期から幕末頃、若宮《わかみや》や清寿院《せいじゅいん》境内でもほとんど常小屋《じょうごや》同様で興行されていたが、公許の常小屋として終始一貫したのは橘町裏だけである。本町筋の一本東の筋を橘町裏（裏橘町とも）といい、本町筋の橘町と同じく千本松原の一部で、元和《げんな》の開府時は刑場だった。二代光友のとき刑場を城西の土器野《かわらけの》（今は「どきの」）へ移し、その跡を橘町・裏橘町とし前者は寛文四年（一六六四）、後者は翌寛文五年に町家となった。

同じ頃、裏橘町の北部にのちの栄国寺《えいこくじ》を建て、刑場刑死の霊を慰めるとともにこの地繁栄のため、春秋二度または年一度の芝居興行を許した。この興行は元禄頃に中絶したが、享保一六年（一七三一）秋、宗春の英断により崇覚寺の南つづきに芝居定小屋を新設、三間の舞台を唐破風《からはふ》、厚柿葺《あつこけらぶき》でこしらえ、数多くの名優の来演をみた。

しかし宗春失脚の元文四年（一七三九）以後中絶、のち六十年を経た享和《きょうわ》元年（一八〇一）八月同じ地に再建、幕末には一時途絶えたが明治三年（一八七〇）願い出て再興が許されれ、もとの常小屋の位置に中村座、その北に西川座が建てられた。

西川座は西川鯉三郎が座本《ざもと》（興行のとり仕切り）で藝妓《げいぎ》芝居を興行、中村座は明治七年橘座と改称して長く続いたが、明治二四年九月の濃尾震災で壊れ、翌二五年南伏見に移って、のちの音羽屋となった。橘町の常小屋跡は、光友の寛文年間からつづいた市内唯一の芝居小屋遺跡である。

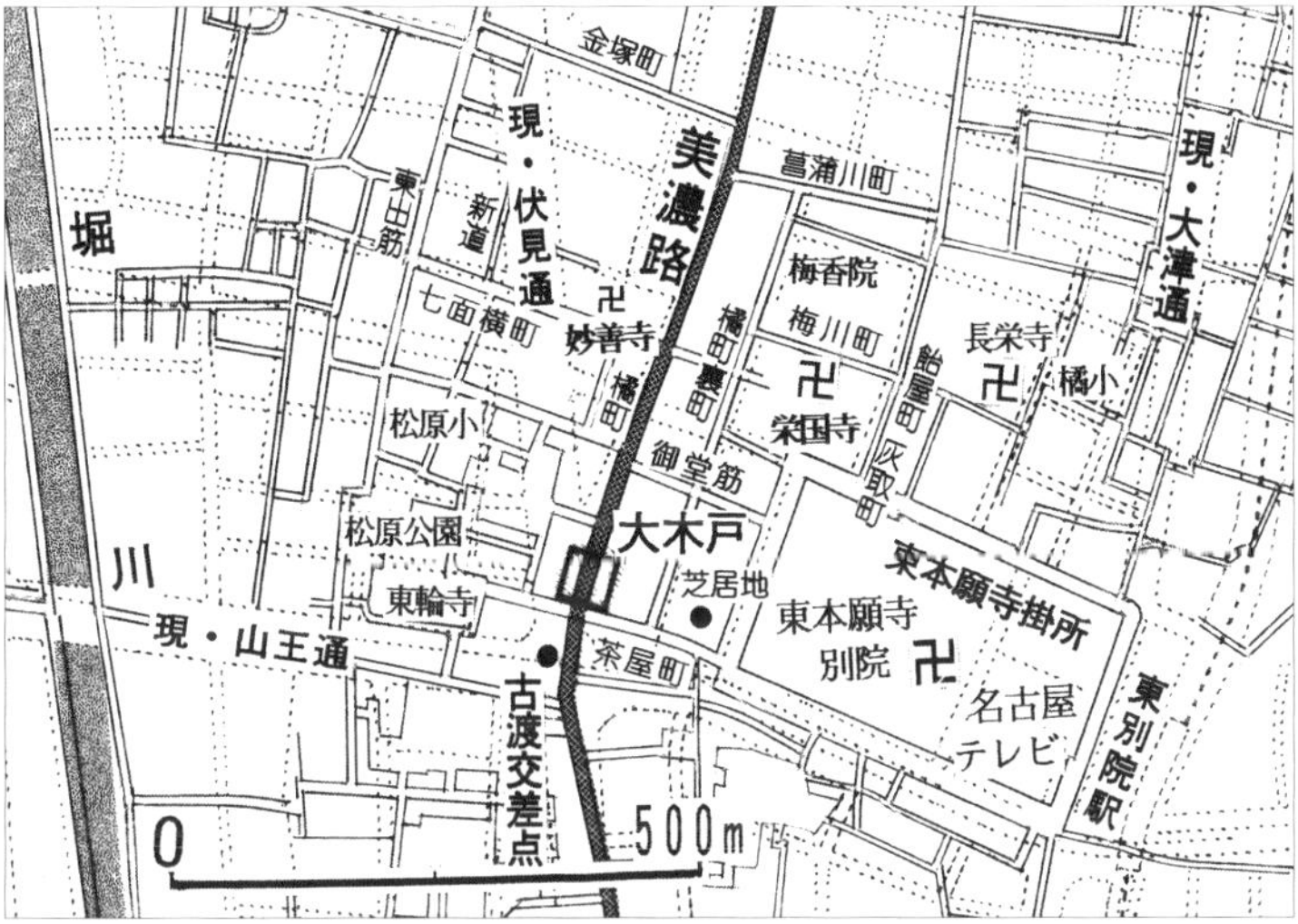

橘大木戸周辺（点線は現在）

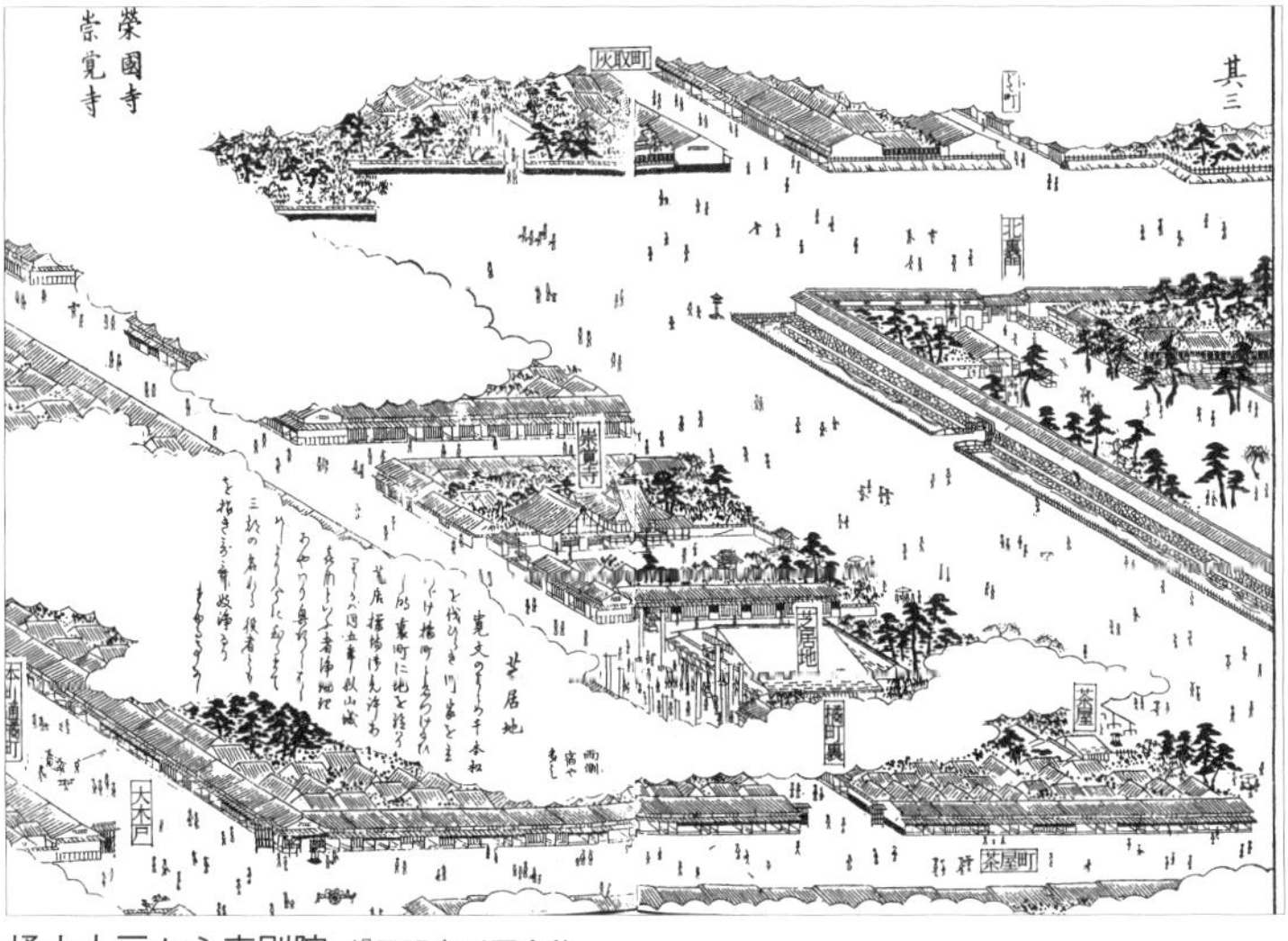

橘大木戸から東別院（『尾張名所図会』）

所は掛川前横丁と大仏との間町の東側に芝居場とて明地にあり、正面西向に三間の舞台唐破風あつこけらふき、当府にて此芝居の如き花美なる事は古今これなしとぞ。
橘町裏大芝居の図
（尾陽戯場事始）

橘町裏大芝居の図（『尾陽戯場事始』）

愛知産業大学付属工業高校の東門付近に、いま史跡「橘座」の説明板が立っている。筆者がこの高校を訪れたのは八月末のまだ暑い頃、夏休み中の校庭では文化祭の準備であろうか、二人の男子生徒が大きな張りぼてを作っていて、橘座のことを尋ねると「直ぐ其処《そこ》なので案内します。受付へはあとで言っておきますから」と、頗《すこぶ》る親切で礼儀正しい。建物へ入ると、地下へ降りる階段があった。地階のホールは閉まっていたが、入口に「橘座」の札がかかり、橘座関連年表のほか三遊亭小遊三《こゆうざ》師匠の公演ポスターがあちこちに貼ってある。第一七回橘座公演・入場無料とあり公演日はすでに三ヶ月以上前のもの、これらの掲示以外、とくに「橘座」としての復元施設があるわけではない。

改めて受付で橘座のことを尋ねると、平成一三年に校舎を改築した際、由緒ある場所ということで地階ホールを「たちばな」と名づけ、地域の人たちと協力して年に二回ほど「橘座公演」を行っているという。「この前は歌丸師匠もお呼びしました。毎回満員御礼です」と事務室の方のお話。ハコ物の再現もよいが、橘町の住民と一緒になって演芸を催すのは楽しいだろう。ポスターに「主催・生徒会」となっているのも好ましい。橘座の資料はなかったが、学校案内のパンフレットを貰い、帰りがけに生徒さんを探して礼をいうと、「お気をつけて……」とどこまでも礼儀正しかった。そういえば外は連日三五度を越す猛暑、傘兼用のステッキを突いていれば、若者の目には熱中症予備軍に映るだろう。

尾崎氏の解説文には、この橘座のほかに若宮や清寿院が出ている。若宮八幡は白川公園の東隣り、若宮大通に面した神社で誰でも知っているが、清寿院のほうは大須観音の東、七ツ寺の北にあった。境内地六五〇〇坪の修験道《しゅげんどう》の寺で、富士浅間《せんげん》神社の別当寺でもあった。開祖の村瀬大円坊《だいえんぼう》良清《りょうせい》は、清須城主松平忠吉《ただよし》から尾張・美濃の修験頭《がしら》に任ぜられ、のちに名古屋大須の地を賜った。広大な清寿院境内では植木市が催され、芝居や見世物小屋もあって大いに賑わったというが、明治五年の修験道禁止により廃絶した。いまの富士浅間神社から那古野山《なごのやま》公園（那古野山古墳、浪越公園の一部か）にかけての地である。なお清寿院の芝居については、沢井鈴一氏の『名古屋大須ものがたり』（堀川文化探索隊）に詳しい。

もうひとつ、「宗春が芝居定小屋を新設、三間の舞台を…云々」とあるが、「尾陽戯場事始」の「橘町裏・大芝居之図」に芝居小屋の舞台・花道・客席の様子が描かれ、「当府にてこの芝居のごとき花美《ママ》なる事は古今これなしとぞ」と解説されている。この史料には名古屋開催の芝居が年代順に記載されており、主な興行場所として「橘町裏・七ツ寺（真福寺の南）・古渡山王稲荷《さんのういなり》社境内・大須真福寺境内・大乗院（真福寺の北隣り）境内・清寿院・若宮八幡社・巾下《はばした》新道《しんみち》・広井《ひろい》八幡宮（現、泥江県《ひじえあがた》神社）・赤塚神明社」が挙げられている。

このうち赤塚神明社は赤塚町大木戸のすぐ近く、巾下新道は樽屋町大木戸の近くで、ともに橘町の「大木戸と芝居地」の関係に似ている。赤塚神明社は赤塚交差点の東北角にあり、いまの市販地図には境内社の「湊川《みなとがわ》神社」の名で出ていることが多い。

巾下新道町は、いまの浅間《せんげん》二丁目から新道一・二丁目にかけ南北に長くのびる町筋で、筋の西側に海福寺《かいふくじ》（臨済宗妙心寺末）・林貞院《りんていいん》（海福寺末）・宝周寺《ほうしゅうじ》（浄土宗知恩院末）・法蔵寺《ぞうじ》（真宗三河勝鬘寺《しょうまんじ》末、鴫塚《しぎづか》あり）が並ぶ。享保一六年（一七三一）、水茶屋二〇軒の営業と操り人形芝居の公演が許可されたが、存続は短かったらしい。芝居小屋の場所は特定できないが、数ある寺の境内地か、その門前が使用されたのだろう。

芝居狂いの文左衛門

朝日文左衛門の日記には、芝居関連の記事がたくさん出てくる。芥子川律治《けしかわりつじ》氏は「文左衛門は武士に珍しく芝居見物が生涯の楽しみだった」とし、日記に載る芝居記事を丹念に数えられ、元禄四年閏《うるう》八月二日の大須の操《あやつ》り（人形浄瑠璃）から死の前年享保二年一〇月一二日まで、計一四三回と記されている。はじめて芝居見物に出かけたのは元禄五年五月一八日のことで、「予、若宮にて操《あやつり》を見る」とある。数えの一九歳、いまの高校三年か大学一年生である。いたって素っ気ない記述なので、さほど関心を抱かなかったのかというとこれが大違いで、三か月後の八月一六日には、「予、真福寺へ行き頼朝演出を見、また軽業《かるわざ》隼桐之助大坂踊を見る」と、まだおとなしいが、九月に入ると一転して、次のような記述となる。

○十日　余、石川三四郎・中野勘平と誘引し、若宮にて踊およびあやつりを見る。上るり（浄瑠璃）の面白さ、からくりの奇妙さ、千花金字落五色、彩雲流廻背楽心能実盛。（元禄五・九・一〇）

○十三日　予、若宮へ行き、踊りおよび操りを見る。（元禄五・九・一三）

○十五日　予、若宮へ行き、踊りおよび操りを見る。（元禄五・九・一五）

○十六日　相応寺下明神にて神楽踊りを見る。また日暮れより湯立てを見物す。（元禄五・九・一六）

○十七日　予、若宮へ行き、操りを見る。（元禄五・九・一七）

○十八日　予、若宮へ行き、踊りおよび操りを見る。……今日にて操り仕廻《しまい》なり。（元禄五・九・一七）

都合《つごう》六回のうち一五日以降は四日連続、よく見ると明神（赤塚神明社）以外はすべて若宮の同じ舞台で、完全に「操《あやつ》り」の世界に嵌《は》まっていることが分かる。十日の記事の末尾など、感激のあまり意味不明の言葉が並ぶ。

当時藩士の芝居見物は、原則禁止である。享保一六年（一七三一）に七代藩主宗春《むねはる》は、先代の継友《つぐとも》が出した「諸士ならびに帯刀《たいとう》の輩《やから》の芝居見物禁止」を解いて人々を驚かせたが、それまでは藩士が公然と芝居見物すれば咎《とが》められたのである。朝日文左衛門重章《しげあき》は当時家督を継ぐ前だが、それでも見つかれば上役から父が叱責され、彼は父から叱られるだろう。いずれにせよ名誉なことではない。だから人目をはばかり、とくに両親の目をはばかった。

○二月晦日《みそか》　天快晴。予、加藤平三・関円右と談義参《だんぎまい》りとて袴《はかま》を着《ちゃく》し出《い》づ。ちょと法花《ほっけ》寺に徘徊し、ただちにたんぼ道を行き、真福寺へ行く。ひとまず様子を窺《うかが》い七ツ寺の茶屋へ入る。なら茶、三杯給ぶ。安兵衛に編笠《あみがさ》三蓋《がい》借り、また真福寺へ行き、操《あやつ》りを一《ひと》きり見て帰る。（元禄七・二・三〇）

「談義（説法）を聴きに行く」と出てきた手前、法華寺町筋《ほっけでらまち》（現、東区東桜二丁目。小川交差点西から斜めに中部日本放送局へ抜ける通り）をちょっとウロウロし、たんぼ道を通って大須真福寺へ向かい、南隣りの七ツ寺境内茶店でなら茶三杯を食べ、店主の安兵衛に三人分の編笠を借りて、ようやく真福寺境内の芝居小屋へ入り、操り人形浄瑠璃一幕を見て帰った、という話。彼らの行動はまるで「隠密」で、仕草から表情にいたるまで目に浮かぶようだ。茶店はもともと編笠を借りるのが目的だったが、やがて芝居見物前に「なら茶」を食するのがパターン化する。

○余、真福寺へ行く…七ツ寺にて奈良茶三盃給《た》ぶ。連れ四人。(元禄六・二・一八)

○余、真福寺へ行く…七ツ寺にて奈良茶給ぶ。連れ数人。(元禄六・二・二三)

○余、真福寺へ行き、おどり操りを見る。七ツ寺にて奈良茶五盃給ぶ。(元禄六・三・三)

芥子川《けしがわ》氏は、「女子高生がコインロッカーへ制服を預け盛り場へ行くのに似ている」と評されているが、まずそんなところであろう。

「なら茶」は単なるお茶ではなく、奈良のお寺の薬膳のひとつ。「東大寺・興福寺の僧舎で作られたもので、茶を煎じ、濃い初煎はとって置き、薄い再煎茶に塩少々を入れ米を煮る。そのとき炒《い》り大豆を合わせてもよい。飯が熟してから濃い初煎茶に浸して食べる。感冒・頭痛などに効く」とある(『本朝食鑑』一六九七年)。江戸では明暦大火(振袖火事、一六五七)ののち、浅草金龍山浅草寺《せんそうじ》門前の茶店が茶飯・トウフ汁・煮豆などセットで「なら茶」として売り出し、大いに繁盛したという(『事跡合考』)。要するに茶粥か茶飯に煮物などがセットになったものので、いまの喫茶店の「軽食」感覚だろう。サラサラと喉ごしがよく幾らでも食べられそうだが、五杯は食べすぎである。

○二十八日　巳《み》過ぎ、予、加藤平左衛門と云い合わせ、味鋺《あじま》へ魚釣りに行く躰《てい》をして、へんてつと釣り竿を持たせて行く。杉村に両包み預け置く。それより杉村へ行き操りを見る。浄瑠璃「都の富士」。太夫竹本義太夫。中入り過ぎ、附け舞台へ碁盤人形をつかう者出て、盤上に機関《からくり》を廻らす……。未半刻《ひつじはんとき》に帰る。双親、杉村へ行きしかと疑いなじる。予、陳謝すといえども、穿窬《せんゆ》の罪もっとも甚だし。予独りこれを恥ず。（元禄八・五・二八）

悪友加藤平左衛門（平三として前出、斜向かいに住む同僚）との共同作戦、九時半頃「釣りに行く」とへんてつ（魚を入れる篭）と釣竿をもって出かけ、杉村（大曽根村の西隣、名鉄瀬戸線尼ヶ坂・清水駅の北一帯）の知り合いの家に預けて芝居小屋へ直行、いま評判の竹本義太夫とカラクリを見て午後四時頃に帰宅した。

　ところがどこかに手違いがあったらしくすべてバレていて、帰宅するやこっぴどく叱られた。芝居小屋が杉村のどの辺りに掛けられていたか不明だが、塚本学氏は「片山神社あたりか」（摘録『鸚鵡籠中記』）とされている。片山神社は尼ヶ坂駅南の丘の上にあり、神社横の道をまっすぐ北へ進めば庄内川左岸の成願寺に至り、対岸は味鋺《あじま》である。文左衛門は大いに反省したのか「穿窬《せんゆ》の罪」と嘆いている。穿・窬とも「穴をあける」意で、「穴を開けて盗む」意味にも用いられる。この場合正しい表現かどうか分らないが、要するにコソ泥のような行為を恥じたのだろう。

　彼がのめり込んだ人形浄瑠璃の語り竹本義太夫（一六五一～一七一四）といえば、台本作者近松門左衛門（一六五三〜一七二四）とのコンビで教科書にもでてくる有名人である。「義太夫節」の開祖で三四歳のとき大坂道頓堀に竹本座を設け、竹本義太夫を名乗った。のち受領《ずりょう》（平安時代実際に任国に赴いた国司、近世は実職と離れ称号化）して筑後掾《ちくごのじょう》を称し、二世は播磨《はりまの》少掾《しょうじょう》を称する。義太夫の名古屋来演について『尾張戯場事始』は、「元禄八巳亥年春、御器所《ごきそ》ニテ操芝居興行。太夫、竹本義太夫。これ義太夫ぶしの根源なり」と記し、これが初見。しかし名古屋への初来演はこれより早い元禄七年（一六四九）七月一五日頃らしく、『鸚鵡籠中記』は次のように記す。

○十五日　今日より御器所《ごきそ》村にて大《おお》操《あやつ》り。太夫竹本義太夫《ぎだゆう》・ワキ同新太夫・同喜内。蝉丸・伊豆日記・虎石・今川盛久・文武五人男・おさな物語等を致す。（元禄七・七・一五）

○予、加藤平左と辰半刻《たつはんどき》御器所へ行き、操りを見物す。盛久太夫、竹本義太夫ワキ新太夫と喜内。その面白さ述べつくすべからず。久しき催しにて、漸《よう》く今日忍び行く。もっとも深く人に隠密す。今日は義太夫、付け舞台へ出て語らず……札銭四十文。銭廿文。未《ひつじ》半刻帰宅。（元禄七・八・七）

竹本義太夫は「操り」のなかでも別格扱いで「大操り」とある。しかし名古屋初演の地が、なぜ名古屋城下でなく近郊の御器所なのか、分からない。御器所村の何処《どこ》で興行されたかも分らない。ただし御器所の八幡山《はちまんやま》という処で、のちに相撲興行の行われたことが『日記』に出ている。

○九日　夙《つと》に彦兵衛殿に出逢う。それより所々勤《つと》む。昼ごろより瀬左《せざ》・段之右《だんのう》・平左《へいざ》と御器所《ごきそ》八幡山へ相撲見物に行く。彼方《かなた》にて安兵衛・源蔵・伝右《でんう》と一所にあり。安兵より「くらかけ」二挺もたせ、この上に登りて快く暮れまで見物す。酒を飲みほとんど楽しみ余りあり。暮れて帰る。（宝永四・九・九）

宝永四年（一七〇七）といえば富士山が噴火した年で、噴火ひと月前の一〇月は、連日地震・津波・地割れ・火の玉・空焼けなど異変の連続だが、九月の日記ではまだ「嵐の前の静けさ」の観がある。その九日（新暦一〇月五日）の朝早く御城代の富永彦兵衛（兵右衛門改め）殿に会い、そのあといくつか仕事を済ませて、昼ごろ親友の石川瀬左衛門・神谷段之右衛門・加藤平左衛門（いずれも御城代組仲間）たちと御器所の八幡山へ相撲見物に出かけた。

八幡山は、御器所龍興寺《りゅうこうじ》の真北五〇〇メートルにある八幡山古墳（昭和区山脇町一）のことだろう。鶴舞《つるま》公園の東南端、鶴舞小学校の東に位置し、円墳としては東海地方最大規模（直径八二メートル・高さ一〇メートル・周濠幅一〇メートル以上、国史跡。帆立貝式の説もある）を誇る。墳頂部から埴輪片が採集され、五世紀代の築造と推定されている。墳頂にはかつて八幡社があり、これが古墳名の由来とされているが、そのためか頂きは径一〇メートルばかり平らになっている。戦時中には高射砲陣地が造られ、戦後に墳形の修復が行われたというから、いずれにせよ築造時の形はかなり損なわれている。

江戸時代の御器所村絵図には、八幡山の頂きに八幡社が描かれている。西側麓に平坦部があり、ここに土俵を設《しつら》えたと思われる。文左衛門たちが八幡山へ着いたとき、すでに土俵の周囲は見物人で埋まり、なかなか良い場所がない。そのうち知り合いの姿を見かけたので（七ツ寺茶屋の主人安兵衛か）、彼等から鞍掛《くらかけ》（鞍を掛けておく四脚の台）を二つ借り、それに上《あが》って酒を飲みながら相撲見物を満喫した。八幡山関係では、もうひとつ記事がある。

○ごきそ八幡山にて男女木に登り下帯にて首《くび》縊り死す。男は酒屋榎屋《えのきや》の召使と。

（宝永八・二・一三）

神坂次郎氏はこの記事を引き、「フンドシで首をくくった男女など、どうにもしまらない話」とされているが、下帯をフンドシと決め付けるわけにはいかない。女性の帯下《おびした》に締める紐かもしれない。恋仲の二人の心中であれば、なるべくそちらであって欲しい。

文左衛門は心中事件と聞くと居ても立ってもいられないらしく、近くなら現場へ飛んで行くところだが、御器所（鶴舞）ではいささか遠すぎる。好奇心が旺盛なことに加え、当時芝居の心中物に嵌《は》まったことが影響しているのだろう。この心中記事以外にも、御器所村の記事は散見される。ここで名古屋近郊の御器所村について少し話を広げ、義太夫の初演があった理由など、考えてみよう。

御器所村

御器所村へは、城下南はずれの橘町から東別院前を通り、東古渡《ひがしふるわたり》で名古屋台地を東へ下《くだ》る。

精進川《しょうじんがわ》（現、新堀川）が流れる低地帯（標高約五メートル）を渡って、今度は御器所側の台地（標高約一三メートル）へのぼる。この東西道は登城《とじょう》街道（御坊《ごぼう》街道とも）と呼ばれ、御器所とお城を結ぶ重要な道であった。これと直交する南北道、つまり御器所を通り千種《ちくさ》の古井《こい》へ至る道が、御器所道（明治四二年以後は「郡道《ぐんどう》」）である。

御器所《ごきそ》の村名について『熱田御祭年中行事』は、「熱田社の年中行事に用いる御土器《おんかわらけ》を造って奉納したので、御器所村と呼ぶようになった」とする。『昭和区の歴史』（郷土資料刊行会刊）はこの土器説とともに、「新しく開発した所を興所《おきしょ》といい、これに御器所の字を当てた」とする説を紹介している。新しい開発といえば「海辺の干拓による新田開発」を連想するが、御器所あたりは「内陸型の新田開発」が盛んで、御器所・前津小林《まえづこばやし》・古井《こい》・石仏《いしぼとけ》村などでは、寛永の中頃から寛文年（一六三〇〜一六六〇）にかけ、およそ三〇〇町の荒地が開墾されて、「名古屋新田」と呼ばれた。内陸の新田開発だから、水田はわずかでほとんどが畑地《はたち》である。

「御器所」の名は、『吾妻鏡《あづまかがみ》』文治六年（一一九〇）記事の「尾張国　松枝保《まつがえのほ》　御器所　長《なが》包庄《かねのしょう》」が初出とされるから、江戸前期の新田開発（興所）などよりずっと古い地名だ。御器所台地の良質な赤土が、壁土や焙烙鍋《ほうろくなべ》や瓦の原料として重宝されたことを考えるなら、「土器説」が良さそうである。そしてその土壌は、また大根の栽培にも適していた。

御器所といえば「御器所大根」、尾張大根は「宮重《みやしげ》」や「方領《ほうりょう》」の銘柄が全国的に知られているが、御器所の沢庵漬けに用いる「東畠《とうはた》（畑）」大根は、これらとは別種という（『名所図

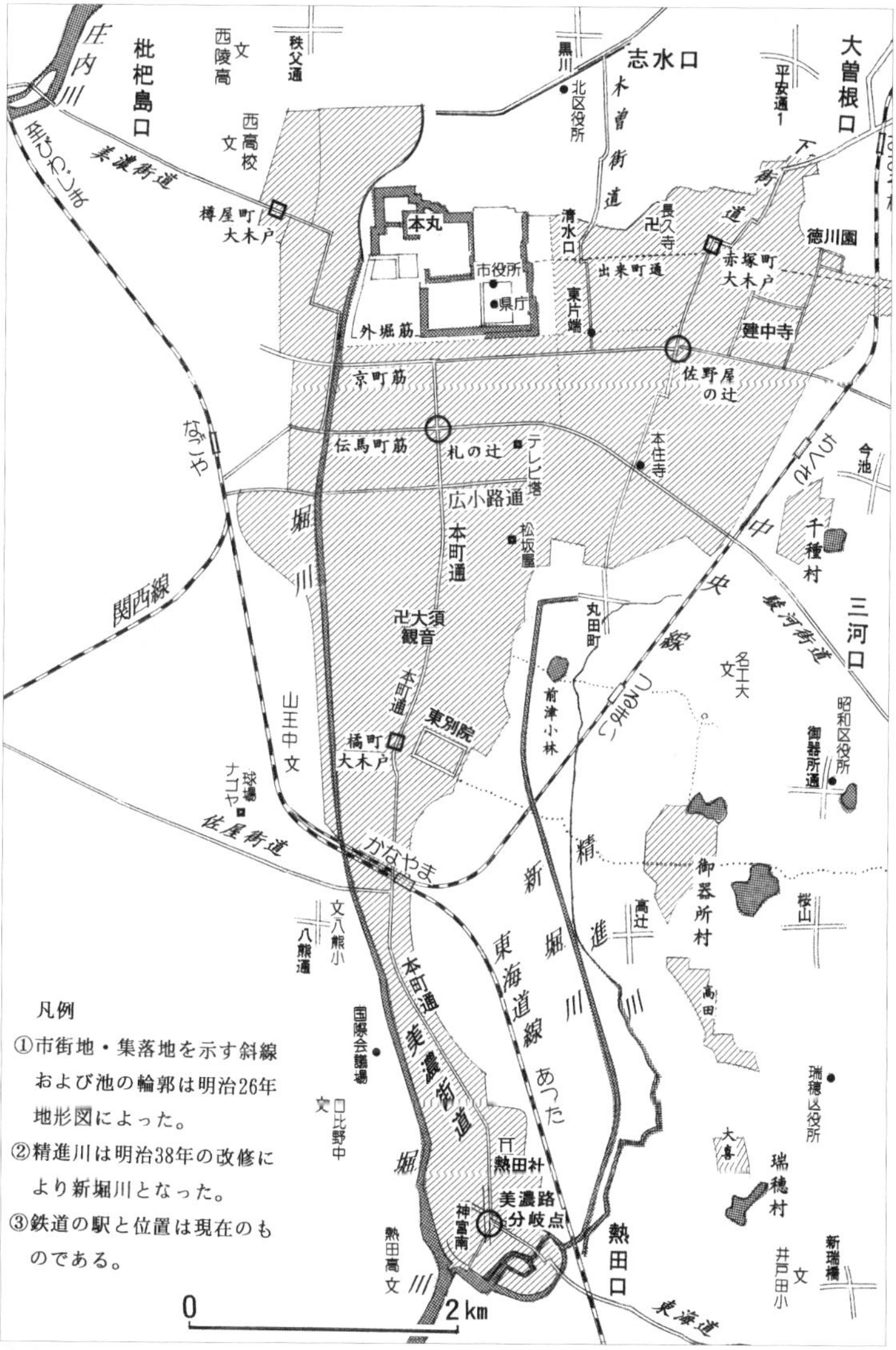

名古屋城下の五口と三大木戸

会』）。しかし「宮重大根から変種進化した」（森徳一郎「尾張大根切干発達史」）という説もあり、本当のところはよく分からない。

江戸の前期に御器所・川名《かわな》・石仏《いしぼとけ》など台地上の畑でこの大根が盛んに栽培され、当初は農家が自家用に漬けた沢庵を町へ売りに行く程度だったが、江戸も後期になると「近頃は商品として漬け込み、名古屋からも多く買出しに来る」（『衜行記』）という状況になった。こんな話が伝わる。

御器所八幡宮の近くで造り酒屋を営む亀井太助という男が、原酒を手広く神戸の灘方面へ卸していたが、あるとき船が熊野灘で難破し大損害を受けた。これを期にきっぱり酒業をやめ、同じ大桶を転用して漬物業へと転向した。ただし屋号は酒屋時代と同じ「萬太《よろた》」で、やがて「萬太の沢庵漬け」は味の良さから全国に知られるようになり、天保期成立の『尾張名所図会』にも萬太の店が描かれるようになった。このように御器所の沢庵漬けが全国区になるのは幕末だが、漬け物大根の産地としては、すでに元禄ころから知られていた。文左衛門の日記でも、時折御器所の大根が顔を出す。

○十五日　夜かちや町、下畠中《はたなか》の途《みち》にて、廿五六になる女の首を切りて殺してあり。帯解け、枕これあり。宵に男長持《ながもち》を担《にな》い、女を連れ、武平町《ぶへいちょう》下にて甚だ行々女と抗《あらが》う。女は宿へ行かんと云い、男は御器所へ連れ行くとて、無理に行くを見し者あり。すなわちこれなり。その側に大根一束あり。これは御器所の小便取り、夜死骸へ行きかかり、肝を潰し、大根を捨てて逃げ去ると。その断り翌日申して、大根を取りて帰る。

（元禄一五・一一・一五）

『日記』にいう「かちや町」とは鍛冶屋町《かじやまち》のことで、いまテレビ塔のある「久屋大通《ひさや》」西側筋が、当時の鍛冶屋町通にあたる。このあたりの南北筋は、真ん中に公園を取り込みとてつもなく広い通りだが、東から順に武平通（「栄オアシス21」裏と「愛知県美術館」の間）、久屋通（「栄オアシス21」の表側）、鍛冶屋町通（テレビ塔西側）、大津通《おおつ》（三越の西側）と並ぶ。むかしの鍛冶屋町通と久屋通は、現在の「久屋大通公園」の西縁と東縁の筋に当るが、「久屋大通」といえば事が済むから「鍛冶屋町通」の名は聞かなくなった。

この鍛冶屋町筋を南へ延ばすと東別院の東へ出て、別院前の東西道「登城《とじょう》街道」にぶつかり、ここを東方向へ左折すれば一キロ半で尾陽《びよう》神社（かつての御器所西城跡地に大正一一年創建）前にいたる。女の死体が発見されたのは、別院近くの道を逸《そ》れた畑中だったのだろう。すぐに目明しによる聞き込み捜査がはじまり、「武平町筋を南へ下ったあたりで男女の言い争いを見た」という情報を得た。女が宿へ泊まると言うのを、男が無理やり御器所村の方へ引っ張って行ったという。目撃情報はこれだけだが、死体の傍らには大根が一束置いてあり、ちょっとしたミステリーである。しかしやがて謎は解ける。遺体を発見した御器所村の「下肥汲み取り農家」が、腰を抜かして置いて行ったものと分かり、翌日彼に引き渡された。汲み取り農家が大根を運んでいた理由はこうだ。

当時、町で出る糞尿は近隣農家にとって貴重な肥料（下肥《しもごえ》）であり、今とは逆に農民のほうがお金や野菜などを支払い「汲み取らせてもらって」いた。因みに大消費地の江戸では、長屋の共同便所で汲み取った謝礼のお金が大家《おおや》に支払われ、三〇軒長屋なら年間二両（約三〇万円）近くになったという。馬鹿にできない金額だ。金納以外に、大根などの野菜で支払われることも多かった。

滝沢馬琴、汲み取り代で揉める

この「し尿汲み取り」の支払いで、大いに揉《も》めた話がある。下掃除《しもそうじ》の者（汲み取り業者）に噛みついたのは、『南総里見八犬伝』の作者で知られる滝沢馬琴だ。『馬琴日記』の天保二年（一八三一）条に、その経緯が記されている。

〇（七月一八日）昼時前、下《しも》そうぢ（掃除）のもの納茄子弐百五拾持参……茄子三百納め申すべき処、五十不足いたし候義いかがと、おミち（お路）を以、尋させ候へば、壱人ニ付、五十づつのつもりニ付、弐百五十納め候由、これを申す。

昼時前に汲み取りの農夫が茄子を二五〇個持ってきた……五〇個不足しているワケを息子の嫁「お路《みち》」に尋ねさせたところ、一人につき五〇個だから、五人分で二五〇個納めるのだという。

〇此の方人数、小児共に七人に候間、これまで六人前のつもりニ干し大根納め来たり候。

大根は三百本納め候事、承知に候哉と尋させ候処、大根も二百五十本納め候つもり心得まかり在り候。十五歳以下は人数ニ入レ申さぬ由、これを申す。

当家の人数は子供を入れて七人（馬琴夫婦に息子の宗伯夫婦と孫二人、下女一人）だが、（孫は四歳と二歳なので、馬琴は二人で一人分と数え）六人ということで、これまで「干し大根」を納めさせてきた。今後大根三〇〇本を納める積りかどうか尋ねさせた処、（当時の慣例で）一五歳以下は人数に加えず、したがってあくまで五人分、二五〇本だという。

○左候《さそうら》へば、これまでより大根五十本不足に成り候。茄子はこれまで納め候事もこれ無く、此のたび新規の義に付き、迷惑に致し候はば納ルニ及ばず、持ち帰り候よう、申し付けさせ候処、大根の義三百本納め申すべし。茄子も折角持参仕り候間、百五十受取りくれ候よう、これを申す。

それではこれまで（以前頼んでいた汲み取り業者）より大根五〇本が不足する。茄子はこれまで納めさせたことはなく、今回初めてなので、いやなら持ち帰ってもらいたいと嫁に云わせた処、わかりました、今後大根は三〇〇本納めます。茄子も折角持ってきたので、一五〇個ほど受け取って欲しいという。

○外々と同様の数に納め候はば、格別百五十ニ不足いたし候ては、いよいよ受取りがたく候間、持ち帰り候よう、申し付け、残らず返し遣はし畢《おわんぬ》。

茄子も大根と同数の三〇〇個納めるならともかく、一五〇個ではますます受け取るわけにはいかない、というのですべて持ち帰らせた。

（以上『曲亭馬琴日記』第二巻・二〇〇九年・中央公論新社より）

このあとも大根の話は続き、「そもそも今回の事態は、汲み取り業者（ここでは農夫か）変更時の契約を、地主の老母にすべて任せていたため起きたことで、もし五〇個不足したまま茄子を受け取っていたら、やがて大根も二五〇本しか納めなくなるだろう。そこで嫁の〈お路《みち》〉に掛け合ってもらい、大根三〇〇本を納めさせる約束をさせた」（要約）と記している。

真山青果《まやませいか》は『随筆滝沢馬琴』のなかで「世間多くの馬琴評論者は、これらの事実を以てただちに彼の性格の鄙吝《ひりん》・偏執《へんしゅう》・利己《りこ》を証拠立てるようにいうけれど、わたしはそれを怪しむ」と異議を唱えている。馬琴は大根五〇本が惜しいのではなく、日ごろから些細な慣例でも帳面に記し、子孫に伝える努力をしているのであって、そうした生活全般に亘《わた》る姿勢が「謂《い》われなく昨年の本数が変えられることを拒否しているのだ」と弁護するのである。

結局農夫が折れ、今後三〇〇本の大根を約束したうえ、持ってきた茄子も一五〇個置いていくという。普通なら「じゃあ、置いていけ」となるだろう。しかし馬琴は、「茄子の一五〇個という数には、何の根拠もない」として、きっぱり断っている。これまでずっと続けてきた「三〇〇」という数の大原則を、あくまで守ろうというのだ。このあたりが、「さもしい」とは異なる「武士の筋目」である。

日記の天保二年（一八三一）の年は、馬琴六五歳となり、代表作『南総里見八犬伝』を書き始めてすでに一七年が経ち、完成する天保一三年（一八四二）までに、一一年を残す。妻のお百《ひゃく》は大病を患い、馬琴自身も間もなく視力を失う。頼りになるのは息子宗伯（医者）の嫁「お路《みち》」だけ、そういう折の「大根事件」であった。

この日記よりちょうど三〇年前の享和二年（一八〇二）、馬琴は五月から八月にかけ、名古屋を経由し関西方面を旅行した。その記録が有名な『羇旅漫録《きりょまんろく》』で、本来は「秘めて窓外に出すことなし」だった筈の覚書を、「近頃書肆《しょし》何がしが強いて請《し》いにによりて、この内数条を抜粋して三冊とし、蓑笠雨談と名づけて刊行」することになった。数条と云いながら実際は一五七条からなる。そのうちの八二条に「女児《じょじ》の立小便」と題して、次のような話が載る。糞尿つながりということで記しておく。（「羇・旅」はともに旅を意味する語で、和歌で「旅の感想を詠じる」部立《ぶだて》にもなっている）

〇京の家々、厠《かわや》の前に小便担桶《しょうべんたご》ありて、女もそれへ小便する。故に富家の女房も、小便は悉《ことごと》く立て居てするなり。ただし良賤とも紙を用いず。妓女ばかり懐紙《ふところかみ》をもちて便所へ行くなり（月々六斎ほどずつこの小便桶を汲みに来るなり）。あるいは供二三人連れたる女、道端の小便たごへ、立ちながら尻の方を向けて小便するに、恥じる色なく笑う人なし。

今では信じられない話である。風習と云えばそれまでだが、戦後間もないころ、田舎の道端でこうした光景を時々見ることがあって、子供心に恥ずかしさを感じたが、「恥じる色なく、笑う人なし」とある。出身が京都方面の人だったのだろうか。

聊か話が逸れてしまった。馬琴の話は「練馬大根」だが、御器所村の農家は「糞尿代の御器所大根」を持って名古屋の御城下に向かい、途中で死体を見つけて仰天し、一束を落として逃げ出した話だ。とにかく練馬も御器所も、漬け物用大根の産地で知られていた。

御器所の佐久間氏

御器所は大根だけではない。ここを拠点として知られた人物に、戦国武将の佐久間氏《さくま》がいる。尾陽《びよう》神社のある高台は佐久間氏中興の祖といわれる佐久間家勝《いえかつ》の居城のあったところで、その武威は四辺に鳴り響いていた。

佐久間氏は相模《さがみ》の有力武士団三浦一族から分かれたとされる。三浦義村《よしむら》（?～一二三九）の三男家村《いえむら》の養子となった朝盛《とももり》（和田氏出身）が「和田義盛の乱」に連座、安房《あわ》国平群《へぐり》郡佐久間郷（現、千葉県安房郡鋸南《きょなん》町）に逃れ、ここで佐久間氏を称した。のちに彼は「承久の乱」で朝廷側に味方し、又しても敗れて尾張の愛知郡御器所庄《ごきそのしょう》へ移ったとされるが、ここまでは伝承の世界の話。その一二代の子孫盛通《もりみち》が織田家に仕え、その孫の盛次《もりつぐ》・信盛《のぶもり》が信長の重臣になった、というあたりから歴史の世界に入る。むろん彼等の居城は、家勝以来の御器所西城（現、尾陽神社）である。

佐久間盛次の長男盛政《もりまさ》（一五五四～八三）は、母の弟柴田勝家《しばたかついえ》の武将となり、その勇猛ぶりを称《たた》えられた。しかし天正一一年（一五八三）「賤ケ岳《しずがたけ》の戦い」に敗北して秀吉側に捕えられ、被官の誘いを蹴ったため処刑された（三〇歳）。次男安政《やすまさ》（一五五五～一六二）と四男勝之《かつゆき》（一五六八～一六三四）は許されたのち、徳川方に加わり、「大坂夏の陣」の戦功によって安政は信濃国飯山《いいやま》（長野市の北、現飯山市）三万石、勝之は信濃長沼《ながぬま》（長野市街地の北東、千曲川西岸）一万八千石の藩主となり、御器所の城を離れた。その後飯山の佐久間家は、安長《やすなが》—安次《やすつぐ》と続いたのち嗣子《しし》

佐久間氏の略系図

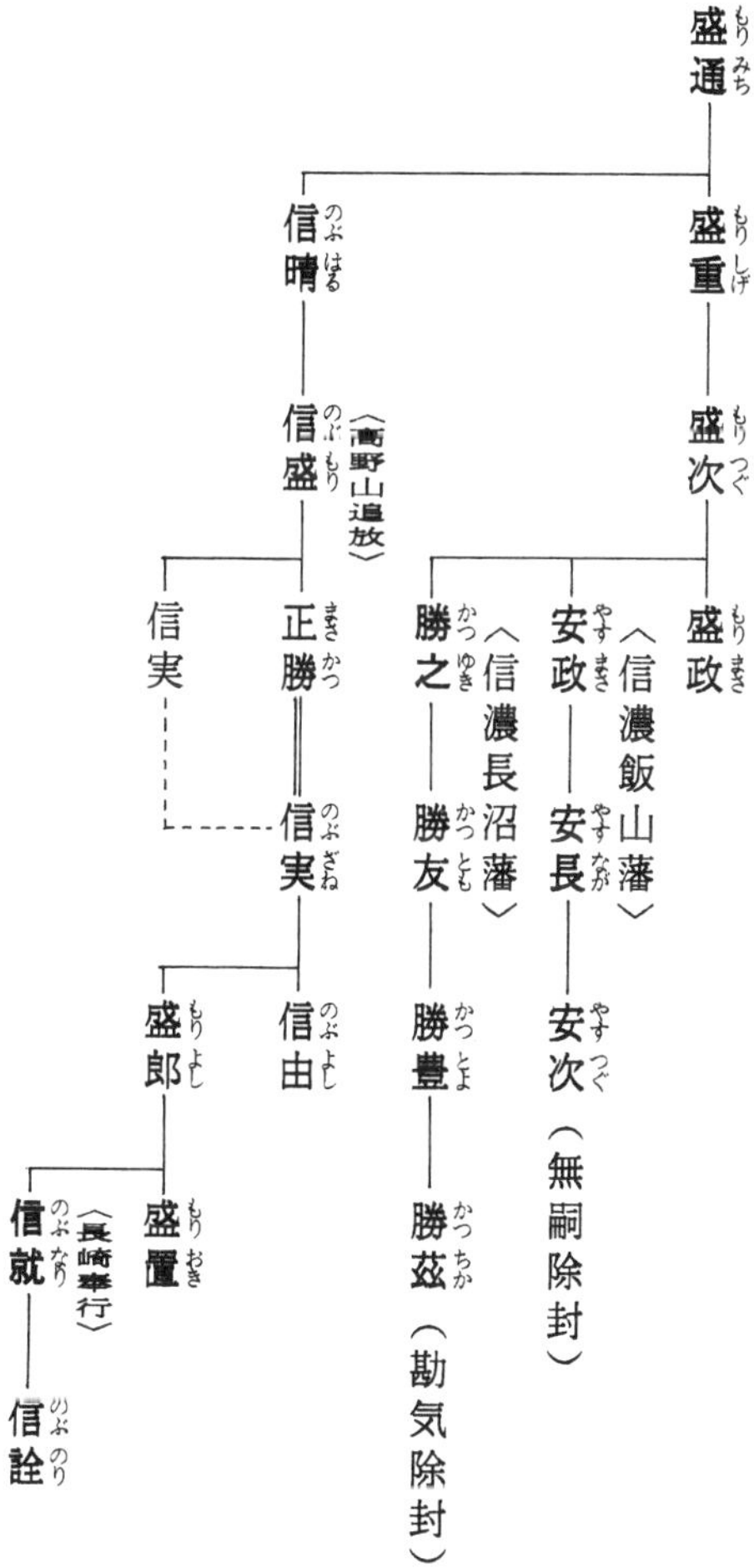

がなく絶家《ぜっけ》し、長沼の佐久間家は勝友《かつとも》―勝豊《かつとよ》―勝茲《かつちか》と四代に亘ったのちの貞享五年（元禄元・一六八八）五月、将軍綱吉の奥小姓を命じられた勝茲が病気と偽って辞退したため、領地没収のうえ陸奥《みちのく》二本松（福島市の南、現二本松市）へ配流となった。三代あるいは四代で絶えることになった佐久間一族（別に信盛の家系は、旗本として存続）だが、このうち長沼藩初代の勝之は、各地に巨大灯籠《とうろう》を寄進したことでその名を残している。いわゆる「佐久間灯籠」と呼ばれるものだ。

佐久間勝之はよほど大きなものが好きだったとみえ、京都南禅寺山門横に一基（寛永五年〈一六二八〉建立、高さ六・六メートル）、江戸の上野東照宮へ一基（寛永八年建立、高さ六・八メートル、お化け灯籠の異名）、そして名古屋の熱田神宮正面参道脇へ一基（寛永七年建立、高さ七・四四メートル）と、いずれも七メートル前後の巨大灯籠を寄進している。

このうち熱田神宮の佐久間灯籠は、当初は海蔵門《かいぞうもん》（海上門《かいじょうもん》とも、旧本宮南門、戦災で消失）を入って左手にあった。富士山噴火の前月に名古屋を襲った宝永地震で倒れ、据え直したことが『鸚鵡籠中記』にでている。近代になり明治二四年の濃尾大地震で再び転倒したあと、灯籠はいまの場所へ移された。樹木が茂っていて気づきにくいが、正面参道と東《ひがし》参道が交わる地点の東南角《かど》で、対角線の位置には有名な二十五丁橋（下馬橋とも、永正年間に二五枚の板石で構築）、その北側に「宮きしめん」を食わせる大きな食堂がある。なお佐久間灯籠と対《つい》のかたちで西南角に建てられている大灯籠があるが、これは明治に入って造られたものだ。

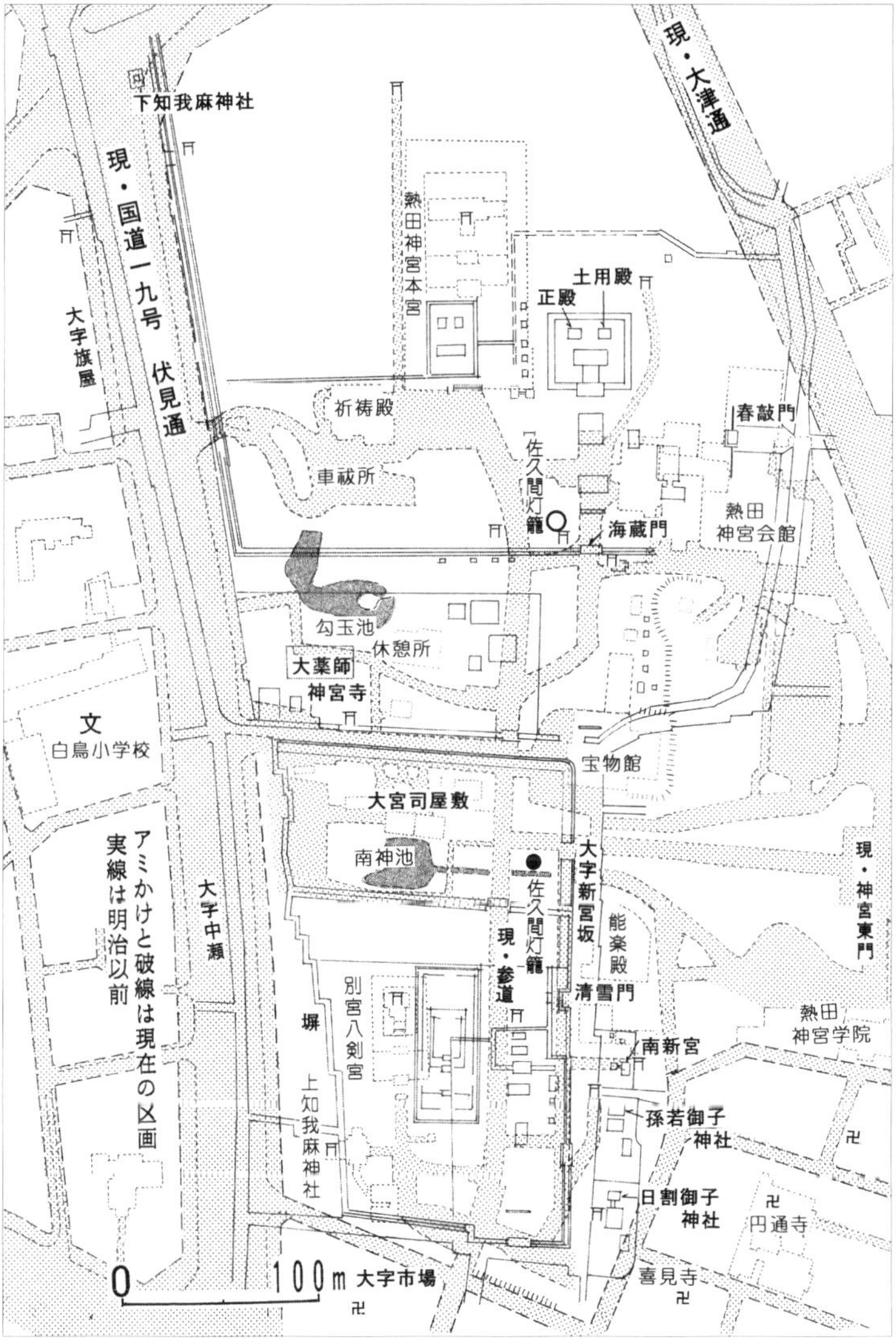

熱田神宮の新旧配置図と佐久間灯籠の移動

○熱田社内無事なり。ただし佐久間大膳太夫建てる所の大石灯篭西へ倒れる。（宝永四・一〇・四）

○頃日、熱田の大石灯籠これを建つ（お作事奉行河村丹左衛門手にて入札、五十三両と云々。神領金出るなり）（宝永四・一二・二五）

○二十日　今日ごろか、長崎奉行佐久間安芸守《あきのかみ》、先祖の本貫《ほんがん》とて当地御器所村の八幡へ参詣これあり。神主を呼び出し幣銀一枚、神主へは麻上下《かみしも》一巻あたえらる。熱田の大膳《だいぜんの》亮《すけ》（佐久間勝之）建立の大石灯籠、よい時分にすえ直し置きけるとて、寺社奉行も満足せり。（宝永五・一・二〇）

熱田社では建物の壊れる被害はなかったが、佐久間灯籠が倒れた。それが年末に復旧して、うまく間に合った。というのは灯籠を据《す》え直《なお》した直後の正月に、奉納者一族の佐久間安芸守《あきのかみ》信就《のぶなり》（一六四六～一七二五）が、先祖のふるさと御器所《ごきそ》の八幡社参詣のため名古屋を訪れたからである。おそらく熱田社へも足を運んだであろう。

長崎奉行佐久間信就

ときの名古屋の寺社奉行高木十右衛門は、「佐久間灯籠を直しておいたのは、まことに時宜に適《かな》っていた」と至極ご満悦だった。信就は八幡社の神前に供える銀幣《ぎんぺい》一枚と神主へ裃《かみしも》を贈っており、当然熱田社へも同様の贈り物があったと思われる。このとき彼は長崎奉行の要職を務め、その後五年間その任にあった。

信就は「信」の字から分かるように佐久間信盛《のぶもり》の子孫で、灯籠を寄進した勝之《かつゆき》の大叔父（祖父の弟）の家系になる。信盛・正勝《まさかつ》父子は信長の勘気を受けて追放処分となったが、のち正勝は許され、その子孫は江戸時代に旗本として存続した。大名となった安政《やすまさ》や勝之の系譜は絶え、一時危《あや》うかった信盛系のほうが旗本として生き残ったことになる。

長崎奉行は一〇〇〇石クラスの旗本から任じられ、定員は時代によって異なる。町政に加え外国貿易や国防を扱い、お役料四〇〇〇俵余のほか献納銀（年間約一五〇〇貫、約二五〇〇両）や舶載《はくさい》品の原価買取などの特権があり、経済的には恵まれていた。佐久間信就《のぶなり》は諸道具奉行佐久間盛郎《もりよし》の二男に生まれたが、兄盛置《もりおき》が病《やまい》がちだったため寛文《かんぶん》六年（一六六六）家督を譲られ、書院番（小姓組同様将軍に近侍、給仕・護衛などの役）を振り出しに屋敷改《あらため》（新地奉行とも、書院番より出役《じゃく》）、御使番《おつかいばん》（命令伝達・上使・諸国巡察など）、お城引渡役《ひきわたしやく》、目付代《めつけだい》など奉行までのお決まりのコースを無難にこなし、家領一二〇〇石に五〇〇石を加えられた。彼が長崎奉行の職にあった正徳期は新井白石《あらいはくせき》が幕政に参与した時期に重なる。

白石は、宝永年間家宣《いえのぶ》とともに登場した儒者である。五代綱吉《つなよし》は世継ぎに恵まれなかったため、宝永元年（一七〇四）、綱重《つなしげ》（綱吉の異母兄、甲府藩主）の長男綱豊《つなとよ》を家宣と改名させ、世子《せいし》として「西の丸」へ迎えた。このとき綱豊の侍講《じこう》だった新井白石（木下順庵《じゅんあん》門下）は寄合《よりあい》に列せられ、やがて綱吉が没して（六四歳）家宣が六代将軍に就くと、側用人間部詮房《まなべあきふさ》と並んで幕政の中枢に登用された。彼は儒教的理想主義を掲げ、家宣および家継《いえつぐ》の二代にわたって文治政治を推しすすめたが（「正徳の治」）、前代から勘定奉行を務めていた荻原重秀《おぎわらしげひで》（元禄九年就任）の手法を嫌い、その排斥に異様な執念を燃やすとともに、長崎貿易についても次第に統制を強めていった。

長崎貿易

江戸時代の長崎貿易を分かりやすく云うと、「中国・オランダを相手に生糸（白糸《しらいと》）を買い、銀で支払う」仕組みである。その頃の日本は西洋諸国が羨《うらや》む「黄金の国ジパング」であり、金・銀・銅の産出量は図抜けて多かった。しかし無尽蔵なわけはない。すでに慶長六年（一六〇一）から宝永五年（一七〇八）までの一〇〇年余に、金七二〇万両・銀一一二万貫目（五〇目＝一両として、二二四〇万両）が国外へ流失したという（『折たく柴の記』）。また寛文年間に長崎奉行が二〇年間の銀輸出を調べたところ、年平均三万貫目（六〇目＝一両として、五〇万両）に達していて、当時銀座で吹きたてられた銀貨七〇〇〇貫目の四倍強にあたったという。当時日本から輸出される銀は、世界産出量の三割にまで達していたというから、たしかに問題である。

そこで貞享二年（一六八五）に定高《さだめだか》制をとり、中国船は銀六〇〇〇貫目、オランダ船は銀三〇〇〇貫目を輸出の上限とし、それを超える取引きは銅（元禄三年、伊予別子《いよべっし》銅山を開発）による代物替《しろものがえ》貿易や俵物《たわらもの》（干鮑《ほしあわび》・鱶鰭《ふかのひれ》・煎海鼠《いりこ》＝ナマコを茹でて乾燥させたもの）・諸色《しょしき》（昆布・ワカメ・スルメ・天草・鰹節など諸々の物）で支払うこととした。規定額までは銀、それを超える部分は銅や海産物で代替《だいが》えしようというのである。規定額以外の貿易を認めた理由は、売れ残り品が密貿易されることを防止し、かつ運上金の増収を目指したためといわれる。こうした状況に対し白石は、「貴重な金・銀資源を、贅沢な衣服（生糸）などのために失うべきでない」と考え、長崎奉行大岡清相《きよすけ》（正徳元年就任）の提案を軸に、統制を強めていった。正徳五年（一七一五）正月、長崎奉行に通達された正徳新令（長崎新令・海舶互市《かいはくごし》新例）がそれである。

　正徳新令はこれまでの定高《さだめだか》を踏襲しながら、それを超える代物替《しろものがえ》貿易を廃止、余った銅および俵物を定高内の銀支払いに当てようとするものだった。すなわち中国船の銀六〇〇〇貫目のうち四〇〇〇貫目を三〇〇万斤《きん》の銅で支払い、蘭船の銀三〇〇〇貫目のうち二〇〇〇貫目を銅一五〇万斤で支払うことにしたのである（銀二〇〇〇貫目＝銅一五〇万斤）。残る中国への二〇〇〇貫目の銀支払いも俵物・諸色を当て、対オランダの一〇〇〇貫も金に代えて支払うなど、できるだけ銀決済を抑えている。さらにこの実効をあげるため、中国船の渡来は従来の八〇隻から三〇隻に、蘭船はわずか二隻に減じた。正徳新令が出された前後の長崎奉行人事は、次のようになっている。

（元禄一五）……別所播磨守……（正徳元・四）……大岡備前守……………………（享保二＝一七一七）
（元禄一六）……………佐久間安芸守……………（正徳三・三）
（元禄一六）…石尾阿波守…（宝永三）……駒木根《こまきね》肥後守……（正徳四・一一）
（元禄一五）…永井讃岐守……（宝永七＝一七一〇）…久松備後守……（正徳五・一一）…石河土佐守…
（享保一一・五）

元禄末年に一人増で四人となっていた奉行数が、佐久間氏の退いた正徳三年以後補充されず、さらに正徳新令が出された時点では二名に減じられ、以後復活していない。その代わりに長崎目付が新設され、官吏に対し厳しい目が注がれることになる。二人の奉行のうちのひとり大岡備前守は、改革派の能吏として知られ、正徳新令の骨格には彼の提案が生かされている。大岡の名前から南町奉行の大岡越前守忠相《ただすけ》を連想したくなるが、彼の家系とは直接関係はない。

新令通達時もうひとりの奉行だった久松備後守は、まもなく石河《いしこ》氏に替わった。新令直前の正徳四年、久松・駒木根両氏は「銅不足の対応」について白石から諮問を受けたが、その答申は「取るに足らない」として退けられている（『折たく柴の記』）。正徳三年に退いた佐久間安芸守についての白石評を聞きたいところだが、残念ながら何も記されていない。

ついでに触れておくと、久松氏から替わった石河土佐守政郷《いしこまささと》は、尾張藩家老「石河」氏の一族である。先祖は美濃国厚見郡《あつみぐん》市橋荘（現、岐阜市）の地頭で石川氏を名乗り、光延《みつのぶ》のとき織田信長に仕え、その子光政《みつまさ》と光重《みつしげ》は秀吉に、光政の子勝政《かつまさ》は石河《いしこ》と改姓して徳川秀忠に仕えた。この子孫は旗本として奉行職に就いたが、長崎奉行となった政郷は勝政から数えて四代目にあたり、白石の罷免された（享保元・五）あと一〇年以上その職にあった。おそらく有能な官吏だったのだろう。

光政の弟光重の系譜は、子の光元《みつもと》が尾張犬山一二万石の城主となったが、関が原の戦いで西軍に与《くみ》し領地を失った。しかしその子光忠《みつただ》は家康に仕えて一万石を与えられ、のち義直《よしなお》に臣属し、名古屋城代となった。以後代々万石格の家老職を務め、光忠の曾孫正章《まさあき》のとき、石川を石河《いしこ》と改めている。名古屋では名門の家柄である。

御器所と佐久間氏関係の話はここまでとするが、角川『日本姓氏大事典』に現在愛知県内で佐久間姓の最も多いのが春日井市とあり、合点した。御器所に興味を持ったのは、筆者の勤務地近くに佐久間姓の家が多く、その本家の方を知るようになり、「熱田神宮の大灯籠」について教示を得たからである。その折佐久間姓の方たちの全国的な繋がりがあることや、菩提寺の龍興寺、氏神を祀る御器所八幡宮へ定期的に参拝されていることも知った。先日八幡

石川（石河）家系図

光延（家光）─┬─光政─勝政（石河に改姓）─○─○─○─政郷（長崎奉行）
　　　　　　　└─光重─光元（犬山城主）─光忠（義直家臣）─○─○─正章（石河に改姓）

宮を訪れたとき、宮司さんが「先日も佐久間一族の方々が揃ってお参りされ、そのあと熱田神宮へ古文書を拝観に行かれました」と話されていた。佐久間一族の結束はいまも固いようだ。

芝居興行が行われた理由

ところで肝心の「御器所村で数多く浄瑠璃や相撲が興行された理由」だが、いろいろ見てきた中で唯一思い当たるのは、御城下から放射状に延びる街道との関係だ。碁盤割の城下を出て熱田へ向かう途中の橘町に大木戸が設けられ、その隣に芝居地が許可された。同様に美濃街道を清洲へ向かう途の樽屋町・押切間に大木戸が設けられ、近隣の門前で芝居興行が許された。同じく下《した》街道を勝川《かちがわ》へ向かう途中、町はずれの赤塚に大木戸が設けられ、近くの神明社で芝居が興行された。以上、町中と町続きの境の三大大木戸には、すべて芝居地が設けられているのである。さらに他にもある。

城下の北、清水口から犬山へ向かうルートの杉村辺りで人形浄瑠璃が催され、魚釣りと称して出かけた文左衛門は帰宅後ウソがバレて、こっぴどく叱られる記事があった。その伝でいくと伝馬町筋から駿河街道（飯田街道）へ至る道は岡崎方面への出入り口であり、町外れの何処かに芝居地があってよい筈だが、何か事情があったのか設けられていない。それに代わるルートとして東本願寺別院前から御器所に至る登城街道が浮上したのではないか。御器所から西へ進めば石仏、五軒家の集落を経由して、八事興正寺手前の隼人池で駿河街道に合

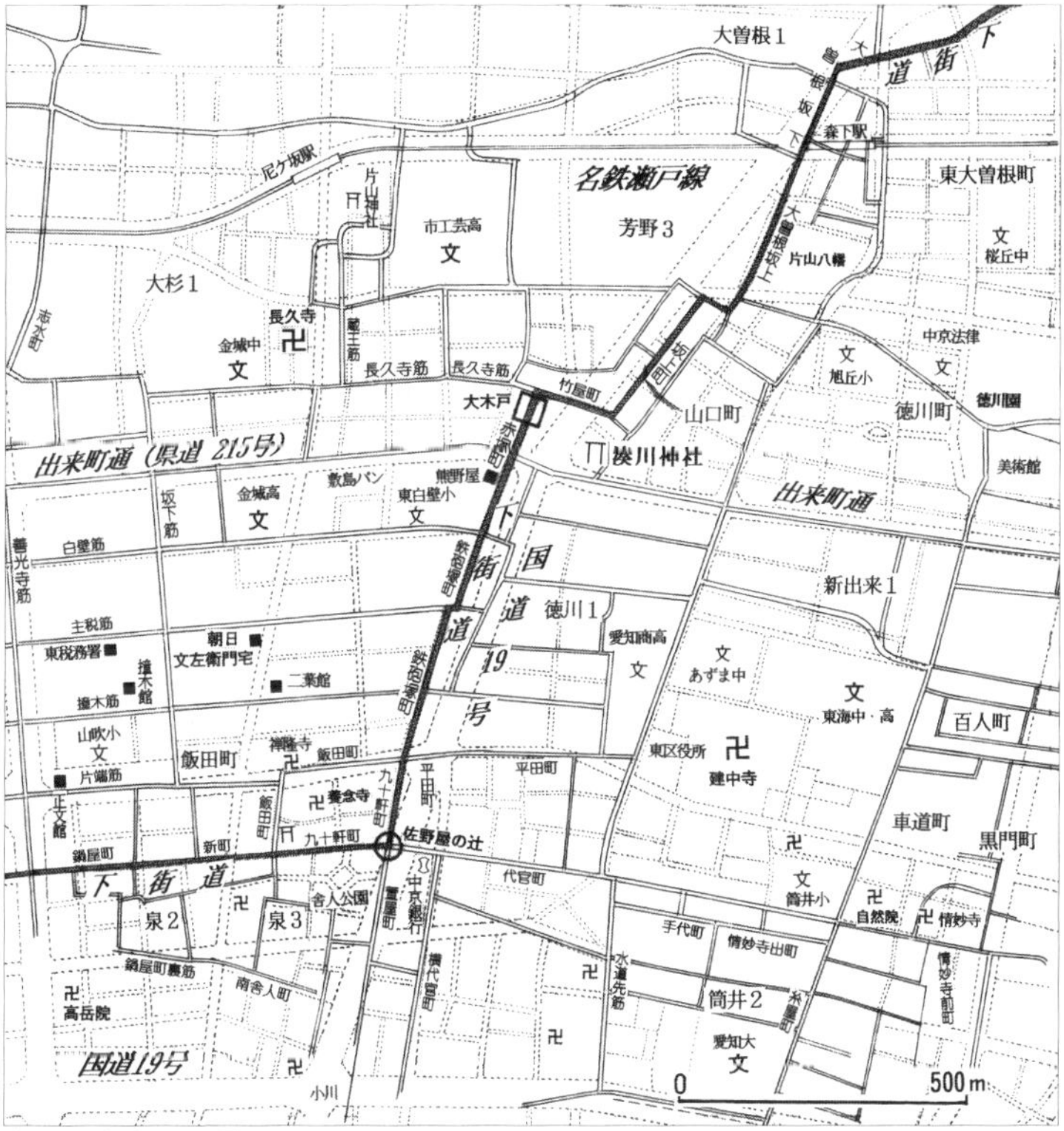

赤塚の大木戸と周辺図（点線は現在）

する。この道が飯田街道に比べ、どの程度利用されたのか分からないが、御城を目指す場合はともかく、橘町大木戸から熱田へ、あるいは佐屋街道へ行くには、こちらの方がずっと近道になる。

つまり御器所村を岡崎・飯田方面への出入口と考えれば、美濃街道や下街道、あるいは東海道ルートの出入口に芝居地が設けられたのと同じ立地条件になり、藩からの許可が得やすかったように思われる。御城下から

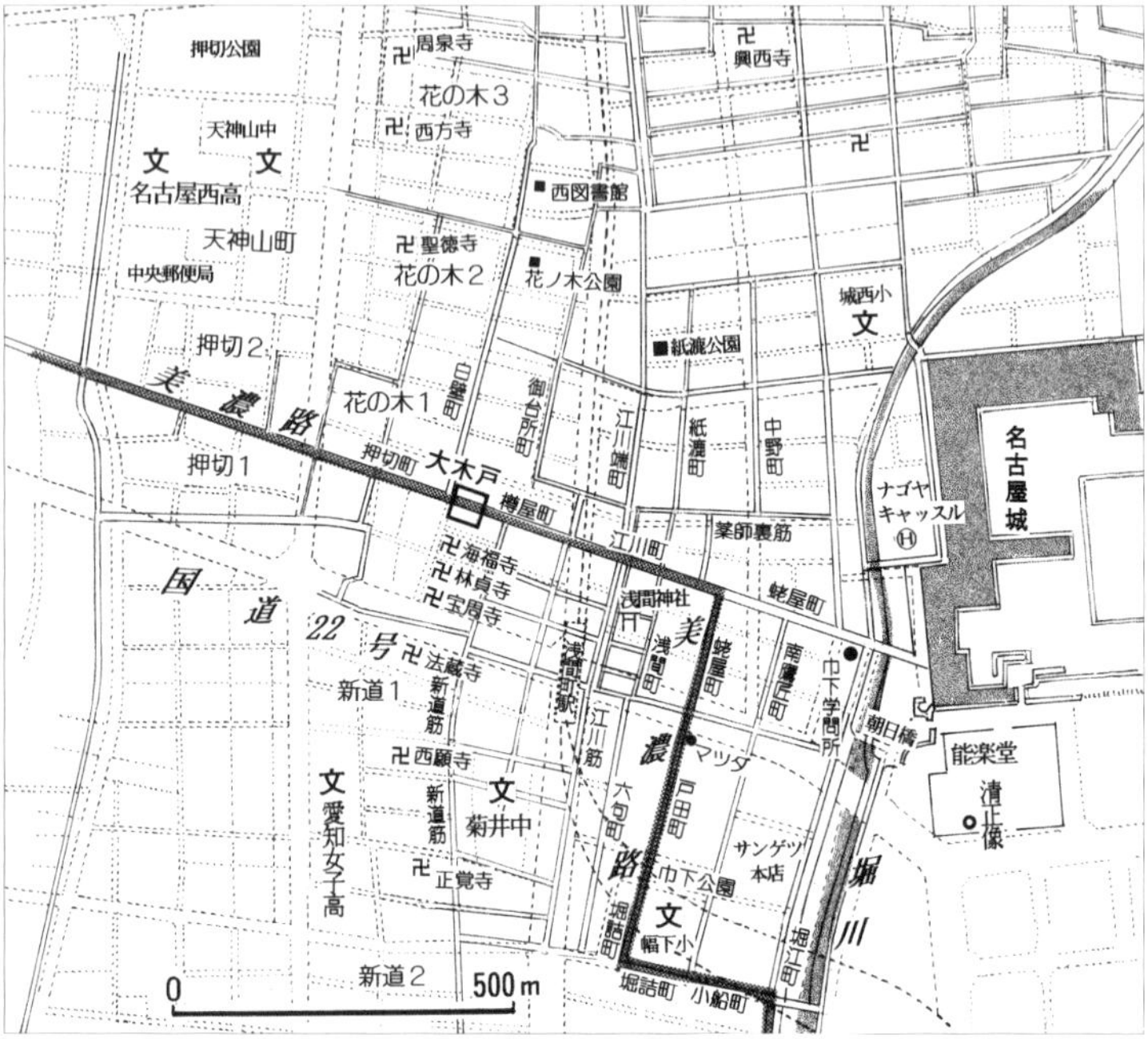

樽屋町の大木戸と周辺図（点線は現在）

歩いて一里半もある御器所まで、わざわざ見に来るのは余程の芝居狂いしかいないと思われるかも知れないが、ご心配なく。文左衛門たちはせっせと通っていたのである。

第二章　元禄から宝永期の、もうひとつの顔

―朝日文左衛門の体験した「大変」―

元禄関東大地震

元禄一六年（一七〇三）といえば、五代将軍綱吉治世の晩年にあたり、前年の暮れには赤穂浪士の討ち入りがあった。この「元禄年号」にとどめを刺したのは一一月に起きた「元禄関東大地震」で、翌年早々に「宝永《ほうえい》」と改元された（三月一三日）。しかし天変地異は改元などで収まるはずもなく、四年後に「宝永大地震」「富士山の大爆発」が続く（宝永四年）。

尾張藩士でご城代組同心の朝日文左衛門重章《しげあき》は、この三つの「大変（非常な異変）」の時代を経験し、その日記『鸚鵡籠中記《おうむろうちゅうき》』に詳細な記録を残した。たとえ被災地の中心から遠く離れていても、仕入れてくる情報は半端ではなく、これら災害の基本史料とされる『楽只堂《らくしどう》年譜』や『甘露叢《かんろそう》』に引けを取らない。ただし情報の「出所」を、もう少し丁寧に記しておいてくれたら、と惜しまれる。

連続する上記三つの災害を、今の知識に基づいて書き改めるとつぎのようになる。

①元禄関東地震

【発生】元禄一六年一一月二三日（西暦一七〇三年一二月三一日）午前二時頃

【震源・規模】房総近海震源、相模トラフ沿いに発生。マグニチュード八・〇～八・二

【被害】小田原中心に被害激甚。城、城下町、宿場町全滅。房総半島南部四～五メートル隆起、元禄段丘の形成。江戸を除き家屋潰れ二万八千軒、死者六七〇〇人。江戸大火災、川崎・鎌倉被害大、箱根山崩れ街道閉塞、

【津波】鎌倉八メートル、伊豆八〜一二メートル。

②宝永地震（東海・南海・西海大地震）

【発生】宝永四年一〇月四日（西暦一七〇七年一〇月二八日）午後二時頃。

【震源・規模】南海トラフ？マグニチュード八・四、歴史上（文献上）最大。

【被害】甲斐信濃・北陸・畿内・山陰・山陽、津波房総から九州まで、死者三万余人・流失家屋二万軒、潰れ家六万軒、船の流失三千艘以上、田畑埋没三〇万石以上。

③富士山大爆発

【発生】宝永四年一一月二三日（西暦一七〇七年一二月一六日）午前一〇時から一一時頃。

【規模】噴火は一二月九日（新暦一月一日）までの一六日間、

これらの「大変」を、文左衛門は実際に体験した。それが『日記』にどう描かれているか、興味のあるところだが、結論からいうと思いのほか冷静である。三つの災害のうち二つは関東が中心で、直接的な被害を出したのは、東海・東南海地震にあたる宝永地震である。それでも藩主や江戸詰めの藩士たちは、富士山噴火に伴う降灰を体験し、次々に速報を国元へ送ってきた。また江戸帰りの友人は、生々しい体験を聞かせてくれた。記録魔で知られる文左衛門は、そうした情報を逐一日記に書きとめている。

彼は『日記』に書くことで、事件を整理し、ある程度客観視できただろう。そう思いながら読み進めて行ったが、やはり現代人とは異なる感性に突き当たる。武士階級独特の死生観によるのか、江戸という時代性に起因するのか、或いは文左衛門という人間の個性なのか、なかなか考えがまとまらない。やがてやって来るかも知れない同様の災害に出くわしたとき、果たしてわれわれはどう対処するのか。物理的な対処だけでなく、精神的に耐えられる覚悟があるのか、何とも覚束ない気持でいる。

ともかく日記を読むことで、文左衛門の「大変」を追体験してみよう。

○（元禄十六年十一月）二十二日　丑二点《うしのにてん》地震。やや久しく震《ふる》う。しかして震《ゆ》り返しあり。

○予、起きて母の処へ行く。庭の池氷を砕き、水逆揚《さかあ》がり、瀬枕《せまくら》大いに鳴るがごとし。十八年先、八月十六日辰刻《たつのこく》の地震よりは、震うこと久し。

○丑半刻《うしのはんこく》遠くひびきの音聞こゆ。後にこれを聞けば光り物飛ぶと。暁まで少しずつ又三度震う。

○甚目寺の仁王像転倒し、足損ず。

元禄一一年一一月二二日の記事だが、地震の発生は深夜の子刻《ねのこく》（午前零時）を回った丑《うし》の二点（午前一時過ぎ）であり、すでに日付は変っている。文左衛門は飛び起きて、母の寝所へ向かった。池の氷が砕け、水面は逆巻き、瀬枕をなしている。記憶にある一八年前の地震より揺れが長い。一八年前の地震とは、貞享三年（一六八六）八月一六日の辰刻《たつのこく》過ぎ（朝九時）

に起きた地震のことで、その日の日記には「地震、夜まで八度。そのうち両度強し」とある。

この元禄関東大地震の被害は、文左衛門が知る範囲では然《さ》したることはなかった。朝日家では池の氷が割れ、水面が大きく波立ったぐらいのこと、あとで甚目寺の山門仁王像の足が折れたのを知ったが、それ以外の記述はほとんどない。「元禄関東大地震」の呼び名からわかるように、大きな被害は関東にあった。しかし幕府の正史である『徳川実紀』の記述は、いたって素っ気ない。

○（廿二日）この夜大地震にて、郭《くるわ》内石垣所々くずれ、櫓《やぐら》多門《たもん》数多《あまた》たおれ、諸大名はじめ士庶の家、数をつくし転倒す。また相模・安房・上総のあたりは海水わきあがり、人家頽崩《たいほう》し、火もえ出て、人畜命を亡《うしな》う者、数うるにいとまあらず。誠に慶安二年このかたの地震なりとぞ。甲府邸これがために長屋たおれ、火もえ出《いで》しかば、まず火消を命ぜらる。御所には護持院大僧正召されて夜中まいのぼり、鎮護の加持し奉る。

○廿三日　家門まいのぼられ御気色《おんけしき》伺わる。其の外は使いして伺い奉る。今日も地震なおやまず。（『常憲院殿御実紀』巻四八、元禄一六・一一・二三）

未曽有の大地震にもかかわらず、その記載量は驚くほど少ない。江戸城の石垣・やぐら多門の破損や大名・武士・庶民の家の倒壊を一、二行で記したあと、相模・房総の被害を簡単に伝えるのみである。わずかに注意を惹くのが、甲府邸の長屋の火事に触れていることと、五四年前の「慶安二年の大地震」に触れていることである。最後は桂昌院様お気に入りの隆光大僧正を招いて、鎮護の祈祷をさせた、とある。

翌日の記事は、御三家・御連枝《ごれんし》をはじめ諸大名からお見舞いが来たこと、相変わらず余震の続くことを記し、つづく廿四日にいたっては、二代将軍秀忠の月命日のため、増上寺の廟に老中稲葉丹後守正往《まさゆき》が代参した記事しか記載されていない。まるで大地震など忘れたかのようである。

公的な記録とはそうしたものかも知れないが、「大名・士庶の家が数を尽くして転倒す」と記載しても具体性に欠けるため「元禄関東大地震」の実感は伝わらない。むしろ遠く離れた名古屋に居ながら、朝日文左衛門が記す『日記』のほうが緊迫感がある。以下、『日記』で話を進めよう。

『鸚鵡籠中記』に見る江戸城と大名屋敷の被害

○右の刻、江戸大地震。丑上《うしのじょう》刻《こく》より同半刻《はんこく》まで、甚だ強く震う。それより漸々静かになる。

○これより一日二夜の間、二度余震。・御城内外の多門半ば崩れる。大手・桜田・紅葉山《もみじやま》・北羽根《きたはね》（掉《はね》）橋《ばし》内外多門塀、崩れる。三之丸様御長局《おんながつぼね》其の外二之丸御門・石垣など過半崩れ、所々見付《みつけ》も残らず破損。市買（市ヶ谷）御門・田安《たやす》御門・平川口《ひらかわぐち》御門・日比屋（谷）御門所々の多門揺り崩す。

最初に、江戸城の各御門の両側に連なる「多門」あるいは「多門塀」の崩れが、多数記録されている。多門とは、城の石垣上の長い白壁を指す。外からは白壁の城壁のように見えるが、内側に回ると長屋造りの倉庫になっている。戦国大名の松永久秀が、永禄年間（一五五八〜七〇）に大和の佐保山に築いた多聞城ではじめて採用したとされ、城壁と武器庫を兼ねていた。

これら多門の崩壊を述べたあと、三之丸へ移る。三之丸の主《ぬし》は、地震の起きた元禄一六年の時点では綱吉公の生母桂昌院《けいしょういん》（お玉の方）である。延宝八年（一六八〇）家綱の死去により弟の綱吉が五代将軍に就くと、桂昌院は生母として江戸城三之丸に入った。桂昌院は宝永二年（一七〇五）に亡くなり、四年後あとを追うように綱吉が亡くなると、側室として権勢を誇ったお伝の方が落飾して瑞春院《すいしゅんいん》と号し、この三之丸に入って「三之丸様」と称されるようになる。しかしこれは後のこと。

三之丸に付属する長局《ながつぼね》は、桂昌院に仕える奥女中たちのいわば寄宿舎で、長い一棟を幾つにも仕切って、個々の二階家風に仕立てた造作をいう。本丸大奥、二之丸大奥にも同様に長局がある。見付は、文字通り番小屋を備えた御門をいう。つづいて大名屋敷の被害状況に移る。

○外桜田井伊掃部頭《かもんのかみ》屋敷表、破損。お堀端道筋二、三間通り、お堀へ崩れ込む。お堀前屋敷井上周防守《すおうのかみ》・酒井駒太郎・永井豊熊いずれも表長屋内共にゆり崩し玄関何れも崩れる。

桜田門を出て警視庁を右へ進むと国会議事堂正門へぶつかる。その右手の洋式庭園から憲政記念館にかけて、かつての井伊掃部頭の屋敷跡である。多くの大名は一〇年か二〇年で屋敷替えがあるが、井伊家は江戸時代を通じて変わらない。警視庁の位置が永井家、ひとつ措いて井伊家の隣が井上丹波守（受領名が異なる）、措いた個所には酒井家でなく小出家が入っている（延宝年中の形）。元禄一六年前後の絵図がないので確実とは言えないが、今の警視庁から憲政記念館にかけて、濠に面した道路と屋敷が被害を受けたということだろう。

○上杉弾正表長屋破損。松平大膳太夫屋敷表通り崩れる。内桜田大久保隠岐守脇後ろ長屋崩れる。平岡和泉守長屋崩れ破損。加藤越中守表門ゆりかたむき、玄関崩れる。長屋破損。

皇居外苑の濠を挟んで南側、現法務省の敷地に在ったのが上杉弾正大弼《だいすけ》の屋敷、その東側日比谷公園敷地にあったのが、松平大膳大夫屋敷と甲府中納言（徳川家宣）の屋敷である。次に今の皇居外苑中に位置する屋敷で、加藤越中守屋敷は坂下御門に近い位置、平岡和泉守屋敷は、馬場先門に近い位置になる。この平岡家と対角線の位置にあるのが、大久保隠岐守の屋敷である。いずれも玄関とか表通りに面した場所の損害を記しているのは、記録者が表通りから確認できた範囲で、損害を認《したた》めたためだろう。

○本多伯耆守《ほうきのかみ》・阿部豊後守《ぶんごのかみ》いずれも玄関ゆりくづし。青山伊賀守屋敷破損。稲葉丹後守屋敷大分崩れ、玄関崩れ得ず。

○御門番所和田蔵御門番所崩れる。日比谷御門番所ゆり崩す。土屋相模守玄関崩れる。稲坂対馬守・井上大和守屋敷表長屋玄関。松平美濃守玄関破損。長屋同断。松平右京太夫屋敷お堀端通り崩れる。松平肥後守屋敷表向き長屋崩れ、秋元但馬守表向き破損、玄関同断。

土屋相模守屋敷は丸の内二丁目、いまの文部科学省辺りである。その南隣が林大学頭の屋敷である。稲坂対馬守、井上大和守らの屋敷が『江戸城下変遷絵図集』から見つけられなかったのは、辰ノ口南の図が一部が欠如しているためかも知れない。前後から推定して、和田倉門から日比谷御門にかけて濠に面した区域、いまの丸の内一～三丁目の被害状況を記したものと考えられる。なお秋元但馬守屋敷は、馬場先門を入ったすぐ右手、松平肥後守屋敷は其の北隣で和田倉門に近く、ともにいまの外苑中になる。

○保科肥後守屋敷表長屋崩れ、大手先腰かけ・御畳蔵少々ゆり崩し、小笠原佐渡守表向き内長屋少々。

大手門の外に御畳蔵と腰掛けが並び、その北側いまの大手一丁目に保科肥後守の屋敷があった。小笠原佐渡守屋敷は少し東に離れて、常盤橋の近くにあった。いまでいう大手一、二丁目辺りの被害状況で、いずれも長屋が損壊している。

○一ツ橋御門破損。御米蔵破損。田安御門崩れる。市買御門石垣等崩れ、八幡脇町屋五十軒ほどゆり崩れ、堀端道筋裂け、所により一、二寸口開けたる処これ有り。

○其の外諸士屋敷、町屋破損。御城内外近辺かくの如し。糀町《こうじまち》紀州様御長屋破損。長田町丹羽五郎三郎屋敷玄関表長屋ゆり崩す。

次にお城の北部に移り、一ツ橋御門から田安御門、そして外堀の市ヶ谷御門へ。八幡脇とは市ヶ谷の尾張藩上屋敷東の八幡宮を指す。さらに赤坂御門北の紀州藩邸、国会議事堂裏の丹羽左京太夫邸にも触れている。これで御城の周りをほぼ一周したわけだ。地震直後報告者は、このルートを見て回ったのであろう。

次に江戸市中の町家の被害を記す。

○其の外江戸中は及び申さず、近郷近在夥しく破損。尤も人馬損じ死す。いずれも破損これ無き屋敷は一軒もこれ無し。

○江戸中武家町家ともに、土蔵大方崩れ、新しきは土ゆり落とし、古きは「たたみ提灯」の如くひしげ、穴蔵は残らず吹き出す。

○下町より築地辺の穴蔵より泥水湧き出る。穴蔵禿《つぶ》れる。此の節は津波打ち候とて騒ぐ。

御本丸・御矢倉三十七ヶ所、大破損。同御門一ヶ所崩れ、人十一人死す。

さいわい江戸の死者は少なく、一〇〇〇人までいかなかったとされる。しかし噴砂や地割れはすさまじく、御茶ノ水辺で最大巾三メートル、長さ一五メートル、深さ二メートルの地割れが生じ、各所の一メートル巾の地割れから泥水が噴いたという。「穴蔵《あなぐら》云々」とあるが、火災が多い江戸の町では、町民が自衛手段として家屋の下に穴蔵を掘り、火災の時は家財道

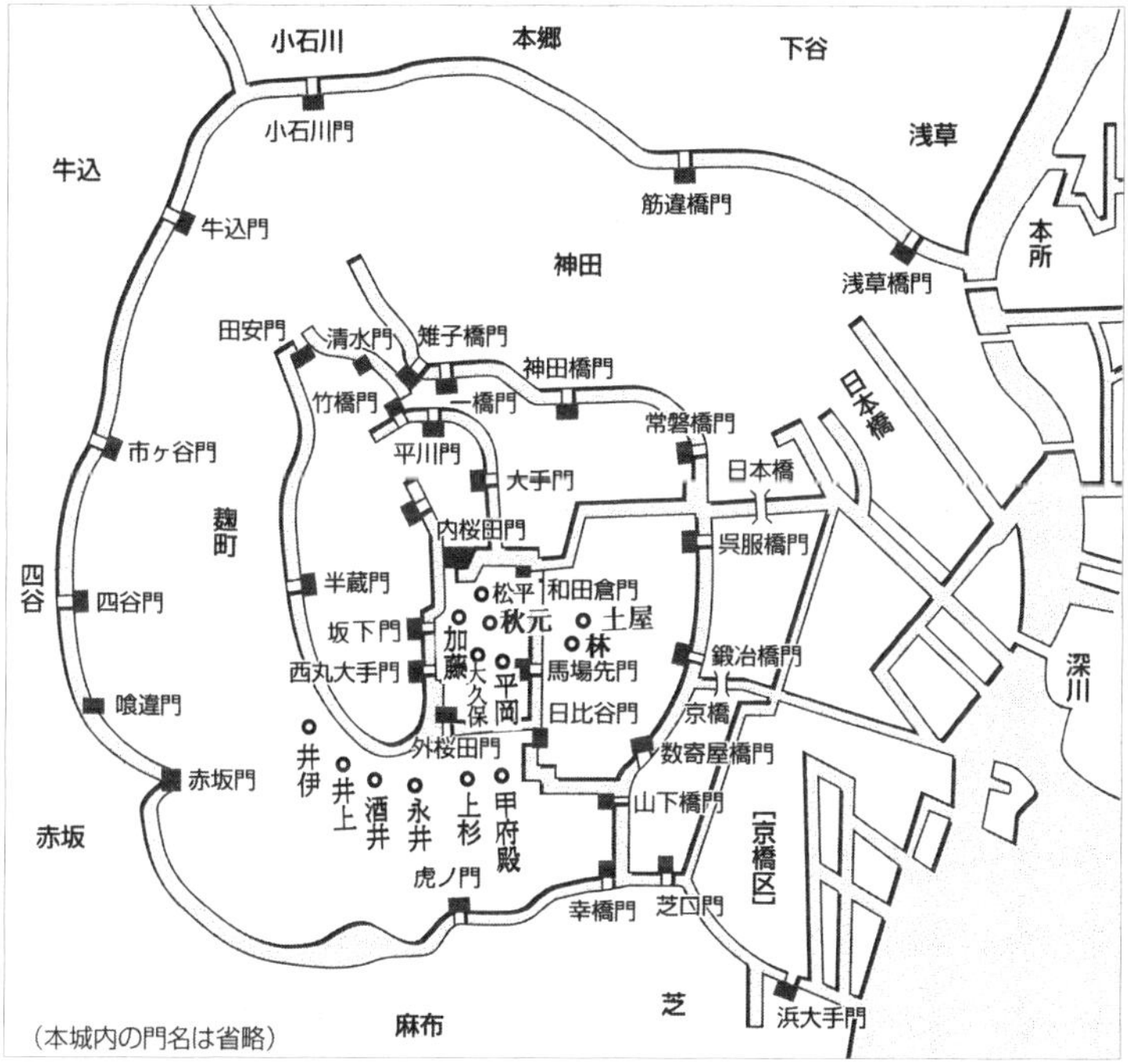

江戸城32城門図（鈴木理生『江戸と城下町』掲載図に加筆）

具を穴にほうり込んで類焼を免れた。辺長二～三メートルが一般的で、上に畳などを置き、土を被せた。今度ばかりはこの穴蔵に泥水が湧き、往生したということだ。

江戸の町以外の主な被害として、九十九里浜は津波で約二四〇〇人の死者、鎌倉は六〇〇人の死者、伊豆半島付根の宇佐美では三八〇人の死者、伊豆大島の死者五六人、ここの波浮《はぶ》池（承和五年の水蒸気爆発で出来た噴火口）が津波で決壊し海につながる港になったことは、よく知られている。最も大きな被害は、後述する小田原であった。

○浅草観音崩れる。四日市土手蔵残らず崩れる。神田明神崩れる。

浅草寺や神田神社が崩れたとは穏やかでないが、火災と違い再建が必要な程の崩壊ではあるまい。浅草寺々誌にも特に記載されない。寛永一九年（一六四二）焼失の浅草寺を慶安二年（一六四九）に再興したのが三代将軍家光で、このとき本堂・五重塔・仁王門・雷門が建立された。慶応元年（一八六五）焼失の雷門を除き、すべて東京大空襲で焼けた。これらの再建は、昭和三〇年代以降である。

四日市はもともと日本橋の南詰（現、日本橋一丁目）にあったが、明暦の大火ののち橋詰を広小路とするため霊岸島の新川大神宮の南（現、新川一丁目）へ移された。文久三年の「日本橋南之絵図」（尾張屋清七板）には日本橋の旧位置に「元四日市町」が、霊岸島の移転先に「四日市町」がともに記載されている。

文左衛門の記す「四日市町」は元禄の話なので、日本橋南詰から移転後の新川の四日市を指すはずだが、「四日市の土手蔵」とあるからことから、蔵屋敷の土手蔵（日本橋〜江戸橋の河岸通り）が建ち並ぶ元四日市町《もとよっかいちまち》の可能性が高い。『江戸東京地名辞典』（北村和夫　講談社文庫）には、「両者はよく混同して使われる」とあるので、ここでは日本橋としておく。

○増上寺築地《ついじ》残らず倒れる。同金石の灯篭顛倒す。

増上寺は港区芝公園四丁目にあり、浄土宗鎮西《ちんぜい》流七大本山の筆頭である。宗祖法然の門下五流の中で聖光房弁長《しょうこうぼうべんちょう》は、筑前・筑後・肥後を中心に布教し鎮西上人と称された。現在の浄土宗は、ほぼこの鎮西流を指す。総本山は京都知恩院である。増上寺はもと真言宗だった聖総《しょうそう》が聖冏《しょうげい》の教えを聞いて浄土宗に帰依し、貝塚にあった真言宗光明寺を復興して浄土宗増上寺を創建したことに始まる。

増上寺一二世となった存応《ぞんのう》（一五四四～一六二〇）のとき家康の江戸入部があり、このとき家康の帰依を受け、徳川家菩提寺となった。のち現在地に二五万坪の境内に（現在は一万八千坪）、三千余人の学僧を擁して勢威を誇った。その広大な境内を囲う築地が、残らず倒れたというのである。

○所々水道二、三間はどずつ大地の下へゆり込む。寺寺の鐘堂横たおしに取って抛《ほう》りたり。時の鐘も同前。

江戸の町は上水道が発達していた。その一つ神田上水は、神田川に架かる大滝橋近くの洗堰《あらいぜき》で取水された水が後楽園へ向かい、水道橋近くで神田川を懸樋《かけひ》で渡り、ここからは送水管が地下を枝状に分かれ、三六〇〇カ所余りの井戸へ通じた。送水管は主に木樋《きどい》で、太さ四〇センチ角以上のヒノキを溝状にくり抜き、厚い板で蓋をした立派なもの、こうした木樋の接合部が地震で外れ水漏れする。結果、今の水道管と同じことで、地面が凹んだ。道がアスファルト舗装されている現代では、発見が遅れたとき大事《おおごと》になる。

○甲府様お屋敷過半崩れ、長屋ゆり倒す。この内火燃え出して、御成り御門など焼失。

男女百七十三人死す。

甲府様とは、次期将軍となる家宣公のこと、現在の日比谷公園敷地内にあり、埋め立て地のため被害が大きかった。火が出たのは此処《ここ》ぐらいのものである。

○この外地震につき、死人の大略。

・廿四人　酒井壱岐守にて

・十三人　大久保隠岐守にて

・四人　松平伊賀守にて

・八人　追手御番所にて　大久保隠岐守当番

・八人　和田蔵御番所当番　松平采女正当番

・四人　吹上御番所にて　青木右衛門当番

○中主山城守屋敷、玄関台所残り、その余は皆々倒れ、人死す。

ここからの記述は、尾張侯お屋敷の被害に及ぶ。

○尾侯お屋敷にては、市ヶ谷お屋敷乾隅《いぬい》の石垣ゆり崩れ、そのほか所々崩れる。天水ゆりこぼし、十の内五つは桶ともにゆり落とす。戸障子切りくみ違い、久しく開けたて罷《まか》り成らざる所数カ所。御対面所そのほか御書院の張りつけ、縦横に裂け損ず。壁の上塗りは、御殿中悉く落つ。所により一間壁打ち倒れ、または二、三尺通り崩れ穴開き、障子の紙は残らずクハン入り（?）なんどの如くに裂けたり。所々の窓崩れ落ち候う処、数多《あまた》これ有り。中玄関前の戸、開き申さざるゆえ叩き割り通用す。中玄関前の御門倒れ、御番所ともに東の方へ倒れる。御台所へ参りそうろう処の高塀、路地ともに倒れ、御殿中の鴨居落ち、また引き裂け候処数多。御広敷《おひろしき》の内にも御破損出来、局《つぼね》の六間長屋打ちひしげ候由、柱と壁の間一、二寸ずつ口開き候処多し。

○御殿の惣構《そうがまえ》囲い、御土居の上、高塀取りあつめ百間ほども崩れる。尤も控え柱の新しきほず切れ組み折れてなり。

まず市ヶ谷の尾張藩上屋敷だが、北東隅の石垣が崩れ、防火用に雨水を蓄えた「天水桶」の半分以上が落ちたり倒れたりした。戸や障子も食い違って開けたてができず、御対面所や御書院の張りつけが裂け、殿中の壁はことごとく崩れた。窓も形が崩れ、中玄関の戸は叩き破ってようやく外へ出る始末、出て見ると門は番小屋もろとも東へ倒れていた。御台所様の居所へ通じる路地の塀も倒れ、殿中の鴨居も落ち、奥係りの侍が詰める御広敷《おひろしき》も被害が出て、奥女中が住まう長局《ながつぼね》の長屋も、ひしゃげたり柱と壁の間に隙間が開いた。また御殿の周りを囲む土居の上の高塀も、百間ほど崩れた。その崩れようは、塀を支える控え柱のホゾが裂け、一斉に伏せるかたちであった。

○雲州様お屋敷、御長屋の壁残らず落ちる。

○富士見坂下の御中間一人、肝つぶし外へ駆け出し、御土居の上へ駆け上がりけるに、あまり強く震うにつき、絶入《ぜつにゅう》し、上よりこけ落ちす。此の外御家中にて、一人も死する者なし。外《ほか》よりはお屋敷の震《ふる》い軽《かろ》し。破損も外に合わせては少なし。市ヶ谷辺は揺りよう軽《かろ》く、外山《とやま》辺は市ヶ谷よりも軽く、赤坂辺より芝の辺、扨《さて》は下町辺、桜田大名小路《こうじ》辺別して強し。

雲州は出雲守、つまり光友の三男梁川《やながわ》家初代松平義昌《よしまさ》のこと。解説書に「江戸の上屋敷が四谷大久保にあったことから大久保松平とも称する」とあるが、正確な位置を確かめられないでしいる。「富士見坂下」とは「富士見坂下長屋」の意、尾張藩上屋敷の表御門の西に並ぶ一棟の長屋を、「富士見坂下長屋」というらしい。そこに住む中間が、地震に驚いて飛び出し、裏手の土居の上に駆け上がったはよいが、そこで気を失い土手から転げ落ちたという話。このほか、市ヶ谷邸に詰める藩士から死者は出なかった。江戸市中に比べこの上屋敷の被害は比較的少なく、揺れ方も大したことはなかったが、外山《とやま》の藩下屋敷はもっと軽かったらしい。逆に赤坂より芝、さらに下町や桜田から大名小路にかけては揺れが強かった。

○永代橋津浪打ち、潮七度進退す。翌廿三日諸海潮十二度満つ。

○尾州熱田海のごときも、一日三度潮満つ。

○地震の夜、品川海より火の玉出る。また四ツ谷辺へ出で候うさた。

津波は永代橋あたりでも観測されたらしい。直接的な被害は出ていないようだが、普段より大きい潮の満ち引きを観測している。名古屋の熱田でも報告された。江戸時代は地震というと必ず光（火の玉）の発した報告がある。今はほとんど聞かないが何故であろう。全くの作り話とも思われない。当時は夜というと本当の真っ暗になるが、今は何処かに必ず灯りがあって、漆黒の闇というものが存在しない。あるいはそういうことが関係しているのかも知れない。

○江戸中男女揚げてうちん（揚げ提灯）にて、泣き声江戸中に充つと云う。地震の節、海上波打ち上げ候に付き、津浪参り候とて、いかだを組み泣きわめき、方々の山々へ町人ら逃げ去る。この砌《みぎり》、登城の大小名、櫛の歯を引くがごとく甚だ騒動す。

○仙台舟並びに諸国大船小船破損多し。

○江戸中、所々火燃えんとせしかども、皆大火に及ばず鎮まる。

揚げ提灯とは、高張り提灯とも言い、竿の先に吊るして高く掲げる提灯のこと、婚礼や祭礼や緊急時、つまり非日常のときに使用するもので、大地震で家屋が壊れ、さらに余震がつづくなか、市中の人々の右往左往する様子が、高く掲げた提灯の明かりに映しだされている。津波が来るというので高台へ避難する人や、筏を作りはじめる人も居たという。こうした中、大名たちの登城・退城もひっきり無しだった。江戸湾の各湊では、仙台藩はじめ東国諸藩の東回り船が数多く破損した。地震につきものの火災はいずれもボヤ程度で収まっている。丑時（午前二時）前後という時間が幸いしたのであろう。

○廿三日に所々の神明にて湯立《ゆだ》てこれ有り。廿三日の昼より、同夜九ツころまでの内に、天地崩るる程のこと有るべしと、神託これ有ると。廿二日前にことぶれ、廿二日の大地震のことを云うに、果たして然り。まして神託相違有るまじとて、廿三日諸商人ども、欲も徳も打ち忘れ、諸色下値に売り払う。夜は広み広みに罷り出で、煮煎じいたし罷りあり候由。

各町内には必ずといっていいほど、神明社がある。その各社で地震のあと、湯立て神事が行われた。その神託（巫女が神移しして述べる）に「引き続き二三日の昼から夜にかけ壊滅的な地震が起きる」との予言が出た。昨二二日に今日のことを言い当てているから、今回も当るだろう。そこで商人たちは損得を忘れ、手持ちの品々を一斉に安値で売りに出した。夜には皆より広い所を求めて集まってきて、炊き出しなどを行っている。

○これより当年中、毎日毎夜地震揺りやまず。諸人少しも安堵の心なく、薄氷踏むがごとし。御城桐之間の御番人、皆打ち殺されしか宿へ帰らず。迎えの者参りても御用これ有りとて、久しく帰番なしと云う。

○大樹も御あやまちに成ると云ふ。虚説なるべし。

塚本学氏は、この地震で一時「綱吉震え死に」との風説があったことを紹介されている（人物叢書『徳川綱吉』）。確かに綱吉は雷なども大嫌いで、雷鳴のあるときは柳沢吉保がお側に付き添っていたという。このあと城中の庭に「地震の間」という、今で言うカプセル的な建物が造られたが、その後一度も使われることなく、撤去されている。

○長崎奉行石尾伊織、大磯に宿せしが、家中十八人死し、荷物もなくなり、その上箱根山崩れて通路なき故、先ず江戸に帰る。

元禄一六年の「武鑑大全」によると、長崎奉行は永井讃岐守・大橋伊勢守・林土佐守・別所播磨守の四名、次の宝永元年の「武鑑大成」で大橋雲八義也、林藤五郎忠朗に代わって、はじめて石尾織部氏信・佐久間安芸守信就の名が出てくる。したがって石尾織部が小田原で地震に遭遇したのは、はじめての任地赴任の時だった可能性がある。家中の者も荷物も失い、這う這うの体で江戸へ引き返したということだろう。大変な門出になったわけだ。

○川崎・神奈川・程ヶ谷・戸塚・平塚・藤沢・小田原峠まで、大方崩れ人馬過半死す。

元禄南関東大地震は、房総半島の南端白浜の沖合三〇キロを震源とする、プレート境界型の地震であった。震源に近い房総半島や伊豆半島はもちろんのこと、相模湾に面した東海道の諸宿は、いずれも甚大な被害だったが、なかでも小田原が壊滅的だった。その状況は後述する。

○安房・上総大地震。津波、大分田畑ともに損じ、人馬ともに多く死す。神尾五郎太夫へ房州より廿五日注進これ有る由、三千石の場にて三百七十人全く死す。

神尾五郎太夫へ房州から被害の注進があったわけで、神尾氏の領地が房州にあったのなら、話が分かりやすい。しかし神尾の領地は上総で、隣ではあるが安房ではない。柳沢吉保の『楽只堂年録』を当ってみたが、神尾氏の名は出て来ない。そこで同記録中から収量が三千石に該当する土地を探すと、「第一三四巻」に「酒井壱岐守知行所安房国安房《あわ》郡平《へい》郡之内地震津波にて損亡」とあり「一三村、計三一七七石」とある。またその被害は「一〇八四軒地震に潰れ津浪に流され男女三一一人死す」とあって、『日記』の「三千石、三百七十人死亡」に近い数字である。この安房郡・平郡域は現在の鋸南町以南の激震地にあたり、ほぼ家屋は倒壊し、その後を津浪が襲ったと思われる。そこで柳沢吉保が得た報告と類似の注進を、「神尾氏が房州村役人から受け取った」意味にとっておく。

なお神尾《かんお》五郎太夫を当初五郎三郎春央《はるひで》のことと考え、廩《くら》（蔵）米《まい》二百俵取り（采地換算二百石取り）の家格から、のちに五百石の勘定奉行に就任、最後には千五百石まで出世した経歴を見て、なかなかの人物だと感心したが、元禄一六年は家禄を継いで二年目のわずか一七歳と分かり、ちょっと無理だと気づいた。もう一度調べ直して二千七百石の旗本「神尾五郎太夫守好《もりよし》」を探し出した。しかし元禄一五年に致仕、翌年四月に亡くなっている。跡を継いだのが「五郎左衛門守親《もりちか》」で、御書院番となっている。「五郎太夫」ではない点に不安が残るが、御書院番であれば現地からの注進を取り次いだ意味にとり、これで良しとする。

〇伊豆御崎《みさき》に津波。御番所等皆海に没すと。

伊豆半島の岬を津波が襲い、番所等が皆海に流されたとあるが、伊豆半島に関する地震・津浪関連の史料は少ない。『楽只堂年録』（一三三）は、大久保隠岐守領分中「伊豆」について「郷中家四七六軒潰れ、同四三九人死す」としている。現地を実際に調査した野中和夫氏によると、元禄地震の被害を伝える地元の碑文から、最大一〇メートル規模の津波が伊豆半島東海岸に押し寄せた、と推測されている。伊豆半島の東岸、付根に近い伊東市宇佐美の碑文には、津波による溺死者三八〇人が記録されているという。(『江戸・東京の大地震』)

○就中《なかんずく》、小田原大地震前代未聞なり。廿二日朝より甚だ暖かにして、帷子《かたびら》を着る者これ有り。無数の魚ども死して渚《なぎさ》に流れ寄る。宿中《しゅくじゅう》の者、我も我もと出て拾い、これによりその日は商いも大方止むばかりと云う。その夜丑刻《うしのこく》大地震、小田原宿中は申すに及ばず、城中まで悉く顛倒す。その間に城よりも宿よりも火燃え出し、同時に炎環《ほのおまわ》り、宿中の者並びに旅人・牛・馬・鶏・犬にいたるまで、圧に打たれ、または焼け死ぬ。大凡《おおよそ》二、三千人ばかり。

小田原は城が全滅、城下もほぼそれに近かったという。前日妙に暖かかったことや、浜に無数の魚が打ち上げられ、皆、商売をほったらかして拾い歩いたという。地震が起きる前のことで、津浪の時の引き潮でもなさそうだ。それでも大地震の前兆現象につながっているのだろう。死傷者が多かったのは、地震により火災が発生したためだろう。

○宿中にて命助かる者なかへ、馬は三、四疋残る。城中の男女一人も出ずに焼死す。その後津波打ち来たり、悉く海底に死す。宿中にていかなる幸いにや、茶屋二軒破損すれども家残ると。尾侯の御宿金左衛門、幸いにして妻子引き連れ、ともに丸裸にて逃げ出づ。家具等とり出す者は一人もなし。小田原の城主は大久保隠岐守なり。在江戸なり。

○一業《ママ》所感の輩、小田原に宿し、合せ死する者数知れず。就中紀州衆多くここに宿し死す。

『楽只堂年録』（一三三）の元禄一六年一一月廿三日条に「今暁の地震と大波による被害状況、各地からの注進」として、次のように記載する。

◇大久保隠岐守（小田原城主）領分、相州小田原地震存亡

一、侍二三人、歩行侍九人、足軽一三人、家中の女八六人、家中の又者二一人死す。

一、侍屋敷残らず潰れ、内、一九軒焼失。

一、城下町家残らず潰れ、内、四八四軒焼失。

一、町家にて六五八人死す。

一、同所旅人四〇人死す。（以下略）

◇小田原地震にて死候男女牛馬潰れ家の惣高

一、男女惣高二二九一人死す。　男一一五二人、女一一三九人、出家一四人、外一八人男女訳知らず。

一、家中侍屋敷足軽家城下の町家残らず潰れ、内五六三軒焼失。

一、領分の潰れ家八〇〇七軒、内三〇七軒は寺社・山伏の家、外八軒焼失。

小田原の惨劇を、『日記』記事、『楽只堂』年録とも、ほぼ正確に伝えているようだ。小田原藩主大久保隠岐守忠増《ただます》（一六五六〜一七一三）は一〇万三〇〇〇石の譜代大名で、このとき江戸にいたが、幕府から拝借金一万五千両を借り、直ちに小田原に戻った。しかし城自体が壊滅的な状況であり、仮小屋で対応に当ったといわれる。

大久保家といえば江戸前期を代表する大名であり、将軍家の側近である。第一次の小田原城主となったのは忠世《ただよ》で、家康のもとで三方原・長篠の戦いに戦功を立て、家康の関東御入国の際、小田原四万五千石を領した。末弟に旗本の彦左衛門がいる。忠世の長男が忠隣《ただちか》で、跡を継いで小田原城二代目となった。二代将軍秀忠の擁立に尽力して老中に抜擢されたが、本多正信との政争に敗れ、慶長一九年（一六一四）突如所領を没収され、近江栗太《くりた》郡に蟄居した。家康没後は剃髪して道白と号した。その後二代を経て忠朝《ただとも》のとき老中を務め、天和三年（一六八三）佐倉から相模に転封となり、七〇年ぶりに小田原城主に復帰した（第二次）。元禄一一年、忠朝の領地を引き継ぎ小田原城主となつたのが、長男の忠増で、元禄一六年の大地震、そしてこのあと宝永の富士山噴火と、未曽有の経験することになる。何ともツキのない殿さまである。

＊　＊　＊

これから後は、尾張関係の記事となる。

○尾張の輩には、津侯御用人酒井金太夫上りにて、ここに宿し、すでに宿を発するとて、荷駄は先へ出し、金太夫は上がり端《はな》に腰かけ、煙草を吸いたるうちに人地震《ふる》う。側に羽織その上に刀を置きたり。これを取りて外へ立ち出でんとする内に、家ひしげたり。急なること知りぬべし。家人ら漸くにして圧になりし物取り除け切破り、辛うじて金太夫を引き出すに、強く圧に打たれたり。名古屋へ上着し久しく本復せず。金太夫取り立ての若党、刀を取りに帰り、終に打たれ死す。十二月二日、金太夫尾州へ着す。

尾張藩士の酒井金太夫は、江戸で藩主の御用を済ませ名古屋へ帰る途中、小田原宿でこの大地震に遭遇した。すでに旅立ちの準備を終え、上がり框《がまち》で一服していた時に地震に襲われ、倒れてきた家の下敷きになった。何とか引きずり出され九死に一生を得たが、忠義な若党は主人の刀を取りに戻って圧死した。文中の「津侯御用人酒井金太夫」とは、尾張の支藩高須《たかす》藩の御用人を務めていた酒井祥澄《よしずみ》のこと、通称を金太夫という。

高須藩とはあまり耳にしない藩だが、尾張二代藩主光友《みつとも》のとき、次男義行《よしゆき》のために立てられた新しい藩である。高須は美濃国石津郡《いしづぐん》内（現、岐阜県海津《かいづ》市内）の輪中地帯にあって、その地勢の不安定さから立藩と廃藩を繰り返していた。かつて小笠原貞信《さだのぶ》が二万二千石で入封し治水事業に努めた結果、いったんは「郷中《ごうじゅう》、堤樋《つつみとい》とも丈夫に相成り、万民安堵」（『高須日記』）の状況となったが、それでも水害からは免れず、元禄四年（一六九一）ついに越前勝山へ転じて領地は笠松代官に預けられた。

一方義行は先に三万石の所領を与えられていたものの、場所は信濃国の伊那・高井・水内《みのち》郡など国の南端と北端に分かれていて、いずれも尾張からは遠かった。そこで三郡の所領の半分と引き換えに美濃の石津《いしづ》・海西郡《かいさいぐん》内に一万五千石を得て、高須に居所を定めた。ときに元禄一三年（一七〇〇）、高須藩三万石の立藩であった。わずか三万石ではあるが家康の曽孫の家柄で、徳川御連枝《ごれんし》の松平家として、御三家に次ぐ扱いの大大名であった。

高須に城を定めた以上、水とのたたかいは避けられなかった。幾度も洪水に襲われ山寄りの駒野へ館を移したこともあった。しかしこれまでと違って、背後に尾張六二万石が控えている。毎年一定の米とお金の援助を受け、藩士の多くも尾張藩から派遣された。文左衛門の日記にある「津侯御用人酒井金太夫」が尾張藩士録の『士林泝洄《しりんそかい》』に出ているのはその為だ。なお高須藩主は代々「摂津守」を受領しており、「津侯」と略称したのだろう。血統の正しさのゆえに、尾張徳川家の嗣子が途絶えたとき相続人を差し出すことが、高須藩唯一最大の任務であった。

ところで小田原宿へ泊り合わせた尾張藩士が、もう一人いた。先の酒井金太夫とは逆に、東海道の下り、つまり江戸に向かう途中の三尾《みお》安右衛門である。

○御書院番三尾安右衛門、下りにて宿し合わせ、臥《ふ》している内に家倒れる。若党一人と中間《ちゅうげん》一人漸《ようや》く出て、安右衛門を喚《よ》ぶに、幽かに声聞こゆるを尋ねて見るに、圧に打たれてあり。則ち天井を切り破り屋根を崩しなんどして、漸く引き出す。腰たたざる間、肩にかけて立ち出でたり。安右衛門大小さえ身に添えず、祢巻《ねまき》ばかりにて命助かる。首に金子三、四両かけたる外、落物皆焼失す。安右衛門に金子誂え遣わしたる者甚だ多し。平田半右衛門処へ廿両、野呂瀬半兵衛処へ十三両、其の外都合《つごう》百両ばかりと云々。皆焼き失せり。若党と中間のほか召使四人（三人）皆死す。この若党は先年渡辺平兵衛召し仕えし新之右衛門と云う者なり。当地帰り咄に、右地震に新之右衛門立ち出でんとしけるに、塀倒れかかりしを切り破るに、また倒れかかるを、脇差を抜き切り破りようやく出でたり。大小さす。さて安右衛門を尋ね出すという。鑓《やり》持ち助けよと呼ばわる。付いて見れば七、八人にても取り除《の》けがたき虹梁《こうりょう》の下にあり。新之右衛門云う、助けること我らが力にて叶《かな》いがたし、念仏を唱えよという。鑓持ち覚悟して念仏するうちに、火燃え来たり焼死す。新之右衛門血まぶれになり、江戸へ使いに行く。安右衛門は逗留す。

江戸御免にて、来月三日尾州へ帰着。

三尾《みお》安右衛門安貞《やすさだ》が御書院番に召し出されたのは四年前の元禄一二年（一六九九）のことで、これが初めての勤めらしい。父安固《やすかた》はまだ健在で、当分家督は譲られそうにない。そんなとき叔父の安義《やすよし》が亡くなり、その代わりというわけでもあるまいが、とにかく就職できた。しかしツキのない男で、江戸へ向かう途中、小田原宿で大地震に遭遇したのである。

先の酒井金太夫はすでに出立の用意をして、最後の一服をつけようとしていた時だが、三尾安右衛門のほうはまだ就寝中だった。午前二時過ぎの話だから、本来寝ていて当然だ。お供の若党も中間も鑓持ちも召使たちも皆寝ていた。揺れでまず飛び起きたのが若党の新之右衛門と中間で、何とか倒れてきた板を撥ね退けて表へ出ると主人の姿がない。名を呼ぶと幽かに倒れた屋根の下から聞こえる。二人して屋根を除き天井板を打ち破って、ようよう寝間着姿の主人を引きずり出した。大小刀はむろんのこと、大切な荷物も何一つ持ち出せず、ただ首にかけた袋の中に金子三、四両だけが残った。痛かったのは、江戸詰めの藩士宛てに家族等から預かってきたお金を亡くしたことだ。そのひとり一三両を預かった野呂瀬半兵衛は二年前に御書院番頭《ばんがしら》に就いているから、三尾の直接の上司だ。

話は逸れるが、この上司の野呂瀬氏はなかなか有能な人物だったらしく、伯父の養子となった時は二百石の御馬廻。最初の仕事が小姓で次に中奥支配（三百石）、御書院番頭、御用人（四百石）、御国用人を経て、再び御用人から大番頭並《おおばんがしらなみ》、そして再々度御用人となった時には千石の大身で、最後は大番頭で終わっている。娘も弓の名人星野勘左衛門家に嫁ぐなど、大いに出世した一族である。

話を戻すと、上司の野呂瀬氏や平田氏（不詳）、その他の預り金の合計が一〇〇両にもなったという。江戸への送金は、商人たちは額が大きいため為替を用いたであろうが、一般には飛脚便を利用した。時代は文政まで下るが、名古屋から江戸までの飛脚の料金表が載っている（旧版『名古屋市史』政治編二）。

・状一通　早便　賃　銀一匁《もんめ》六分《ふん》　　・状一通　並便　賃　銀二分《ふん》五厘《りん》
・金百両　早便　賃　銀二五匁　　・金百両　並便　賃　銀九匁
（金一両＝銀六〇匁、銀一匁＝一〇分＝一〇〇厘）

仮に金一両を一五万円、銀一匁を二千五百円とすると、早便の手紙が四千円、普通便の手紙が約六百円、金百両が早便で六万円、普通で約二万三千円の飛脚代になる。日数は早便で五日、普通便は一週間以上かかる。別に「状一通　早仕立（三〇時間）　賃金三両二分」とあり、超特急の手紙は五〇万円以上かかったようだ。したがって藩の所用で江戸へ下る同僚へ、一〇〇両程度のお金を預けることは屡《しばしば》行われていた。一〇〇両は、今のお金でおよそ一五〇〇万円になる。これが不可抗力の地震とはいえ、消えたわけだ。どう事後処理したのか気にかかる金額だが、ともかく命だけは助かった。

哀れだったのは主人の鑓《やり》持《も》ちである。運悪く、太く長く重い虹《こう》梁《りょう》の下敷きになった。さらにその上に屋根材や瓦がのるから、とても二、三人では動かせない。若党の新之右衛門は鑓持ちに「念仏を唱えよ」ときっぱり言い渡し覚悟を決めさせた。冷たいようだが、妙に期待を持たすようなことはしない。このあたりに「時代」を感じる。やがて火が迫り、鑓持ちは焼死した。

このあと若党は傷だらけの体をおして単身江戸に下り、藩邸で云々《しかじか》の事情を説明した。その結果、主人三尾安貞は江戸行きを免除され、そのまま小田原に逗留して治療に専念し、十日後の一二月三日、名古屋に帰ってきた。これだけを読むと、主人より若党を当主に据えたほうが、はるかに三尾家は繁栄しそうである。

○出雲様御腰物奉行岡本幾右衛門も宿し合わせ、漸《よう》やくにして外へ出でしが、召仕《めしつかい》刀を取り帰りて出でてみれば、その間に幾右衛門死してあり。

出雲様とは出雲守を受領した陸奥梁川《やながわ》藩松平家初代義昌《よしまさ》（一六五一〜一七一三）のこと、尾張藩主光友の三男で、二男義行が高須藩を立てたのと同様に、福島の梁川に三万石を領した。御《お》腰物《こしもの》奉行は主君の佩刀や、献上および下賜する剣を取り扱う役であるが、尾張藩の腰物奉行の場合は、二〇〇石程度の御馬廻二名が任じられる。

この岡本幾右衛門の名前は『士林泝洄』になく家譜等は不詳だが、小田原宿で地震に遭い、いったん宿の外に逃れたものの、運がなく亡くなっていた。

○八三郎様より、去るころ御半元服ご祝儀に飛脚遣わされしが、その夜小田原を通り見しに、小田原海より江戸の方の海へ連なり、二、三尺ほどずつ波燃え炎迸《ほとばし》ること所々、希代の事なりと、予、この咄を聞く。

八三郎《はちさぶろう》様とは尾張六代藩主継友《つぐとも》（一六九二〜一七三〇）の幼名、三代綱誠《つななり》（一六五二〜九九）の十二男で、元禄五年生まれ。この八三郎様（数えの一二歳）の半元服祝いが行われた。半元服は文字通り本元服の略儀で、武士社会では元服時に前髪を落とし月代《さかやき》（額から頭頂部まで剃る）にするが、このとき小鬢《こびん》（前額《まえびたい》とも、鬢の前の方）だけはそのまま残すのを半元服と呼んだ（『守貞漫稿』）。

それはともかく、祝儀の飛脚が大地震の夜小田原に差しかかった時、小田原から江戸の方へ向け、海岸にそって海の波が燃え、炎の走るのが見えた、という。海岸沿いの漁師の家が燃えていたのか、それとも地震の発光現象なのか、その正体はわからない。分からないと云えば飛脚が江戸へ向かっていたのか、名古屋へ向かっていたのか、これも判断がむつかしい。

この飛脚は民間の町飛脚ではなく、大名飛脚であろう。大名飛脚のなかでも、尾張・紀伊・松江の三親藩に限り「七里飛脚《しちりびきゃく》」あるいは略して「七里」と呼ばれていた。『鸚鵡籠中記』正徳五年（一七一五）八月三〇日条に、次の一文がある。

○自今《じこん》七里の出で候《い》日極《き》まる。朔日《ついたち》・五日・十日・十六日・二十日・二十六日、以上六日に究《きわ》まり、前日申半《さるはん》までに持たせ遣わすべきなり。今まで七里出で候とて、銘々知らせこれある処、相止む。御用にても嵩高《かさだか》なる状は刻付なしの便に遣わし候間、随分小封に致すべしと云々。当春七里状紛失につきてと云々。

これまで「七里」の名古屋出立日は不定期で、その都度知らせていたが、今後は月六回の定期便となったのである。なおこの時、江戸まで要する時間も、次の四通りに定められた（『旧版名古屋市史』政治編二）。

一文字　二四時間乃至二六時間、出立後三日目に江戸着。

二人前　二六時間乃至三〇時間、出立後四日目に江戸着。

十文字　三〇時間乃至四〇時間、出立後五日目に江戸着。

無刻附　出立後五日半或いは六日目に江戸着。

さらに『市史』は七里飛脚の語源について、「一説によると、名古屋城普請のとき山下氏勝《うじかつ》を奉行として伊豆石を切り出していたが、偶々《たまたま》将軍秀忠の病気を耳にして尾張へ知らせを送るため、伊豆・名古屋間の七里ごとに石切り人足を配置したのが起源」と記す。伊豆石の話はさて置くとして、語源が「七里ごとに脚夫を置いたから」という里程説はどうだろう。日本橋から熱田の宮宿まで約三五〇キロ、この間の一八カ所（池鯉鮒・法花寺・二川・篠原・見附・懸川・金谷・岡部・吉田・由井・吉原・三嶋・箱根・小田原・大磯・藤澤・新宿・六郷の一八宿）に置かれたから一区間が一八キロ平均、つまり「四里半」で、とても「七里」には及ばない。このことで郷土誌『無閑之《むかし》』（第四一号・昭和一五）に面白い記事があった。名古屋史談会の三〇周年記念講演会（昭和一五年）で徳川義親《よしちか》氏（一八八六〜一九七六、元越前藩主松平慶永の五男、尾張徳川家養子。木曽林政史研究の第一人者）は、「七里」あるはずの「里程」が遥かに短かい点に触れ、もともと中山道で「お七里」の名称が「臨時公用飛脚」の意味で使われており、これが七里の起源であって、東海道における「里程七里」とは関係ないとされた。

この記事は「玫史堂」の筆名で（本名不詳）、「七里の者」の実態を解説したものだ。当時彼らは親藩の御用を良いことに、その振る舞いは横暴極まりなかった。尾張藩の七里の倅《せがれ》浜島庄兵衛は、ついに「日本左衛門」の異名をとる強盗団の親玉となり、遠州見附宿の紀州藩七里役所を根城に徒党を組んで悪さをした、という話を紹介されている。お七里の一面を物語っているのだろう。

〇熱田不動院下りに戸塚に宿す。夜半、宿の主《ぬし》急に告げて云う、海の鳴ること只事《ただごと》ならず、先年津浪有りし時にかわらず。急ぎ山へ上り給えとて、取る物もとりあえず上りし。果たして津浪来たり、山半腹に至る。此の時甚だ暑しと。

熱田神宮寺内にある不動院々主の使いが江戸に向かう途中、戸塚宿《とつか》で津浪に遭遇したときの体験という。夜半に海鳴りがし、かつて津浪を経験した宿の主人のとっさの判断で、裏山へ避難した。やがて津浪が山の中腹まで襲ってきて、主人のお蔭で命拾いできた、という話。

戸塚の位置を地図で確認してみると、鎌倉の海岸から一〇キロほど内陸に入っている。果たしてここまで津波が到達したであろうか、と聊か疑問に思う。柳沢吉保の記録『楽只堂《らくしどう》年録』には「東海道戸塚宿地震、宿中《しゅくじゅう》残らず家潰れ、人馬旅人ともに、大勢死人これ有り」と記されているが、津波については一言も触れていない。

平成二五年度の「横浜市戸塚区防災計画」によると、戸塚区に唯一影響を及ぼす可能性のある津波は「慶長型地震による津波」で、相模湾の境川河口の片瀬漁港で最大九・五メートルが予測されている。この津波は境川及び柏尾川を遡上してくるものの、横浜市戸塚区までは被害が及ばないらしい。平塚なら津波は大いにありうるが、「戸塚ではなく平塚の誤記」とするわけにもいかないので、そのままにしておく。

〇諸国の地震、津波、火事にて死する者、通計二十二万六千人余と、云々。御城書の写しと。

この元禄関東大地震で亡くなった人は、「二二万六千人」だという。「お城書きの写し」にあった数字らしいが、どこから得た数字かはわからない。『武江年表』は、「相州小田原は分けて夥しく、死亡の者凡そ二千三百人、小田原より品川迄壱万五千人、房州十万人、江戸三万七千余人なりし由、ものに誌《しる》せり」とあり、ざっと一五万余人となる。二二万には及ばないが、これも大変な数字である。なお他に二六万三千七百余人と記すものがあり（近衛基熙『基熙公記』）、案外実数に近いのかも知れない。

○房州津浪取り分け甚だしく、山頂にある日蓮宗が寺並びに僧らのみ、幸いにして助命すと。

房総半島を襲った津波は南部で一〇メートル、九十九里浜や伊豆半島で六〜八メートルの波高があったとされる（野中和夫『江戸・東京の大地震』）。

○信州木曽福島も大地震。その夜一尺ほどの光り物二つ、艮《うしとら》より巽《たつみ》を指して飛びて鳴る。

○御弓の衆木村木曽右衛門・中村政右衛門上りにて、沼津に宿す。大地震ゆえ出でんとするに、戸開かず。漸くにして戸を破り、庭へ出でしが足も堪らず転びければ、松の木に両人取りつき居りしに、その松の動くこと麦穂の風に吹かるるがごとし。根も掘り穿つ。原・よし原の辺人地裂け、所に二、三尺ほどずつ裂けて、泥湧出す。

震源地から遠い木曽福島で震度が大きかったのは、少し意外である。地盤の関係であろうか。光物が飛んだとする記録は相変わらず多い。信州での被害は左程なく、『楽只堂年録』にも「真田伊豆守知行所　信州松城十一月二十二日夜八つ時より近年これ無き大地震、然れども城内別条なく、侍屋敷町等小破、侍家二カ所潰れ、人馬別条これ無く候」とある。木曽福島からは少し離れているが、推し量ることができよう。

次の記事は、お弓衆の二人（ともに家譜不詳）が江戸から名古屋へ帰る途中、沼津宿で大地震に遭遇したというもの。気づいて起きたときにはすでに戸が開かず、押し破って庭に転がり出た。目の前の松の木にしがみついたが、その大木がまるで麦穂の揺れるように動き、根も浮いてきた。東海道の原・吉原辺は此処彼処《ここかしこ》で大地が裂け、噴砂現象が起きていた。

○紀侯御成門ゆり込む。かつ上野大破す。尾公の御成御門及び常行堂恙《つつが》なし。そのほか大破なく、廿九日の大火にもお屋敷別儀なし。都鄙《とひ》老若ともに、瑞龍院様の御徳化広大、残る処と称し奉ること甚だし。

「お成り門」は将軍を迎えるための特別の御門で、きらびやかに飾られていた。御三家や有力大名の藩邸はときに将軍を迎えることがあり、「お成り門」が設けられたのである。紀州侯の上屋敷は明治の赤坂離宮で、いま迎賓館や東宮御所が建つ港区元赤坂二丁目にあった。

この紀州藩邸のお成り門や上野寛永寺のお成り門は半壊あるいは全壊したが、尾張藩市ヶ谷邸のお成り門や邸内の常行堂はビクともせず、二九日の水戸藩邸に起因する大火からも免れた。さすがに亡き光友侯（瑞龍院）の徳は広大無辺に及んでいると、これはお国自慢である。

○大熊雲八、予に語りて云う、大地震の翌夜、岩之丞様お部屋へ行く。五十人目付　奥より女中らみだりに動騒するを鎮むべしとの事なり。然るに自身刀を取りて立つほどの地震。廿三日の夜中に九十度の余と。

雲八は通称で、本名は重盈《しげみつ》。大熊家は「二〇〇石取五十人目付」の家柄、一般にいう「目付」はお目見え以上（「規式以上」）の藩士の監察を任務とするが、「五十人目付」はお目見え以下の士を観察する下級の職である。五十人組はもともと「小十人組」と云い、諸士の子弟に武芸を積ませ、鷹狩りなどの際、藩主の傍らにあって護衛・雑務を担当する役職であった。しかし同名の職制が幕府にもあるため、万治四年（一六六一）に「五十人組」と改めた（旧版『名古屋市史』には、後に旧に復したとある）。

五十人目付の大熊雲八は、『士林泝洄』によると谷加兵衛（家譜不詳）の息子で、元禄一五年（一七〇二）に大熊家の伊之右衛門の養子となり、翌年、養父の死去に伴い家領二〇〇石の内の一五〇石を継いでいる。二年後の宝永三年には市ヶ谷のお屋敷奉行になっているから、江戸藩邸で藩主の身近に仕える生活が中心だったのだろう。

その雲八が文左衛門に云うには、「大地震の翌日岩之丞様（四代藩主吉通《よしみち》弟、宝永二年一二歳で没、生母本寿院）のお部屋へ行った。奥女中が騒ぐのを鎮めて欲しいとのことだったが、私自身、何度も刀を取って立ち上がるほどの揺れ方で、夜中だけでも九〇回は余震があった」とのこと。つづいて江戸城諸門の被害の様子が記される。まとめて記載しておく。

一　和田倉御門　当番松平市正《いちのかみ》番所、箱番所禿《つぶ》れ、中間七人死す。十二人傷つく。

一　馬場御門　当番内田主膳番所、箱番所禿《つぶ》れ、中間一人傷つけり。御門外お堀南の方の石垣五、六間崩れる。

一　鍛治橋御門　当番一柳兵部少輔　所々壁落つ。

一　数寄屋橋御門　市橋下総守　堀四、五間崩れ。

一　山下御門　仙石右近　箱番所禿れ。

一　雉子橋御門　青木民部　番所箱番所禿れ、足軽両人、中間一人死す。其の外少々傷。

一　小石川御門　酒井新次郎　堀ひずみ壁落つ。

一　牛込御門　一色数馬　塀崩れ、壁落つ。

一　市ヶ谷御門　佐藤勘右衛門　堀崩れ石垣くみ候う所相見え。

一　半蔵御門　不知　塀崩れ、壁落ち、其の外石垣損す。

一　赤坂御門　不知　右同

一　四ツ谷御門　不知　渡り御櫓ひずみ、壁瓦落ち、石垣の分損す。

一　田安御門　不知　渡り御櫓壁落ち懸り、石垣惣崩れ、壁落ち損す。御長屋壁少々破損。

一　竹橋御門　酒井隼人　御門外張番所ひずみ、桝形の内箱番所禿《つぶ》れ、御門ひずみ。

一　吹上御門　松平与右衛門　御門より北の方石垣崩れ、塀損し所々壁落ちる。

一　内竹橋口　室賀甚四郎　御番所別事これ無し。

一　北之丸口　竹中主膳　右同、ただし御塀石垣崩れ。

一　清水御門　高力隼人　石垣崩れ所々破損。

一　一ツ橋御門　植村右衛門作　桝形の内箱番所禿れ、此の外所々壁落ちる。

一　神田橋御門　中川因幡守　石垣崩れ所々壁落ち、桝形のうち箱番所禿れ。
一　平川口御門　松平肥後守　外通り塀残らず倒れ、長屋大破損。
一　筋違橋御門　岩城伊予守　番所後ろ塀少々損なう。石垣崩れる。
一　浅草橋御門　本多淡路守　同断
一　常盤橋御門　細川采女正　御門少々損し、番所禿れかかり塀石垣少々崩れ。
一　呉服橋御門　堀長門守　御門少し損し、土手石垣塀崩れる。
一　外桜田御門　伊井兵部少輔　御番所東方の土橋四、五間倒。其外壁瓦所々少しずつ損す。
一　西丸下御厩北の方塀倒れる。
一　虎御門　南部主税　塀瓦所々損す。
一　幸橋御門　毛利内膳　同
一　日比谷御門　土方市正《ひじかたいちのかみ》番所禿《つぶ》れ、並びに土塀残らず倒れる。当番市正家来徒目付《かちめつけ》一人、小人《こびと》二人、又者《またもの》一人並びに足軽四人大いに傷つく。

文左衛門は、江戸城の一七の御門（俗に三六見附とされるが、実数は九〇を超えるともいう）について、その責任者と被害の実況を実に丹念に記している。遠い江戸の情報をいったい何処から仕入れてくるのか、いつもながら感心する。いま元禄大地震の詳しい記録で知られる『甘露叢《かんろそう》』の記事から、同じ日比谷御門の項を引いてみよう。

〇日比谷御門　大番所つぶれ、並びに土塀残らず倒れ、当番土方《ひじかた》市正《いちのかみ》の徒目付《かちめつけ》一人、小《こ》人《びと》二人又者《またもの》一人怪我いたし、其の外足軽四人怪我。

※『玉露叢』（慶長二〜天和元年の編年史、『徳川実紀』が参考）『甘露叢』（延宝九〜元禄一六年の日記体、『実紀』参考にせず）『文露叢』（宝永元〜正徳五年の日記体、『実紀』参考）併せて三露叢と呼ぶ。

文左衛門の日記とそっくりなのに気づく。他の御門の対比は省くが、ほぼ同じである。文左衛門は、この『甘露叢』と同じ「原本」から引き写したと推測される。『甘露叢』は、成立年・著者ともに不詳とされてており、要するに「よく分からない一書」なのだが、逆に文左衛門の『鸚鵡籠中記』との類似から推して、成立年の同時代性が証明されるだろう。

さてその記述内容だが、日比谷御門の警備当番は土方《ひじかた》市正《いちのかみ》とある。「市正」は、古代律令制で東西の市を支配する「市《いちのつかさ》司」の長官《かみ》を示す官で、正六位上に相当する。土方氏の家譜を当ってみると、「市正」に叙せられた人物は、土方雄豊《かつとよ》だけである（『寛政重修諸家譜』巻第三百十二）。まず彼で間違いない。ところが家譜を少しさかのぼってみると、大変な事件に出くわした。「幻の家康暗殺計画」である。概略はこうだ。

秀吉が没していまだ政情定まらぬとき、大坂を舞台に様々な権謀術策が渦巻いていた。やがて家康が五大老の合議制から次第に独裁への道を歩み始めると、秀吉子飼いの五奉行たちはこれに反発して、様々な対抗策を考える。五奉行筆頭の石田三成は直接家康の命を狙うが、しかしその三成も、加藤清正ら武力派から命を狙われる。

そうした混沌とした政情のなかで、五奉行たちから家康に「暗殺計画」の密告があった。「前田利長や浅野長政の指示で、土方雄久・大野治長が家康暗殺の刺客を務める」というものだ。放置するわけにもいかず、刺客とされる二人は、水戸の佐竹家にお預りになった。

詳細は不明で何となく胡散臭《うさんくさ》い話だが、土方雄久家の家譜には「慶長四年、東照宮のご不審蒙り、佐竹義重が許《もと》に蟄居《ちっきょ》す」とある。しかし間もなく土方は許され、前田利長とともに北国を平らげて、会津上杉氏の動きを側面から牽制した。加えて背面から伊達《だて》・最上《もがみ》氏の攻撃、南面の佐竹氏の無言の圧力などが功を奏し、関ヶ原の合戦が終わるまで、会津上杉氏は一歩も江戸に近づくことができなかった。関ヶ原合戦ほどの派手さはないが、北陸・東北・北関東勢の会津包囲網は、東軍勝因の大きな要因になったのである。

合戦後土方雄久は二代将軍秀忠に近侍し、越中国野々市《ののいち》（金沢の南）に一万石を賜った。さらに下総国田子（多古？）で五千石を加領されている。この雄久の跡は次男の雄重《かつしげ》が継ぎ、長男の雄氏《かつうじ》は別家を興した。母はともに「某氏の女」と記載され、継嗣決定の経緯がはっきりしない。次男雄重が継いだ本家は、二代あとの雄隆《かつたか》のとき「政事正しからざるにより、領地を収められて他家へお預け、家臣らは切腹」させられた。つまりお家断絶である。

雄重より九歳年上の長子雄氏は、天正一一年（一五八三）犬山城に生まれた。父雄久《かつひさ》同様秀吉・家康に仕えるが、やはり「幻の暗殺計画」に巻き込まれて佐竹家へ蟄居、関ヶ原合戦ののち秀忠に仕えた。

その後伊勢国三重《みえ》、近江国栗太《くりた》郡に一万二千石を賜って別家《べっけ》を興し、「菰野《こもの》」に住んだ。妻は織田信雄《のぶかつ》の女《むすめ》である。法名を見性院と号し、没後は父の菩提を弔うため創建した功運院《こううんいん》（京都市北区等持院北町、等持院の西隣り）に葬られた。その子雄高《かつたか》は家領を継ぎ、三代将軍家光に仕えた。寛永十三年の普請で呉服橋・幸橋《さいわいばし》の石塁を速やかに落成し、将軍直々に褒賞を得たことが記録されている。菰野に父の法名を付した見性寺《けんしょうじ》を開き、自らはここに葬られた。

次代の雄豊《かつとよ》は雄高の甥だが、伯父の養子となって跡を継いだ。四代家綱・五代綱吉に仕え、延宝七年（一六七九）、「備中守《びっちゅうのかみ》」から「市正《いちのかみ》」に改めている（以上『寛政重修諸家譜』より）。ここでようやく「市正」が出てきた。日比谷御門を守備する菰野《こもの》藩の大名、「土方市正雄豊《ひじかたいちのかみかつとよ》」である。（詳細は110ページコラム参照）

日比谷御門に拘《こだわ》った理由は、もうひとつある。日比谷周辺は元禄大地震の被害がとくにひどかった地区で、近くの甲府邸内で長屋が倒れ出火したことが、複数の史料に記載されている。

○甲府邸これがために長屋たおれ、火もえ出《いで》しかば、まず火消を命ぜらる。御所には護持院大僧正召されて夜中まいのぼり、鎮護の加持し奉る。（『徳川実紀』）

○甲府様お屋敷過半崩れ、長屋ゆり倒す。この内火燃え出して、御成り御門など焼失。男女百七十三人死す。（『鸚鵡籠中記』）

この甲府邸は次代将軍となる家宣《いえのぶ》の屋敷で、家宣の侍講だった新井白石は、余震のつづく中を湯島天神下の自宅から大急ぎで藩邸へ駆けつけている。その様子は白石自身が著した『折たく柴の記』に詳しい。（詳細は119ページコラム参照）

数ある大名・旗本屋敷の中で甲府藩邸の被害が目立ち、近くの日比谷御門も多数ある御門の中で最大の被害が出ている。原因は両者の立地にあった。

甲府屋敷は今の日比谷公園内に立地した。「日比谷《ひびや》」の語源については「ヒビは、海苔《のり》やカキを付着させるため、干潟や浅瀬に差した枝付きの竹や木の枝のこと、それが入り江いっぱいにあり、その細長い入り江を谷に見立てて、《ヒビ谷《や》》と呼ぶようになった」（鈴木理生『江戸・東京の地理と地名』）というのが一般的な解説である。

一方「ヤ」は「谷」ではないとする意見もある。田村栄太郎は「ヒビヤナ漁業地」の中で、「ヒビヤは、ヒビヤナ漁法の〈ナ〉が略されたのであって、谷ではない」とし、『嬉遊笑覧』の「海中に枝付きの竹、或はきり竹をならべ置きて、口を一所あけおく。魚どもおのずから入る、然れども出る事ならぬようにこしらえたるもの」を引き、海苔用のヒビよりも「魚を捕るヒビヤナの施設」とされている（『千代田城とその周辺』）。

しかしいずれにせよ、日比谷が浅く入り込んだ入江であったことに相違はない。入江の奥は和田倉濠からヤヨス（八重洲）河岸に達していたと考えられている。城の濠《ほり》の一部も日比谷入江を利用しながら造られており、日比谷公園辺りは浅瀬を完全に埋め立てて造成された。江戸時代には「外桜田」と呼んで諸藩の邸宅地にあて、甲府藩邸もその　つであった。明治維新後には近衛兵営舎や練兵場がつくられたが、明治二六年新たな公園地と定められ、一〇年後の明治三六年六月一日「日比谷公園（総面積五万五千坪）」として開園した。この日比谷公園敷地に建つ甲府屋敷は、そもそも地盤について大いに問題があったのである。

＊　＊　＊

朝日文左衛門の『鸚鵡籠中記』に戻ろう。日記のなかで詳細に取り上げられた「元禄関東大地震の記録」だが、次の数行を以て終わる。

○御城にては、長御局《ながのおつぼね》崩れ、女中死人数知れず。とりわけ一位《いちい》様にて夥《おびただ》しい数の人死す。総じて死人の取沙汰、仕《つかまつ》りまじき由、仰せ出《いだ》し候。

○今月廿日より太白星《たいはくせい》（金星）見えず。天文生安《やす》井春海《いしゅんかい》言上して云う。古《いにしえ》よりの例によって考えるに、あるいは兵乱等、また上一人《かみいちじん》の御慎みと。廿一日に言上す

長局は大奥にあって奥女中たちが住む長屋づくりの大きな棟である。外への逃げ場が少なく、ここが崩れては相当の死傷者が出る。とりわけ一位様の居所では被害が大きかったが、死者の数などは口外せぬように御沙汰があった。

一位様とは、従一位に叙せられた綱吉の生母桂昌院《けいしょういん》のことである。『実紀』に「三の丸修理告竣《こくしゅん》により、桂昌院殿二の丸より帰らせたまう」（元禄二・一一・二六）とあり、三の丸住人はずっと桂昌院である。ここの被害が大きかったのは、本丸の台地を東へ下った低地に立地し

たためだろう。桂昌院お気に入りの護持院大僧正の隆光《りゅうこう》が三の丸へ頻繁に訪れており、そこの被害が特に大きかったのは皮肉だ。何故なら、地震直後に「安泰の祈祷」を行うのは、常に隆光の役目だからである。

つづく史料は、地震の起きる二日前に、天文方の渋川春海《しぶかわはるみ》が天体観測から異常（金星が見えないこと）を察知し、幕府に言上していたという話。予想される凶事を避けるために、「上《かみ》一人《いちじん》」の慎みを言上したとある。この上一人は天皇を示すのが一般だが、ここは「綱吉」であろう。むろん一天文方が綱吉に「御慎み」を言上できるわけはないから、そういう話が囁かれたということ。

安井《やすい》春海（一六三九～一七一五、名は都翁《つつじ》）は、江戸前期の著名な暦学者・天文学者・碁方《ごかた》である。父は幕府お抱えの碁師安井算哲《さんてつ》、のち保井の字を使い、晩年は渋川と改姓。平安時代の貞観四年（八六二）以来用いてきた宣明暦《せんみょうれき》（唐の徐昂《じょこう》が作成）の誤差が大きいことを建言し、中国の授時暦《じゅじれき》（郭守敬《かくしゅけい》らが作成した完成度の高い暦。一三～一四世紀に中国で使用）に基づく改暦を行い、貞享《じょうきょう》元年（一六八四）から新暦の「貞享暦」を用いた。またこの年春海は、初代の天文方《てんもんかた》に任じられている。

◆コラム　菰野《この》藩主の土方《ひじかた》家

織田家から豊臣家家臣へ

土方家は多田満仲《ただみつなか》を祖とし、のちに大和国土方村《ひじかたむら》に住んだことから土方姓を名乗ることになった。

やがて信治《のぶはる》の代に織田信長に仕え、その子雄久《かつひさ》（「おひさ」とも）は信長の次男信雄《のぶかつ》に仕えた。「雄」は信雄の諱《いみな》を与えられたもので、子孫にも「雄」を付した名が多い。信雄は父信長の死後、後継をめぐって秀吉と対立を深め、三家老が秀吉に気脈を通じていることを知ると、信雄の本拠地伊勢の長島城に呼び出し、誅殺した。秀吉との絶縁である。このあと土方雄久は信雄の命により、家老のひとり岡田重孝《しげたか》の居城「尾張星崎城」を攻め、滅ぼしている。

秀吉軍との戦端は、信雄の領国北伊勢（現、亀山市）でひらかれた。犬山城主の中川定成《さだなり》は信雄側の一将として動員され、留守を叔父の清蔵主《せいぞうす》（瑞泉寺塔頭《たっちゅう》）が守ったが、大垣城の池田恒興《つねおき》が突如来襲、清蔵主は奮戦むなしく討ち死にした。このとき家康は北伊勢救援に赴く途中清洲に滞在しており、池田が秀吉側についたことを知ると、急きょ小牧山を占拠し、秀吉との対決の場を「尾張北部」に求めた。「小牧・長久手の合戦」（一五八四年）の幕開けである。

この合戦は、有名な割には分かりにくい戦《いくさ》だ。どちらが勝ったのかよく分からないし、二つの戦場は二〇キロ以上離れている。小牧の陣では双方の睨み合いに終始し、長久手の戦場では家康側が勝利した。しかしそれ以外の局地戦では、加賀野井城《かがのい》（岐阜県羽島市《はしまし》下中町《しもなかちょう》加賀野井）、竹鼻城《たけがはな》（羽島市竹鼻町《たけはな》上城・下城？）など、木曽川河畔の拠点を秀吉軍に落とされ、結局信雄は、不利な条件下で単独講和を迫られることになった。

講和の結果、尾張北東部の犬山から一宮にかけて返却されたが、北伊勢四郡を除く伊勢・伊賀を取られた。さらに翌天正一三年一一月（一五八六・一）には、追い打ちをかけるように濃尾地方を大地震が襲い、信雄の本拠長島城が倒壊した。このため翌年信雄は清須城を改築して移り、改めて領国「尾張」の再編に着手することになる。この新たな家臣団の知行替えで、中川氏にかわり新たに犬山四万五千石の新城主となったのが、土方雄久であった。

四年後の天正一八年（一五九〇）、小田原攻略ののち、秀吉は家康に関東七か国（伊豆・相模・武蔵・上総・下総・上野・下野）への国替えを、信雄には家康の旧領五か国（駿河・遠江・参河・甲斐・信濃）への国替えを命じた。家康は即座に応じたが、信雄は旧領尾張に拘《こだわ》ったため下野国《しもつけのくに》那須へ追放され、佐竹氏へお預けとなった。主を失い尾張に取り残された家臣団は、新たな尾張領主の豊臣秀次《ひでつぐ》（一五六八〜九五、秀吉の甥、同養子）に仕えるか、尾張を去って新たな大名に仕えるか、決断を迫られた。土方雄久はさいわい秀吉の直臣《じきしん》に採用され、越中の新川郡野々市に一万石を与えられた。

慶長三年（一五九八）秀吉が没すると土方雄久は秀頼《ひでより》（一五九三〜一六一五、秀吉晩年の子、母淀君）に仕えたが、翌年、思いがけない事件に巻き込まれた。「家康暗殺計画」である。

幻の家康暗殺計画家譜の記述に「東照宮の御不審蒙《こうむ》り佐竹義重が許《もと》に蟄居《ちっきょ》す」とあり、世に云う「幻の家康暗殺事件」の嫌疑を受け、常陸《ひたち》の佐竹義重（あるいは義宣）に預けられたのである。この間の事情を『徳川実紀』は次のように記す。

○長束《なつか》・増田《ました》密かに「浅野長政が計らいにて、土方・大野などいえるを刺客として、君、大坂に居らせ給わん時、害し奉らんと用意する」由、告げ奉る。……今度、君を害せんと謀《はか》りし首謀は、加賀中納言利長、浅野長政と謀《はかりごと》を合わせて、土方、大野両人を刺客に命じたることなれば、是《こ》れらが罪を糺《ただ》され、後来を懲《こ》らしめ給わずばかなうまじと、奉行ら聞こえ上りしに、「此の事広く露わに罪を糺さんには、世の騒ぎともなり、秀頼のため然るべきことならず」と仰せられ、まず長政は所領に蟄居せしめ、大野、土方はそれぞれに召し預けらる。（これ実は石田三成と長束・増田らが謀りて、利長・長政を陥れて失わんとす。実は利長・長政らは、当家に親しみあれば、当家昵懇の徒を離間せんと計りしこと著しければ、わざとその罪を軽くとりなさせ給いしものなるべし。）

家康が大坂城で豊臣秀頼・淀君に対面されるというときになって、長束正家《なつかまさいえ》と増田《ました》長盛《ながもり》が「浅野長政は土方雄久《かつひさ》・大野治長《はるなが》を刺客とし家康公を狙わせている」と密告した。

家康は構わず対面を済ますが、なおも長束・増田らは「今回の首謀は前田利長と浅野長政で、土方・大野に刺客を命じた罪を問いただすべきです」と主張する。家康は「これを公にすれば騒動となり、秀頼のためにもならない」と仰せられ、長政を蟄居、土方・大野を他家お預けとされた。家康は今回のことを「石田三成らが前田利長・浅野長政を陥《おとしい》れて自分との間を割こうとした陰謀である」と考えられ、罪を軽く処せられたのである。

さらにつづいて、

○かくて浅野・土方等それぞれに御講じ蒙りし上は、利長がこと捨ておかるべからずとありて、ほどなく加賀国へ打ちて下らせ給うべしと聞こゆれば、……親しみ深き諸大名より利長のもとへこの旨を告げやるにぞ、利長大いに驚き、横山と云う家《けい》司《し》を上《のぼ》せ、さらに思い寄らざる旨返す返す陳謝し、その母芳春院を質にぞ進らせけるにぞ、事無く平らぎぬ。

浅野や土方たちが咎めを受けた以上、前田利長だけをそのままにしておけない。「間もなく家康が加賀国へ打ち向かうであろう」との噂が立った。細川忠興ら前田家と親交のある大名らが心配して利長にこの事を告げると、驚いた利長は、直ぐに老臣を家康のもとへ参上させ、思い当たる旨の無いことを弁じて陳謝し、利長の母芳春院を江戸へ人質として差出すことで、無事に収まった。

やがて上杉景勝が領地会津で叛《そむ》いたとの報が届き、家康は大坂を発って東国へ向かう。

まず江戸で準備を整え、下野《しもつけ》（栃木県）の小山《おやま》に陣を構えた。

土方家の家譜には「小山において雄久《かつひさ》父子召されて東照宮に見《まみ》え奉り、仰せによりて加賀国へ赴き前田利長に内旨を告げしかば、利長速やかに軍を出して北国《ほっこく》を平らげ、利長とともに大津の御陣営に至る。これより先、なお又利長を進めて越前国にはたらくべき旨、東照宮より御書を下さる」とあり、『実紀』の附録（巻十一）にも「加賀中納言利長は北国を切り従え、大津の御陣へ馳せ参り、土方勘兵衛雄久とともに謁《えつ》し奉る」と、同様の事が記されている。

つづけて「家康公の御気色《おんけしき》斜めならで、その功労を賞せらる」とあり、家康の上機嫌に乗じて、関ヶ原の合戦で西軍に就いた丹羽長重の赦免を願い出たが、さすがに家康も「かつて父親の長秀を秀吉公の怒りから救ってやった恩も忘れ……」と渋った。しかしあまりに利長が懇願するので、「小松の城を利長に引渡した上、何処へでも立ち退け」と一命を救われた。
※のち丹羽長重は許されて、常陸（茨城県）の古渡《ふっと》に一万石を与えられ、さらに陸奥白河（福島県）に一〇万石、子の光重のときに白河二本松に移封されて、明治に至っている。
土方と並んで「お預け」になった大野治長は、「先年の事によりて、佐竹が方に預けられしを、こたび御ゆるし得て御本陣に候」し、このあとの合戦で名のある将の首級をあげ、その活躍に対し家康から「人がみな羨むような御賞詞」を蒙ったとある。最初彼は

下総の結城秀康《ゆうきひでやす》（家康の次男・秀吉養子・のち福井藩祖）に預けられたとあるが、のちに土方雄久と同じ常陸太田の佐竹義宣《さたけよしのぶ》（一五七〇〜一六三三）にお預けとなったらしい。佐竹義宣は父義重《よししげ》（一五四七〜一六一二）のあとを継いで常陸国一円を支配し、秀吉から五四万五八〇〇石を安堵された大大名だが、関ヶ原の合戦では石田方に与《くみ》したとされ、そのため戦後は出羽久保田に移され二〇万五八〇〇石に減封《げんぽう》されている。

病床にあった秀吉が後事を託したのは、家康（二五六万石）・前田利家（のち利長・八三万石）を筆頭に、毛利輝元（一二〇万石）・上杉景勝（一二〇万石）・宇喜多秀家（五七万石）の五大老だが、秀吉没後二年目に起きる関ヶ原の合戦では、毛利輝元・宇喜多秀家・上杉景勝は石田三成側につき、前田利長だけが徳川方についた。この間の大名たちの動きを、年表にまとめてみよう。

慶長三年（一五九八）

八月　秀吉没。

一二月　日本軍朝鮮からの撤兵完了。

慶長四年（一五九九）

正月　四大老家康の違約（伊達・福島・蜂須賀家との婚姻）を詰問。

二月　和解成る。

二月末　利家病を押し家康を訪問。

三月　家康、利家を見舞う。
閏三月　利家没。加藤・黒田・福島ら三成の襲撃計画。三成、家康に庇護を求む。
家康、三成を佐和山へ送る。家康、伏見城へ入り、政局担当。
九月　秀頼母子に会うため大坂城へ。家康暗殺計画？　家康、大坂城にて執政。
一〇月　暗殺計画関係者（浅野長政・土方雄久・大野治長）の処分。丹後宮津城主細川忠興《ただおき》と前田利長が通謀の噂。細川幽斎《ゆうさい》（藤孝《ふじたか》）、子の潔白を誓う。
一一月　忠興、家康に誓書提出。利長、老臣を遣わし異心なき事を陳述。

慶長五年（一六〇〇）

二月　細川忠興に六万石加増。三月　家康、利長に雑説を意に介さぬ旨申し送る。
四月　上杉景勝に上洛を命ず。五月　景勝上洛拒否。前田利長、生母を人質に。
六月　会津出征の準備、大坂城を出る。七月二日　江戸城へ入る。廿四日　小山《おやま》に陣。

この年表から浮かび上がってくるのは、前田利家・利長の微妙な動きである。石田三成は、すでに数回家康を襲撃する機会を窺いながら果たせず、逆に朝鮮から帰国した武力派の加藤・福島・黒田らに命を狙われ、ついに窮余の一策で家康の懐へ飛び込む。「窮鳥懐に入らずんば……」の譬え通り、家康は加藤らを宥《なだ》め、三成を佐和山《さわやま》（彦根）へ送り届ける。武力派の三成への実力行使は、重鎮前田利家が亡くなり、抑えが効かなくなってきたことを意味する。こういうタイミングで起きた「幻の家康暗殺計画」である。

「前田利長が異心を抱き、浅野長政・土方雄久・大野治長が同調している」との密告が、増田長盛らによって家康側に齎《もたら》されたのはおそらく事実であろう。家康側の動揺を誘う意図かも知れないが、ことの真偽は別として家康はこれを利用した。利家の跡を継いだ利長に決断を迫るためである。これより半年ほど前のことだが、次のような話が記録されている。

病床の利家が息子の利長に「家康公を我が家にお迎えするが、お前はどういう心積もりでいるか」と尋ね、利長は「今朝早くから饗応の用意をしています」と答えた。次に家康公が帰られた後、もう一度利長を呼び、「先に心積もりを尋ねたとき、《汝、さるべき（家康を討ち果たすとの）答えをせば、われ病中ながらも、内府とさし違えん》考えであった」と告げ、自分の布団の下から白刃をとり出したという（『実紀』附録八）。附録とはいえ幕府の史書である。このゾッとする話が前田・徳川両家の関係を示す「あり得る話」として収録されたのであろう。

浅野・土方・大野の二氏に対する処分も、増田らの言に従っている。ただし土方・大野の「預かり先」が、常陸の佐竹であったことに留意したい。佐竹義宣は東軍に味方しなかったため常陸水戸から出羽秋田へ移され、五四万石余から二〇万石余に減封となった。義宣は、石田三成とは《無二の親交》にあり、かつて三成が加藤・福島らに命を狙われたとき家康の屋敷に匿《かくま》ったのは、佐竹の計らいであった。後年、家康が駿河に引退したときの座談に、今どきの《律儀な人》が話題になった。家康は「佐竹義宣ほど律儀な男はないだろう」と云い、三成を匿った時のこと、さらに関ヶ原の合戦の折、三成・家康の両者に義理立てし、じっと動かなかったことを挙げた。「我が方へ就いていれば、領地をそのままにして置いたのに、《律儀はよけれども、あまり律儀に過ぎるのは……》」(『駿河土産』)とある。

おそらく土方・大野が佐竹家へお預けになったのは、「家康への加勢」を説くためであろう。しかし「中立」の言質《げんち》をとるのがやっとであった。それでも佐竹が動かなければ、上杉景勝は南下できない。関ヶ原のおよそひと月前、上杉は西軍宛てに「関東へ南下したいが《最上・正宗見合い、慮外《りょがい》の体《てい》》である。《来月中に佐竹と相談し、ぜひ行く手立て》を考えたい」という書状を発している。「最上義光・伊達正宗との睨み合いが続き予定外の事になった。来月中には佐竹義宣と相談し、対処したい」というわけである。その「来月」には関ヶ原の合戦が行われ勝敗がついた。佐竹は律儀に動かず、結果的に上杉も一二〇万石から三〇万石に減封されたものの、出羽米沢へ移され滅亡は免れた。

もうひとつ前田利長の動きに注目したい。小山の陣で佐竹に預けられていた土方らを引見し、その罪を許したのが七月廿四日のこと、おそらく土方はその場から金沢の前田利長の許に向かい、北国切り従えの指示を伝え、その後行動を共にしたものと思われる。後の家康の回想に「(土方)雄久も小山よりわが使いを奉りて北国へ赴き、前田利長とともに諸事を相議し、わが為に馳せ廻り、ひとかどの微功なきにあらず」（『実紀』附録第十二）とある。この北陸切り従えは、会津を西側面から牽制する意味でも、重要な役割をもつものであった。家康との仲が取沙汰された前田家にとっても、汚名返上のための働き場所となった。

この「幻の家康暗殺計画」、秀吉亡き後の謀略渦巻く大坂を舞台に、当初は増田・長束らが企む離反工作にはじまり、これを家康が、土方・大野らに言い含め、佐竹・前田両家の自陣側引き留め策に利用したというのが、本当の所ではあるまいか。

◆コラム『折たく柴の記』が記す元禄大地震
―震災直後、湯島天神下から日比谷御門まで歩く―

『折たく柴の記』は、享保《きょうほう》元年（一七一六）から没年（享保一〇年没、六九歳）にかけて執筆された新井白石の自叙伝で、その事績を子孫に知らせることが目的であった。白石は元禄六年（一六九三）に儒学の師木下順庵《きのしたじゅんあん》（一六二一～九八、朱子学派の儒者、綱吉の侍講）の推挙で甲府藩主徳川綱豊《つなとよ》（綱重の子、祖父は家光）の侍講となり、のちに綱豊が家宣《いえのぶ》と改名して六代将軍になると、側用人間部詮房《まなべあきふさ》とともに家宣を補佐して数々の治績をあげた（正徳の治)。家宣没後も幼い家継《いえつぐ》を補佐したが、家継が没し吉宗が登場するとや罷免された(享保元年)。『折たく柴の記』の執筆は、この罷免の年にはじまる。

「元禄大地震」は癸未年《きびのとし》(一七〇三)、白石四七歳のときに起きた。当時彼の屋敷は湯島天神下にあり、本所からここへ引っ越してすでに一〇年になる。記述に「家の後ろは高い崖」とあるから、のちの「天神坂下同朋町《どうぼうちょう》」あたりだろうか。同朋町は湯島天神だけでなく神田明神の周辺にもみられる「お坊主の巣」(岸井良衛『江戸・町づくし』)である。元禄の頃、お坊主やお武家の拝領地となり、「同朋町」の町名が生まれたらしい。この場合の「坊主」はお城勤めの御坊主衆(同朋)のことで、お寺とは関係ない。

湯島天神境内から東へ下る三八段の急な坂が「天神男坂《てんじんおとこざか》」、北へ向かう緩やかな坂が「天神女坂《おんなざか》」である。この両坂の間が「坂下町」で、男坂の南が「天神坂下同朋町」。このあたりの崖に近い処に白石の屋敷があった。

○我はじめ湯島に住みし比《ころ》、癸《みずのと》未《ひつじ》の年(元禄一六年)、十一月廿二日の夜半《よわ》過ぐるほどに、地おびただしく震《ふる》い始《そめ》て、目さめぬれば、腰の物ども(大・小刀)とりて起き出るに、ここかしこの戸障子皆倒れぬ。

○「我は殿(甲府藩邸)に参るなり。召供《めしぐ》のもの二、三人ばかり来たれ。其の余は家にとどまれ」と言いて馳せ出づ(薬器を忘れる)。

地震が発生すると、すぐに妻子や家人たちを崖から離れた安全な庭に避難させ、自分は着替えて甲府藩邸へ見舞いに行く準備をした。その折用意した救急薬箱を忘れてしまい、平常心を失っていることに気づいた。

○神田の明神の東門の下に及びし比《ころ》に、地また夥《おびただ》しく震《ふる》う……。

○昌平橋（昌平黌《しょうへいこう》の下手、神田川に架かる橋）の此方《こなた》にて、景衡《かげひら》（朝倉景衡、白石の妻の弟）の我方《われかた》に馳せ来るに行き合う……。

湯島天神から神田明神までは南におよそ六〇〇メートルほどだが、明神下の東門近くへ来てまた大きな余震に襲われた。東門は、現在の明神男坂を上ったところに在ったかと思われるが、今は表参道の随身門と脇門以外にはない。案内書で男坂を「天保年間に神田の町火消四組が奉献した石段坂」と記しているが、切絵図では最も古い延宝年間（一六七三～八一）以降すべての図に、石段の記号が付されている。今に残る石段が天保年間造作という意味だろうか。

明神下に住む者たちは、みな路地へ飛び出している。家の中に点《つ》けっ放しの灯火が見えるから、「家が倒れたら火事になる、火を消せ」と呼ばわりながら歩き、やがて昌平《しょうへい》橋《ばし》に出た。ここで向うからやって来る妻の弟の朝倉景衡《かげひら》に出合った。白石の家に向かうと言うから、「私は甲府殿のお屋敷へ行く、家族のことはよろしく頼む」と言い置き、橋を渡った。

神田川に架かる昌平橋の元《もと》の名は相生橋《あいおいばし》である。元禄四年に聖堂が上野から湯島に移され、そこの昌平黌《こう》（学校）へ通う生徒が通る橋というので、昌平橋と呼ばれるようになった。橋と同様、昌平黌に近い坂が「昌平坂」で、いまは聖堂敷地の東側に沿った「団子坂」のことを指す。寛政九年以前の切絵図には聖堂東隣りに「鳳閣寺《ほうかくじ》拝借地」があり、この間の南北道を「昌平坂」と呼んでいた。ところが翌寛政一〇年の聖堂拡張で、昌平坂を含め鳳閣寺拝借地が聖堂敷地に取り込まれてしまった。かつての坂名を惜しむ人たちが、敷地外側の無名坂を「昌平坂」と呼ぶようになり、今に至ったという。

しかし『江戸砂子《えどすなご》』（江戸の地誌。著者は菊岡沾涼、享保一七年刊。国書刊行会『新燕石十種二』明治四五年刊所収）では、「聖堂の前の坂」、現在の相生坂《あいおいざか》と呼ぶ坂が昌平坂であると記している。つまり初期の聖堂にあっては、周縁の「東と南の両坂」とも昌平坂と呼んでいたことになり、話がややこしくなる。しかしこれを信じるなら、いまの相生坂が、昔から変わらぬ「昌平坂」ということになる。

そもそも湯島聖堂のルーツは、寛永七年（一六三〇）、三代将軍家光の命により林羅山が上野忍岡《しのぶがおか》（上野ノ山の別名）に造った家塾と、同九年尾張藩主義直《よしなお》が寄進した聖堂（聖廟）にある。それから六〇年後の元禄四年（一六九一）、五代綱吉の命でそれらが湯島へ移され、「湯島聖堂」と称された。この聖堂一帯を孔子の生誕地である「昌平郷《しょうへいごう》」（かつて魯国の都が置かれていた地。いま済南《さいなん》市の南約一五〇キロにある山東省曲阜《きょくふ》市）」に擬《なぞら》えて「昌平」と呼び、これが近くの橋や坂名として残ることになったのである。

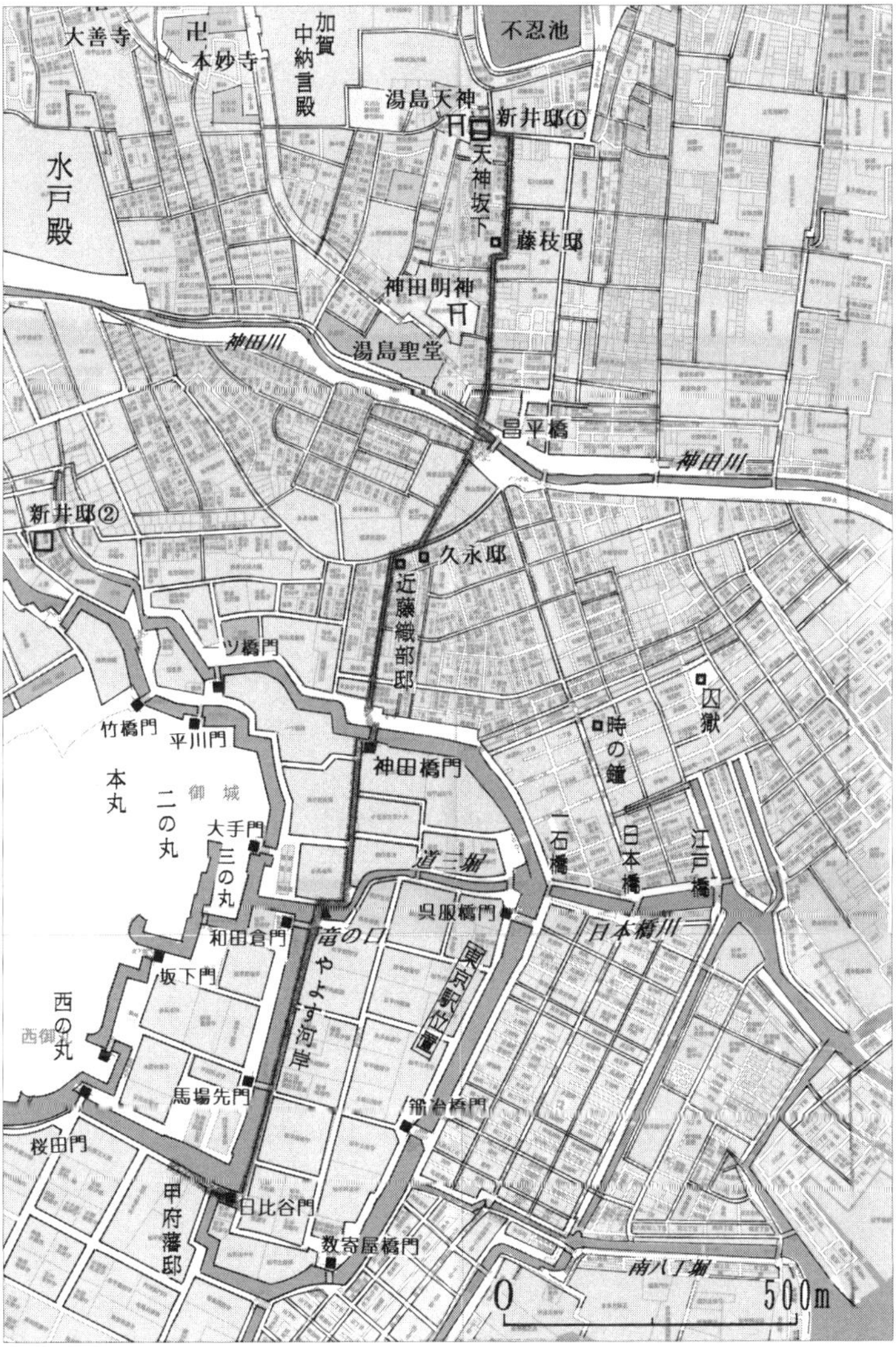

新井白石が歩いた道（光村推古書院『東京時代MAP』を基図とし加筆）

さらに一〇〇年ののち、政治・経済の改革に取り組んだ老中松平定信（白河藩主、八代吉宗の孫）は、学問や芸術にも統制の手を強め、寛政異学の禁令（寛政二年・一七九〇）を出して朱子学を正学とした。また長く続いた林家と聖堂の関係を清算し、「湯島聖堂」の名を「昌平坂学問所」に改め、幕府の直営とした。その結果孔子を祭る聖堂は、学問所内の一施設名となった（寛政一一年）。同時に敷地が拡大され、孔子廟の正殿にあたる「大成殿」も新しく改築されたのである。その大成殿は大正一二年九月一日の関東大震災で焼け、昭和一〇年にコンクリートづくりで再建されたのが、現在にみる聖堂である。

昌平橋に話を戻そう。

〇橋を渡りて南に行きて、西に折れて、また南せむとする所に、馬をたててあるものを月の光にみれば藤枝若狭守（甲府の臣でのちに幕府に仕え、寄合に列す）なり。

昌平橋を渡り、まっすぐ行くと久永源左衛門の屋敷に突き当たる。当主は久永源兵衛勝晴《かつはる》、三二〇〇石の旗本で御使番や山田奉行を歴任し、丹波守に叙せられている。この隣が旗本近藤織部《おりべ》政徳《まさのり》（四三〇〇石）の屋敷で、両家の前は東西の斜め道。ここを南に折れるとあとは神田橋御門まで一本道だが、その近藤織部の屋敷を左折したところに、馬をとどめる武士の姿があった。月明かりに確かめると綱豊の家臣藤枝若狭守である。

藤枝若狭守方教《まさのり》はこのとき四六歳、白石より一つ年下だが、前年に従五位下若狭守に叙任している。白石の従五位下筑後守叙任は正徳元年だから、九年ほど藤枝が先行している。それほど有力な家柄なのか調べてみると、意外なことが分かった。

藤枝方教の父方孝《かたたか》の姉、つまり叔母にあたる女性が「家光に仕え、甲府綱重の母堂たり」とあり、祖父の重家《しげいえ》は「弥七郎、岡部を称す、京師に住す」とある。来歴の項には「もと岡部を称し、方孝にいたり藤枝に改め……」と記されている。要するに「岡部弥七郎の娘がお城勤めになり、将軍家光のお手が付いて綱重を生んだ」ということ、将来のお世継ぎになるかも知れないわけで、母の実家（岡部）を急きょ武士に取り立て、藤枝姓を名乗らせ、甲府家勤めとした。

『徳川妻妾記』（高柳金芳著　雄山閣　二〇〇三年）は、祖父の重家を「もともと京都の町人で弥市郎といい、その娘お夏は大奥の奉公にあがり、家光のお手付けとなり、寛永二一年（一六四四）長松《ちょうまつ》を生んだ。長松は元服時に綱重と名を改め、一七歳で甲府二五万石を賜り「甲府宰相」と称されたが、病身のため三五歳で死去、二年遅れでお下の方が生んだ徳松（館林宰相の綱吉）が五代将軍の座を射止めた」（以上要約）と記している。

お夏の方の弟にあたる方孝《かたたか》は姉のお蔭で甲府家の家老となり二千石を賜わっている。切絵図を探してみると、「湯島之内」図（現、文京区湯島一・三丁目。延宝年〜宝永年）の妻恋下町に、「藤枝摂津守」の屋敷が記載されている。のちの享保年図で「藤枝帯刀」、安永年図で「藤枝外記」となっているのも、系譜に合致する。新井白石と出会ったのは、方孝の子「若狭守方教《まさのり》」で、切絵図の屋敷名は、まだ父の「摂津守」のままである。

白石も湯島天神下から妻恋下のルートだから、藤枝の屋敷前を通ったばかりだ。方教は一足先に馬で甲府屋敷へ向かったのであろう。近藤織部の屋敷の角で「地裂けて、水の湧出《わきいで》、その深さ・広さ測りがたき」状況に出くわし、藤枝はいささか躊躇した。恐らく噴砂による大きなぬかるみが出来ていたのだろう。白石が追いついたとき、藤枝は三メートル以上ある水たまりを「ものども続け」とばかりに飛び越えたところ、馬上の藤枝はよいが白石は徒歩だから草履が水浸しになり、履き替えて先に進み、ようやく神田橋にたどり着いた。

○神田橋の此方に至りぬれば、地また夥しく震う。

この余震は大きく、家々の倒れる音が箸を折るような音に聞こえ、遠くで人の泣き叫ぶ声が、蚊の羽音に似る。石垣の石が飛び、土が崩れて塵が空に舞った。これでは神田橋も危ないと思ったが、さいわい一部が崩れただけで、そこを飛び越え神田御門の枡形に入った。御門を出て南へ直進すると、道三堀《どうさんぼり》へ突き当たる。

道三堀は江戸城の内堀と日本橋川（平川）をつなぐ水路で、その合流点の呉服橋辺から南へ開削されたのが外濠川《そとぼりがわ》（東京駅八重洲口側の「外堀通り」はそこを埋め立てたもの）。である。いまは日本橋川しか残っておらず、とくに道三堀は堀跡もたどり難い。大雑把にルートを今の地図に示しておくと、日比谷通りの和田倉濠に面した場所が「竜《たつ》（龍・辰）ノ口」（取水口）、そこから「銀行会館」を経て「みずほコーポ本店」へ、ここで北へ折れ、「大手町駅前」交差点から永代通りの北側に沿って呉服橋まで、これがおおよその道三堀跡である。

「道三」とは江戸前期の著名な医者「曲直瀬玄朔《まなせげんさく》（通称「道三」）」が堀のかたわらに住んでいたから、と言われる。住むだけで堀の名になるとは大層な話だが、実際大変な人物であった。叔父の初代道三は医術を迷信や加持祈祷と切り離し、はじめて医学として独立させた人、信長・秀吉から天皇の病まで直し、全国にその名を馳せた。甥の二代目も秀吉に仕え、勅旨により後陽成天皇の治療にあたった。のち二代将軍秀忠の治療を行うため常盤橋に屋敷を賜り、隔年に在府した。近所には幕府のお抱え医師の屋敷が建ち並んだという。

この道三堀へは、お城の内濠の余水が注《そそ》いだ。石製の樋口《ひぐち》があり、音を立てて道三堀側へ注ぐ。これを竜《りゅう》の口に見立て、「竜《たつ》の口」の名がついた。場所は「和田倉御門より東北の方」（『御府内備考』）で、「東京海上ビル新館の北端」とも「和田倉濠の東端」ともいうが、のちにその辺り一帯の呼称になった。

話を戻し、神田御門から南すれば、この道三堀にぶつかり、堀沿いを西に進むと竜の口だ。

○龍口《たつのくち》に至りて遥かに望みしに、藩邸に火起れり。

竜の口から「やよす（八代洲）河岸」沿いは一本道で、濠《ほり》も長く続き、その南端を右折した処に日比谷御門がある。見通しが効き甲府藩邸の位置もおよそ分かる。見ると藩邸辺りから火の手が上がっている。気が急《せ》くなか馬場先御門の辺りで馬の足音がして、振り返れば先ほどの藤枝方教《まさのり》、「若狭守殿とお見受けします、あの藩邸の火が心配です」と白石、「まことにその通りです。急ぎます、馬上のままお許しください」と言い置いて、藤枝はそのまま藩邸の方へ駆けて行った。

ようやく日比谷御門にたどり着く。御門の左手に大番所の建物があって、その向こうは植村土佐守の屋敷、ときの当主は植村正朝《まさとも》で、代々土佐守を叙する一万石の大名である。

○日比谷の門に至るに、番屋倒れ、圧《お》されて死する者の苦しげなる声す。

先に引用した『甘露叢《かんろそう》』の記事を、もう一度並べてみよう。

○日比谷御門　大番所つぶれ、並びに土塀残らず倒れ、当番土方市正《ひじかたいちのかみ》の徒目付《かちめつけ》一人、小人《こびと》二人又者《またもの》一人怪我いたし、其の外足軽四人怪我。

この日比谷御門の前に立ち、新井白石は「圧《お》されて死する者の苦しげなる声」を聞いた。御門の上の多門の瓦が、地に落ちてうず高くなっている。その横で、先に着いた藤枝が馬を下り、「一緒に入りましょう」と手を差し伸べた。ようやく瓦礫の山を越え、数十間先の甲府藩邸前にたどり着いた。

○藩邸の西の大門ひらけて、遠侍《とおざむらい》（中門の際に建つ警備の詰所）の倒れし見ゆ。

○大門の西のワキ門より入りて見るに、家々皆倒れ傾きたれば、出《い》でたちである人に、路塞《みちふさ》がりてゆくべからず。そこを過ぎて、常に参る所に至りたれば、其の所も倒れて入るべからず。

日比谷御門を何とか抜け、甲府藩邸にたどり着いた。藤枝はそのまま西の大門から入ったが、白石は遠慮して常のようにワキ門から邸内に入った。門に近い場所に建つ使用人たちの長屋が倒れ、人勢の人が外に出て右往左往しているから、なかなか先へ進めない。『実紀』と『日記』、二つの史料は次のように描写している。

○甲府邸これがために長屋たおれ、火もえ出《い》でしかば、まず火消を命ぜらる。(『徳川実紀』)

○甲府様お屋敷過半崩れ、長屋ゆり倒す。この内火燃え出して御成り御門など焼失。男女百七十人死す。(『鸚鵡籠中記』)

長屋から火が出たのは事実で、「火出《い》でし所に行きて見るに、倒れし家に圧《おさ》れ、死せし者どもを引出したる。此処彼処《ここかしこ》にあり。井泉ことごとく尽きて水なければ、火消すべきようもあらず」と白石は記している。ただし『鸚鵡籠中記』が記す死者数一七三人が、正しいかどうか分からない。

白石はこのあと主君綱豊を探して屋敷内を尋ね回る。「御納戸の口という所より」中に入り、「此処彼処の天井落ちかかりし所々を過ぎて」行くと、向うから「越前守詮房《あきふさ》朝臣

（御用人の間部詮房《まなべ》）の来るに行き合い」て、「御恙《おんつつが》もわたらせ給わぬこと（御無事であること）」を聞き、「かかる時に候えば、推参し候」と言い捨てて、「常の御座所に」参る。しかし御座所に綱豊の姿はなく、外を見ると「近習の人々は、南の庭上に立ち居る」のが見えた。そこへ行くと「お上《かみ》には彼方《あなた》の庭におわします」という。そちらの庭へ伺候すると、袴に道服《どうぶく》姿（袖が広く裾に襞のある羽織、公家の普段着）で縁側に立つ綱豊の姿があった。

長屋と違いお屋敷は造りも頑丈なはずだが、それでも入口が壊れていて、白石は衣服などを仕舞っておく御納戸《おなんど》口から入っているし、方々の天井も崩れかかっていた。殿も御座所から避難されていて、長屋だけでなく、お屋敷にも相当の被害がでたらしい。これに続く描写では余震のたびに「池の岸、崩れ崩れて、平らかなる地も狭くなりぬ」とある。

このあと白石は主君綱豊と直接話をする機会があって、綱豊から「私が谷中《やなか》（上野の山の西側）の別荘へ行くとき、側の者が〈あそこが新井殿の屋敷です〉と指さす方を見ると、高い崖の下だったように覚えている、心配だろうから早く家族のもとへ帰ってあげなさい」と声を掛けられる場面がある。庭の池の端が次々に崩れるのを見て思い出したわけではあるまいが、白石の住まいが湯島天神の崖下であることを覚えていてくれたのである。

隆起した房総南端

元禄の関東大地震は、朝日文左衛門の地元名古屋では然《さ》したることもなく、関東が中心で、とくに小田原と房総の被害が峻烈であった。江戸城に焦点を当てたのは、文左衛門が江戸城の被害を詳しく『日記』に記していたことと、新井白石の体験した震災の様子が、『折たく柴の記』に克明に記載されていたためだ。江戸城諸門も、場所によっては番所の崩壊などで死者もでているが、全体にお城に象徴される江戸の被害は、「甚大ではなかった」と受け止められている。

野中和夫氏は『江戸の自然災害』のなかで、二二大名家が江戸城の石垣復興工事に携わった記録を詳細に分析され、江戸城諸門とその周辺の被害実態を明らかにされた。その上で「江戸の被害が少なく見られている要因は、大名・旗本屋敷での犠牲者が判然としないこと、大きな被害が見込まれる本所辺の様相が全く分からないこと」が理由とされた。加えて余震の続く中、地震六日後の一九日酉下刻《とりのげこく》（一七〇四年一月六日午後七時過ぎ）に小石川の水戸屋敷内長屋から出火し、江戸の町一〇九町、三四五三軒が焼失、一六三人の死者が出たため、地震より大火に目が向けられたことも、原因の一つとされている。

元禄地震の津波について触れなかったが、房総半島から相模湾沿岸は巨大津波に襲われている。三浦半島の西側付け根に位置する鎌倉では、鶴岡八幡宮の二ノ鳥居まで海水が押し寄せ、流死者は六〇〇人にのぼった。とくに被害が甚大だったのは房総半島で、最大浪高一

○・五メートル、九十九里浜で五、六メートルとされ、死者は六五〇〇人以上と見られている。

伊藤和明《かずあき》氏は『地震と噴火の日本史』（岩波新書）のなかで、元禄地震のもう一つの特徴は、房総半島南部の地盤隆起にあるとされている。この地震で海底が最大五・五メートル隆起し、海岸線に新しい元禄段丘をつくったという。海岸段丘の生成は太古の時代の出来事と思っていたから、三百年前に地面が数メートル盛り上がり、いまその上に集落が立ち並ぶ写真を見て、いささかショックを受けた。JR内房線もその元禄段丘上を走っているという。それだけではない、房総半島南部には、全部で四段の段丘が認められ、最高位（沼段丘・標高二五メートル）の段丘上からは、サンゴ礁の化石が採れるという。地図で探すと館山湾のすぐ南に、天然記念物「沼サンゴ礁」とあった。今から六、七千年前の縄文前期、温暖な時期に海底に堆積した跡らしい。つまり縄文前期の大地震でサンゴの海底が陸化し、以後地震のたびに隆起して、元禄に至り四段の海岸段丘が出来たというのである。証拠が目に見えるだけに、話が生々しい。

宝永四年の大地震

元禄一六年（一七〇三）の関東大地震から四年後の宝永四年、今度は呑気な文左衛門も裸足で庭へ逃げ出すほどの地震が、東海を襲った。「宝永の大地震」である。まずは文左衛門の日記『鸚鵡籠中記』からはじめよう。宝永四年一〇月四日（新暦一七〇七年一〇月二八日）は、富士山大噴火の四九日前にあたる。地震前日の日記には次のようにある。
○連日暖かなり。別して昨夜より今日甚《はなは》だ暖かなり。袷《あわせ》（裏地付きの着物。当時は初秋に着る）にてなお暑し。（宝永四・一〇・三）
しかし、少し前の夏の季節は、逆に異常な寒さだった。
○冷たし。朝は綿入れを着す。昼のうち袷を着す。（宝永四・六・二三）
○西風、徐々に冷えるなり。予、昼寝す。袷を着してなお冷たし。（宝永四・六・二八）
日記の六月二〇日過ぎは今の暦で七月末にあたり梅雨明けの猛暑のはずが、異様な寒さに襲われている。ところが一〇月末になると、今度は桃、李《すもも》、梅、梨、庭桜の花が盛んに咲きはじめ、さらに「夜、雲間《くもま》はなはだ光る。雷のごとくして勢い弱し」という状況で、翌日の朝は「東北に薄赤き立ち雲多く見ゆ。夏の夕立雲のごとし」と、積乱雲に似た雲が、不気味に朝焼けする様子を記している。文左衛門の五感も何かを感じ始めたのか、このあたりの気象記事はかなり克明である。

大地震の当日は名古屋の高岳院《こうがくいん》で観誉理清《かんよりせい》（不詳）の五〇回忌の法要があり、「法事終了後、暮れまで遊ぶべし」との廻文を見て、文左衛門ら九人が集まった。高岳院は文左衛門の母親の実家渡辺家の菩提寺でもある。いま地下鉄桜通線《さくらどおりせん》「高岳駅《たかおか》」のすぐ北にある。
※高岳院（持名山と号し、浄土宗。東区泉《いずみ》二丁目、東片端《ひがしかたは》交差点の南三〇〇メートル。家康の第六子で早世した仙千代の菩提寺）

○書院にて夕飯出る。酒一返廻《めぐ》るとき、東北より鳴り轟《とどろ》きて、地震《ちふるわ》す。未《ひつじ》の一点なり。漸々《ぜんぜん》強くして鎮まらざるゆえ、座中申し合わせ皆庭へ飛び降りる。おおかた跣《はだし》なり。地震倍《ますます》強く、書院の鳴動夥《おびただ》しく、大木ざわめき渡りて、大風の吹くがごとく、大地動震《ゆるぎ》て歩行することを得ず。石塔の折れ倒るる音いうばかりなし。ややしばらくしてようやく鎮まり、座敷へ上がるに、三の丸に火事出来《しゅったい》と云うにつき、予独酌三盃《さんばい》して急ぎ帰宅し、両親並びに家内の安否を見、直ぐに政右（相原政右衛門）と御多門へ出る……
○御城の帰り、また高岳院へ行く。藤入・曲淵・源兵・勘八・権内あり。源右も後から来る。濃茶・うどん・酒など給ぶ。酉半《とりはん》帰る。（宝永四・一〇・四）

法事に託《かこつ》けた飲み会がはじまり、盃が一巡した頃、突如地鳴りがして揺れがはじまった。午《うま》の下刻《げこく》から未《ひつじ》の上刻《じょうこく》に入った頃（未の一点）、ちょうどお昼過ぎの時刻で、いまの一二時四〇分過ぎから一三時頃にあたる。

「次第に揺れが強くなり、収まる気配がないので、申し合わせて庭へ降りた」とある。さすがは武士、落ち着いたものだと感心するが、「皆ハダシ」というのが少々引っかかるし、「申し合わせて」というくだりもヘンだ。突然の大揺れにびっくりし茫然自失《ぼうぜんじしつ》、われ先に庭へ飛び出したのを、あとで順序立てて書いたようにも見える。鎮まって座敷へ上がると、「三の丸から出火」の報が飛び込んできた。

他の連中はともかく、御城代組同心《ごじょうだいぐみどうしん》は真っ先に城へ駆けつけなければならない。文左衛門は独酌で三杯呷《あお》り、主税町《ちからまち》筋の自宅まで（約五〇〇メートル）を飛ぶようにして帰った。まず家族の無事を確かめた上で、近所に住む同僚の相原政右衛門《あいはらせいえもん》を誘い、今度は城へ急いだ（約一キロ半）。城といっても広いから、どの門を目指すかによって距離が異なる。日記には「御多門《ごたもん》へ出る」とある。

はじめ「御多門」を「榎《えのき》多門《だもん》（現、名城正門の位置）」辺りかと考えたが、日記の続きを読むとそうではないらしい。被害の大きかったのは「西《にし》鉄《くろがね》御門《ごもん》の北の御多門南北二十間、南の御多門南北三十一間、残らず内へ倒れて微塵《みじん》となる……この御多門《ごたもん》崩れて土煙はなはだ騰《あが》るを見て火事と云えり」とある。

「多門（多門櫓《やぐら》とも）」は石垣の上にずっと連なる白壁の長屋を指し、その外壁は城壁を兼ね、内側は兵器庫（矢倉《やぐら》）などに用いる。現在の名古屋城はそこまで復原されておらず、石垣の上には松などの樹木が植えられている。西《にし》鉄《くろがね》門二之門《もんにのもん》は、出来《でき》町《まち》通《どおり》から堀に沿って右折した右手、いまの東海農政局敷地の向かい側にある。二の丸（現、県体育館）の大手口《おおてぐち》（表門）にあたり、枡形《ますがた》二門のうちの外門《そともん》のことで、現存している。

枡形とは敵襲の勢いを弱めるための工夫で、内外《うちそと》二つの門と石垣を連ねて四角い枡形の空間を造ったもの。普通は外の道路側を一之門、内の城内側を二之門と呼ぶが、名古屋城は出陣を重視して内を一、外を二と数える。なお一之門は櫓《やぐら》門（左右の石垣に櫓を渡らせ、その下を門にする）の形に造り、二之門は高麗門《こうらいもん》（二本の本柱の上に大きな切妻屋根、内側の控柱との間に小さな切妻を架けた形）に造る。西鉄門二之門は、県体育館建設の際いったん解体されたが、再び元の位置に復原されており、当然高麗門《こうらいもん》の形式である（重要文化財）。城内側の、一之門は残っていない。

同じ二の丸搦手口《からめてぐち》（裏口）の「東鉄《ひがしくろがね》門《もん》」にも触れておく。地下鉄名城線の「市役所駅」を降り、大津通を北へ進んだ左手に名古屋城東入口がある。二の丸庭園に近く、この出入口を利用する観光客も多い。お堀に架かる橋を渡ると搦手口の枡形に入るが、立派な石垣だけが残っていて二つの門はなく、単なるジグザグ道と思う人もいるだろう。二つの門のうち一之門は焼失したが、外側の二之門は昭和三八年の県体育館建設時に解体撤去され、一〇年後、離れた本丸東二之門跡へ移築された。結局二の丸全体では、表・裏とも二之門（高麗門）は現存する。

もう一つ残る江戸時代の城門が本丸入口の枡形二之門で、南門と呼ばれている。この門は土塀につながっているため、一見別の形式に見えるが、裏に回ってみるとやはり造りが高麗門であると分かる。

鉄門を「クロガネモン」と読ませるのはいかにも江戸風《ふう》と思っていたが、『金《きん》城《じょう》温《おん》古《こ》録《ろく》』は「鉄《くろがね》御門《ごもん》の訓《よみ》の事、東西の鉄御門を西クロガネ御門、東クロガネ御門と申せしに、中頃より西テツ、東テツと称《とな》うるようになり…」と記している。どうやら江戸時代も後半に入ると、簡単な音読みのほうが巾を効かしたらしい。したがっていま「ニシテツモン」と読む人

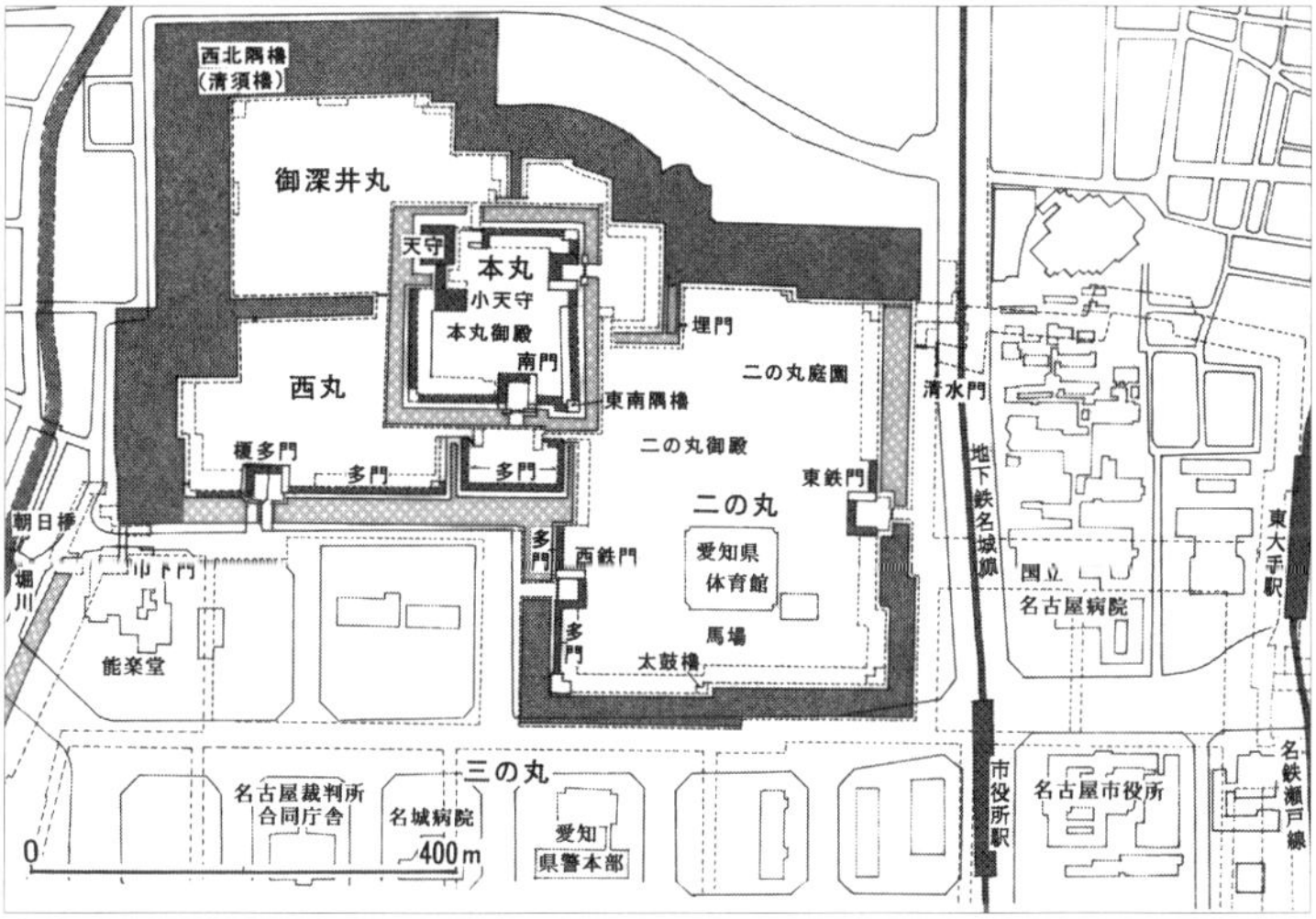

名古屋城の城門と櫓

がいても咎《とが》められない。

「クロガネ」は「鉄」の古称で、辞書には鉄鉱山の採掘者を「鉄《くろかね》取《と》り」と呼ぶ例（『宇治拾遺』四）が示され、別に「鉄《くろがね》門《もん》」も例示されていて、鉄製の門一般の呼び方である。そうであるなら、数ある鉄門の内なぜ二の丸の西門と東門だけを、とくに「西鉄門・東鉄門」と呼んだのであろう。

鉄製の門には二種類あって、ひとつは門柱と扉の表面にスキ間なく鉄板を鋲《びょう》打ちした「総鉄板張門《そうてっぱんばりもん》」、他は扉板にスキ間をあけて鉄板を打った「筋鉄門《すじがねもん》」である。創建時の本丸では、東二之門以外の四門（東一之門、南一・二之門、不明門《あかずのもん》）、現正門の位置にあった「西丸榎多御門《にしのまるえのきだごもん》一之門」、二の丸大手門・搦手門の一之門の計七門が「総鉄板張」であり、その他は「筋鉄門」だった。

ふつう鉄門《くろがねもん》は一城に一門か二門しかないとされるが、さすがに名古屋城は「総鉄板、筋鉄」の違いはあれ、すべてが鉄門である。したがって二の丸の表と裏門だけをなぜ西鉄門・東鉄門と呼ぶのか、その理由が分からない。『金城温古録』は「岐阜城二之丸鉄門《くろがねもん》と記せしもあり」、あるいは「西鉄《にしくろがね》名古屋御門と云い、清洲にての御門」と述べ、岐阜城など鉄製の門が少ない城ではとくに二の丸門だけを鉄製とした例や、名古屋に移る前の清洲城にクロガネ門と呼ばれる門のあったこと、などを紹介している。名古屋城の二門がクロガネ門と呼ばれる経緯には、それなりの前史があり、それに倣《なら》ったのかもしれない。日記にもどろう。

「西鉄門二之門《にしくろがねもんにのもん》」に駆けつけた文左衛門は、門につながる御多門櫓《ごたもんやぐら》の北二〇間（三六メートル）、南三一間（五六メートル）が無残に崩れ落ちているのを目にした。崩れたときの土煙を、火災の煙と間違えたらしいが、幸い火災は発生していない。壊れた箇所には、すぐに足軽の不寝番が置かれた。この崩壊箇所で御城代をはじめ上役たちに出会い、とくに仕事の指示もなかったとみえて文左衛門は高岳院へ戻っている。寺には「藤入、曲淵、源兵、勘八、権内が残っていて、源右もあとから来た。濃茶、うどん、酒などを楽しみ、酉半《とりはん》（夕刻七時前ころ）家に帰った」とある。「城の被害も少なくてよかった。もう一度飲み直そう」というわけだが、これが今の時代だったら、はたして飲み会を続けただろうか、このあたりの感覚が不思議である。

◆コラム　文左衛門の交友関係（高岳院での会衆）

地震のときに高岳院に集まっていた連中は、いずれも朝日家と親しい関係にある。日記に源右とあるのは渡辺源右衛門のことで、文左衛門の母方の伯父、御城代組の小頭《こがしら》で直接の上司にあたる。やはり城へ駆けつけていたため、遅れて戻ってきた。権内は渡辺権内で源右衛門の子、つまり文左衛門の従弟《いとこ》にあたる。源兵は服部源兵衛のこと。渡辺半蔵組同心で一五〇石取りの藩士、『士林泝洄《しりんそかい》』には「荒川家からの入婿で享保三年正月乱心自殺」とある。奥さんの妹が渡辺源右衛門に嫁しており、文左衛門とは親しい。

勘八は中嶋勘八のこと、勘八の祖父為林《ためしげ》は平岩親吉の家臣だったが、没後は成瀬隼人正《はやとのしょう》に一五〇石で抱えられた。つまり義直《よしなお》の陪臣《ばいしん》（又家来《またげらい》）である。勘八の父幸林《ゆきしげ》（宅右衛門）は子宝に恵まれるのが遅く、跡目を養子（甥の幸信《ゆきのぶ》）が継いでいる。勘八《かんぱち》（幸英《ゆきひで》）はその後に生まれたらしく、家領を継げず高須家《たかすけ》二代目の義孝《よしたか》（一六九四～一七三二）に仕えた。文左衛門の釣り仲間で、元禄八年の殺生《せっしょう》（魚取り）記事に何度か登場する。勘八とは一風変わった名で、豊田市矢作川《やはぎがわ》流域の勘八町《かんぱちちょう》や勘八山（一七一メートル）、勘八峡を連想するが、これは江戸初期にこの地に住みついた盗賊「岩崎勘八」に由来するという。まさか中嶋の場合は違うだろう。

曲淵《まがりぶち》については別な箇所に「曲淵源太」とあるが、『士林泝洄』に源太と略称する人物は見当たらない。唯一それらしい人物は曲淵源兵衛一重《かずしげ》で、「寛文五年（一六六五）、御弓役に召出され禄を給う……享保六年（一七二一）没」とある。二年後の娘「おこん」の結婚祝い名簿控に「まだか三、曲淵源兵」とあるから、おそらく「曲淵源兵衛」が正解であろう。ついでのことに彼が贈った「まだか」は、「まだか鮑《あわび》（径二〇センチ前後、最高級の大形アワビ）」の略、このほか「ふくら鮑」が数回出てくるが、これはトロ火でじっくり煮込んだ「ふっくら煮の鮑」のことである。ところでこの曲淵源兵衛の弓役就任が二〇歳前後とすれば、このときすでに六〇歳を過ぎていたことになる。そうであれば、文左衛門の知り合いというより父重村の友人であろう。

最後に藤入《とうにゅう》について触れておく。彼の本名は鈴木藤左衛門重恒《しげつね》で、藤入は号。一族はなかなかの名家《めいか》で、甥（長兄の子）に年寄（老中とも、享保一〇年〈一七二五〉～寛保三年〈一七四三〉）に出世する「丹後守《たんごのかみ》鈴木明雅《あきまさ》」がいる。藤入は五男で光友の奥小姓を振り出しに寛文七年（一六六七）父の家領三〇〇石を継ぎ、御供番・足軽頭を経て元禄八年（一六九五）致仕《ちし》。享保九年（一七二四）に九一歳で亡くなった。したがって高岳院の法事の席では七四歳の最年長であり、次が曲淵源兵衛の六〇歳余である。なお朝日文左衛門の父重村は正徳四年（一七一四）八一歳で亡くなっているから、鈴木藤入は父と同い年《おないどし》、やはり父の友人だったろう。ところでこの藤入、地震記事のひと月ほど前、娘が妙な事件に巻き込まれている。

○二五日夜、鈴木藤入の娘（一四歳、名は「さち」）を、千介《せんすけ》（小僧あがりにて、当年一九歳）同道して出奔《しゅっぽん》す。

方々《ほうぼう》へ追っ手を懸《か》く。そのうち熱田へ向かう追っ手（若党と鑓持《やりもち》）船番所にて、帳に付け候《そうろう》者を尋ねて物色するに、似たるあり。すなわち小船にて追いかけ船へ乗り移る。このとき千介、娘を切らんと思う気色なりしが、乗り合いに障《さわ》りて黙然たりと云々。鑓持欺《あざむ》いて云う。定めて抜け参宮なるべし金子《きんす》などこれ有りやとて、御宿にて殊のほか御案じなされ候間、まずお帰り、下女をも連れてお越し有るべしと云う。千介いまだ決めかねし体《てい》なりしを、弁舌を尽して参宮のこといかでかご立腹あるべきなどといろいろスカし、両人を連れ帰る。翌二六日千介をば斬首す。女《むすめ》は藤入自ら刺し殺さんとせしを、旦那寺《だんなでら》の教順寺《きょうじゅんじ》、衣を着せ命を乞うて尼となる。（一説に）千介を藤入控えの山へ連れ引き、藤左衛門これを斬る。千介若党にてはこれ無く、然れども刀をさして出奔す。藤入、余に語りて曰く「初め千介艶書をたびたび女《むすめ》に遣わしけれども返事せず。女もまた深く秘して他に言わず。頃日に及び〈予が心に随わずば、藤入様・藤左衛門様のお留守に家内などなで切りにせん〉と云う。ここにおいて女止むを得ず〈然らば我ばかりを殺すべし〉と云々。〈左あらば夜密かに出たまえ。外へ出て殺すべし〉と約束して立ち出づる。

尾頭《おとう》の辺にて女千介に謂《い》って云《いわ》く〈何ぞ早く殺さずや〉と、千介が云う〈上方へ行くべし〉と云々。女聞きて案に相違し、声を発し泣けるを、千介声高《こわだか》に小唄など歌いてこれを紛《まぎ》らすと云々。予思うに、この通りにて密通は無きようなれども、密通したること知るべからず。藤入は諱《いみ》て秘するか」（宝永四・八・二五）

藤入《とうにゅう》が文左衛門に語った話は、すべて本当なのだろうか。文左衛門も「密通は無かったようだが、本当のところは分からない」としている。仮に本当なら、千介は実に怪しからん男ということになる。しかし娘も〈私だけを殺して〉という覚悟があるのなら、すべてを家人《かじん》に話し、理不尽な脅しに報復することもできた筈だ。数えの一九と一四歳、幼い者同士の後先《あとさき》を考えない熱病だったような気もする。鑓持《やりもち》が「抜け参りなら誰も叱らないから、ひとまず帰って金子などを用意し、下女など連れて出直したら……」と説得するあたり、当時の人々の「抜け参り（おかげ参りとも、周期的に集団発生する伊勢参り）」への対応が窺《うかが》われて興味深い。このとき藤入はすでに七四歳で、娘は六〇歳のときの子になる。だからどうと言うわけではないが、この爺さん還暦を吹き飛ばすほどの元気があって、九一歳まで生きられたのだろう。当時としては、驚くべき長寿である。

尾張国内の地震被害

朝日文左衛門はお城へ駆けつけたものの、差し当たって命じられた仕事はなく、高岳院へもどってまた飲み直した。実際お城は多く被害を受けていたし、お城以外の各所でも大地震を思わせる現象が残されていた。彼自身それらを細かく『日記』に記している。順次見ていこう。

○御天守壁土《かべつち》処々落ち、出破風《でわふ》残らずくさびを引きちぎりて、あるいは一寸、二寸、三、四寸ほどずつ離る（落ち離るるは一つもなし）。楠の大土台西の方いざる。

○御具足多門北への折り廻し大いに傾き、御鑓《おやり》多聞も傾き、太鼓《たいこ》矢倉《ぐら》ならびに巽《たつみ》の角櫓《すみやぐら》夥《おびただ》しく壁落ちて壁下地《したじ》出づ。このほか所々の御多門御櫓など壁下地出で、および壁破れ、ひび破れ瓦落つる処おびただし。一一《いちいち》枚挙すべからざるなり。しかし石垣は一ヶ処も少しも損ぜざるなり。

石垣の東南隅の上に建てられた櫓辰巳《たつみ》（巽）櫓は、築城当時の原形を今に伝える「外面二層、内部三層」の隅櫓である。この白壁が剥がれ落ちたという。しかし石垣に全く損傷がなかったのは、流石である。

○榎御門の東の塀、皆倒る。ここにも御城代御足軽《おんあしがる》寝ずの番あり。

○お堀端の大地、駒寄せより四、五尺ほど置きて長く裂く。（幅一、二寸あるいは四、五寸）その深さ知るべからざるなり。

○先年「寛文二寅五月朔日《ついたち》の大地震」より、今度のは強くして長し。

寛文二年（一六六二）の大地震とは、同年五月一日（新暦の六月一六日）の午上刻《うまのじょうこく》（午前一時過ぎ）に起きた「寛文近江・若狭地震」を指す。この地震で琵琶湖西岸一帯は壊滅的な被害を蒙った。

『徳川実紀』は「この日大雨、地震（日記。玉露叢）」と記すだけだが、『玉露叢』の本文には

「志賀郡内榎《えのきむら》村で、家数五十軒余ある所にして、三百人余死す」「同町村《まちむら》という所にも家数五十軒余有り、ここにて三百人余有る人の内にて、三十七人残り、そのほかは死骸も見えず、家どもは皆々地の下になる……この所より割れ出て、谷へ崩れ落ちて谷をも埋め、かえって高き山となる……その下に死人を埋めけり」とある。

この地震を引き起こしたのは花折断層《はなおり》である。琵琶湖の西に南北に連なる比良《ひら》山地があり、その西の山麓に沿って北流する安曇川《あどがわ》の上流部が「花折断層」の位置にあたる。この断層の活動で引き起こされたのが近江・若狭地震で、その範囲は高島から大津・膳所、さらには京都にまで及んだという（寒川旭『地震の日本史』中公新書）。

つづいてお城以外の藩士の屋敷、市中社寺等の被害を記す。

○諸士屋敷の舍塀、十に七、八は皆崩れ倒る。予が屋敷舍塀多しといえども、一間も崩れず、幸いなり。近所にて面向きばかり舍塀崩るる処、神谷段之右衛門・岡本武左衛門・徳光九左衛門・本多六兵衛・一色伝右衛門・津田太郎右衛門・三浦十郎兵衛・荒川治部右衛門・松尾作右衛門・野呂瀬又右衛門・成田紋太夫・天野小麦右ら、一々これを数うるに遑あらず、広井辺別けて多し。

中級レベルの武家屋敷が軒を連ねる白壁町筋・主税町筋・撞木町筋では、軒並み屋敷塀が崩れたらしい。白壁町筋では三浦家の屋敷塀が、文左衛門と同じ主税町筋では西側へ二軒置いた岡本家の塀が、さらに坂下筋を越えて野呂瀬家・成田家の塀が崩壊した。南の撞木筋では津田家が、もう一つ南の片端筋では天野・神谷家の塀が壊れた。ところが「予が屋敷の塀は、ただの一間も崩れなかった」という。よかったという思いと、自慢がある。

○寺々の石塔多く倒れ、あるいは折れ砕く。善篤寺にて予先祖の石塔少しも損ぜず。間に倒れたるはあれども恙なきなり。高岳院にて予親類の石塔一も倒れず。

市中の寺々の石塔が倒れて、中には折れたものもあった。ところが朝日家の菩提寺である大須善篤寺《ぜんとくじ》の先祖の墓石は一つも倒れず、また高岳院にある母方渡辺家の墓石も倒れなかった。案外、不思議な思いに打たれたのかも知れない。御城下碁盤割《ごばんわり》の真ん中を南北に貫くのが「本町通《ほんまちどおり》」、東へ二つ目が「呉服町通」、二つの通りは大須まで伸びていて、前者が「門前《もんぜん》町通《ちょうどおり》」、後者が「裏門前町通」と呼ばれている。この二つの通りに挟まれて、万松寺通《ばんしょうじどおり》辺から南へ一五のお寺が二列に並んであった。その並びはじめが善篤寺と久宝寺で、東側の久宝寺は今も同じ位置にあるが、善篤寺は城山《しろやま》八幡宮（末盛城跡《すえもりじょうあと》）の近くへ引っ越してしまった（城山町一丁目）。一五寺のうち、いまも残っているのは、久宝寺のほか、金仙寺・功徳院・龍雲寺・安用寺・金香寺・来迎寺・首題寺の七ヵ寺である。

○御宮ならびに御仏殿および建中寺などの御霊屋《みたまや》などの石灯籠、皆倒る。

御宮《おみや》は家康を祀る東照宮の御宮のこと、元和五年（一六一九）、初代藩主義直《よしなお》が名古屋城三の丸にある天王社の西の地を卜《ぼく》し、東照宮社殿を造営して家康の神像を安置した。以後光友をはじめ歴代藩主が修復を重ね、明治に及んだが、明治八年（一八七五）、三の丸外《そと》の「明倫堂跡地」へ移され、現在に至っている。北は外堀通、西は長島町通、東は長者町通に面し、那古野神社と接している。

三の丸天王社は、古く延喜一一年（九一一）の鎮座と伝えられる。名古屋合戦（天文元年・一五三二、今川氏豊と織田信秀の戦い）で焼けたのち再建された。名古屋城築城のとき三の丸に昔からの天王社・若宮社が含まれたため、卜《ぼく》して移そうとしたが天王社は「不可」との託宣が出て、若宮八幡宮のほうが郭外へ移された。その後天王社の西隣に東照宮が建てられたが、明治以降は共に郭外へ移された。天王社は明治九年に須佐之男神社、同三二年に那古野神社と改称され、いま東照宮と仲良く並んで鎮座する。

仏殿とは、神となった家康公を除く歴代の将軍を祭る廟で、東照宮の西に順次建てられた。ちなみに台徳院殿（秀忠）御仏殿は寛永九年（一六三二）、大猷院殿（家光）御仏殿は慶安四年（一六五一）、厳有院殿（家綱）御仏殿は延宝八年（一六八〇）、常憲院殿（綱吉）御仏殿は宝永七年（一七一〇）、文昭院殿（家宣）御仏殿は正徳四年（一七一四）の建設である（『名古屋城年誌』）。宝永大地震のときに建っていたのは、四代将軍家綱までの御仏殿である。

徳興山建中寺（東区筒井町一丁目）は二代藩主光友が父義直の菩提を弔うため、慶安四年（一六五一）下総国結城《ゆうき》（茨城県）の弘経寺《ぐきょうじ》（関東十八檀林）住職成誉廓呑《せいよかくどん》を開山として招き、以後尾張徳川家の菩提寺となった。当時の境内は東西、南北とも約二二〇間（約四〇〇メートル）で、五万坪近くあった。現在は東区役所、あずま中学、東海中・高校に分割され、かなり狭くなっている。
○古田勝蔵並びの屋敷のうら地裂けて、泥水湧き出づ。あるいは地形五、六寸ずつ沈む。このほか水近き地は所々かくの如きなり。清水にて、観音堂の側らとまた東がわと家一九軒潰れる（家をならべたる内にかくの如きは、地形の悪しきゆえか。先年蓮池を粗木に埋めたる処かくの如きか）。

古田勝蔵は尾張藩家老竹腰《たけのこし》の家中で、勝蔵の妻の妹が文左衛門の再婚相手、名前を「りよ（宝永五年「すめ」に改名）」という。実際は大治《おおはる》村の農家の娘らしく、いったん勝蔵の妻の妹分とした上で文左衛門は妻に迎えた。勝蔵にはいろいろ世話になっていて、日記には「勝蔵、金十五両持参して貸せらる（宝永七・九・二七）」といった記事も見受けられる。

勝蔵の住まいは、いまの金城学院中学の西二〇〇メートルの位置にあって、白壁町三丁目の北端にあたり、おそらく台地の際《きわ》だろう。したがってその並びの北は台地の下になり、泥水が湧いたと思われる。「清水《しみず》にて」というのは、今も残る「清水一〜五丁目」を指すと思われるが、崖下には池もあり、埋立て地の上の家が、多く潰れたようだ。

○枇杷島東の大橋、中ほど四、五間柱沈む（六、七寸余）。法界門および新屋堤裂け崩れる。当分馬の往来これなし。海辺の堤、所により百間より二、三百間ほどずつ一続きに潰れ、泥水となる処多し。御領分中、破損および潰れる堤、通計五千間余。

美濃路《みのじ》の庄内川に架かる橋（枇杷島《びわじま》〜小田井《おたい》間）を枇杷島橋といい、元和《げんな》八年（一六二二の架橋とされる。

由緒書では、慶長一九年（一六一四）に家康が大坂冬の陣で庄内川を渡ったとき、御道奉行川野藤左衛門に架橋のことを云い残し、それが藩主義直に伝わったという。元禄三年（一六九〇）、橋の構造変更で、東大橋（六九間）・中島橋（一三間）・西小橋（二九間）という形式が固定したが、自然の中州を人工的に整備し、其処を中継地点として、東西二橋に分かれる形式である（総延長約二〇〇メートル）。その東大橋の中ほどが四、五間にわたり、二〇センチほど沈んだという。

こののち寛政八年（一七九六）に大橋が、同九年に小橋が総ヒノキ造りに改築され、『尾張名所図会』が描くような日本一美しい橋になった。橋守掃除《はしもりそうじ》は、架橋以来橋詰東西の三家が負い、給付もなされた。橋の管理は厳格で、荷物を積んだ車は橋の手前で荷を降ろし、空車にして渡ることが義務付けられ、橋掃除は朝夕の二回、雨降りの日に併せて月二度の水洗いも行われた。継ぎ目に砂がたまって腐るのを防ぐためである。これは明治六年まで続いたという。なお架橋のおかげで小田井村は交通の要衝となり、青物市場をはじめ、各種商業が発展することになった（『西枇杷島町史』昭和三九年）。

つづいて「法界門《ほっかいもん》および新屋堤《にいやづつみ》裂け崩れる」とあるが、いま県道一二六号が五条川を渡る橋に「法界門橋」の名が付されている。橋名の由来は、「往古甚目寺の法界門が建っていた故、というのが通説」（『甚目寺町史』昭和五〇年）とされている。確かにこの県道は、橋を渡ったあと名鉄津島線に沿って西へ伸び、そのまま甚目寺の東門に達している。法界門は「寺域を限る門」の意味で、近くに門があった筈だが、いまの橋は甚目寺から一・三キロという遠い距離にあり、そのまま甚目寺東域の「法界（限界）」とは考えにくい。甚目寺古絵図には現在の南大門より南に一門（南門）を描かれており、かつての甚目寺境内が現在よりずっと大きかったことは確かだが、それにしても遠すぎる。古絵図の一つに、東側に屈曲する川を描き、そこに橋が描かれている。屈曲する川は五条川を連想させ、ひょっとすると門がなくても「川を渡って甚目寺の法界に入る」という意味の橋名が、古くから伝わっていたのかも知れない。

一方の新屋川《にいやがわ》は現在の福田川のことで、現国道三〇二号の西側を南流する。したがって甚目寺を真ん中に置いて、「東を流れる五条川、西を流れる福田川の堤防が決壊した」という意味に取っておきたい。このほか新田開発のため海辺の浜沿いに築いた堤防が決壊したことを記している。

○名古屋中にて地震にて疵《きず》を蒙る者一人もなし。いわんや死する者をや。ただし臨産などの病人を介抱せずして死する者は間々あり。そのほか尾《び》の御領分中にて、地震にて死する者、いまだこれを聞かず。幸いのまた幸いなり。
○竹腰山城守衆橋爪八右衛門内儀、踏み石にて頰を強く破る。然れども癒ゆ。
○未の刻、大地震以後暮れまでの間、大ゆりは無けれども、地震する事甚だたびたびなり。

○同夜、予家内寝ざるなり。予大方算《かぞ》うるに、少しずつのともに暁まで六十度の余なり。その内いこう強きはなし。あるいは鳴りて揺《ゆ》るあり。鳴らずしてゆるあり、また鳴りてゆらざるあり。合壁《がっぺき》近隣などいずれも寝ず。あるいは藪の辺へ縁取《ふちとり》を敷きて、外に宿かる者世上に多くあり。

同じ規模の地震がいま起きれば、確実に死傷者が出ただろう。江戸時代とは建造物の種類や構造が異なる。日記が記すように名古屋全域で死傷者がゼロだったとは言い切れないが、少なくとも文左衛門の耳に入ってこなかった。しかしさすがに同夜は、まんじりともせず夜を明かすことになる。眠れぬまま余震の回数を数えたら、六〇余回あったという。羊の数とは違い、これでは眠れない。

○熱田海など、甚だ潮高く進退常ならず。新屋川などまで潮来たる。

○熱田社内無事なり。但し佐久間大膳大夫建てる所の大石灯籠西へ倒る（寛文寅には倒れず）。

○地震の上に熱田にて津浪来たるとて、諸人大いに驚き騒ぐ。この時頭人の祢宜《ねぎ》一人神前にありしが、大麻《たいま》を持ち行きて海辺へ出て観念し、大麻一をば手に奉《ささ》げて、一つは海へ抛《な》げ入れたるに、蕩蕩《とうとう》たる高浪一の杭《くい》まで来たりしが、忽ち二つに割れてその中より火の玉三つ飛びて天へ上る。浪は智多の方へ横ぎれ行く。熱田へは少しも来たらず（見たる者多くあり）。

いま「熱田の海」という言い方はしないし、熱田を直接海と結びつける発想もないだろう。当時は東海道の往来に「七里の渡し」があって、江戸時代ならではの表現である。つづいて新屋川《にいや》（福田川）へ、潮が上ったことを記している。福田川は河口近くで日光川と交わる位置にあり、熱田からは遠い。したがって「熱田の海」という言い方は、いまの「伊勢湾」という表現に近かったのかも知れない。

草薙剣《くさなぎのつるぎ》を祭る熱田社は、伊勢神宮に次ぐ大社である。明治初年に神宮号が宣下されるまでは、「熱田神社」または「熱田社」と称した。代々尾張国造家の尾張氏が宮司を務めたが、後世その外孫筋にあたる大宮司《だいぐうじ》藤原季範《すえのり》（源頼朝の母方の家）の子孫が、宮司職《しき》を世襲した。その熱田社は、宝永大地震を無事乗り切ったが、巨大な佐久間灯籠だけは転倒したという。この佐久間灯籠については「御器所」の項を参照されたい。

最後の熱田社の神官が、大麻札を海に投げ入れて高浪を鎮めた奇跡については、わざわざ「見たる者多くあり」と注記しているのが可笑しい。偶々潮が引くところに合せた行為だったのだろう。場所はいまの七里の渡し公園辺りだろうか。

○熱田御殿の長屋潰る。

○同所不動院の瓦塀など落つ。ならびに屋上の宝形地に落つ。

熱田御殿の次に、同所不動院とある。後者は「熱田神宮寺」境内の不動院を指すが、その前の熱田御殿が「熱田社」にかかわる建物か、それとも「東浜御殿」「西浜御殿」を指すのか聊か迷ったが、熱田で「御殿」と言えばおそらく後者と考え、話を進める。

東浜御殿は寛永一一年（一六三四）、熱田神戸町《ごうど》（熱田社の南）の前の海辺を四角く埋め立て、その出島に壮大な御殿を造り上げたものである。初代藩主義直が三代将軍家光上洛の折に、ここで宿泊してもらうため建設したという。しかし家光は名古屋城本丸御殿に宿泊したため空振りに終わったが、帰路はここを利用して何とか面目は立ったらしい。東西六二間、南北五六間というからおよそ一〇〇メートル四方、その西南隅に桑名楼、東南隅には寝覚楼と呼ばれる小天守のような隅櫓《すみやぐら》を備え、広大な庭園に囲まれる御殿だったという。

西浜御殿は、熱田社正門に通じる市場町通りを軸線とし、東浜御殿とは対照の位置に造られた。こちらは陸上に在り、別名「西お茶屋」、承応三年（一六五四）に三代藩主光友が営んだ。東西三六間、南北三三間というから、凡そ六〇メートル四方、熱田奉行所役宅の南側地続きに位置する。所縁《ゆかり》の大名家や公家、高級官吏の往来時に接待するための館。明治六年に施設が売却され、御殿の門は春日井郡の丹羽家の表門として長く使用されていたが、のち春日井市へ寄付され、いまは市の中央公民館入口付近に移築保存されている。筆者はその一隅に長く勤めていて、四季折々の樹々に彩られた高麗門が、記憶に残っている。
○津島にて、家百軒余潰れる。天王橋半ばねじれる。
○智多辺高浪にて家潰れる処多し。大野村別して浪来たり、家潰れる事七、八十軒ばかり。海へ家を取り行くこと二つ。常滑村にては、壺を焼く竈潰れ、かつ竈焼きの薪に五十両余の松葉を調え置きしが、皆浪に没す。
○このほか在々所々の破損ならびに地裂け堤などの裂けかつ潰れる事、数うるに遑《いとま》あらず焉。(宝永四・一〇・四)
津島といえば天王社、天王祭りが連想される。一二世紀ごろまでは津嶋社と呼ばれたが、その後明治元年の神仏分離までは、津島牛頭《ごず》天王、あるいは単に牛頭天王、天王と呼ばれた。信長以前から織田家との関係が深く、その庇護を受けていた。いま津島駅前の天王通りは、そのまま津島神社の東門に通じるが、一本南の佐屋街道(名古屋津島線・六八号線)は、天王川公園の池の北側を回り込んで、津島神社の参道に至る。天王川公園の大半を占める池の北側土手には、かつて天王橋が架かっていた。土手で流れが閉じられる以前は、河流があったわけで、これを天王川とか津島川と呼んでいた。流れを堰き止めた理由は、旧木曽川河口からの逆潮《ぎゃくちょう》により、天王川上流(足立川)で氾濫が繰り返されたためだ。天明五年(一七八五)足立川の水を日光川へ導いて、天王川を廃川とし、天王橋の位置に土手を築いた。それでも下流は佐屋川に通じていたが、明治三二年に佐屋川も閉じられ、天王川は大きな池として取り残された。いま往時の河川名が、わずかに「公園名」として伝えられている。

元禄から宝永・正徳年の頃は、むろん天王川が流れていて、北土手の位置に天王橋が架かっていた。朝日文左衛門も津島天王祭りに出かけ折のことを、次のように書き留めている。
○天王橋の辺にて見物す。暮れより試楽《しがく》船五艘来たり。橋の辺、御代官ら居《お》り候《そうろう》前の岸、岐《えなみち》のところまで来たりて、各三べんずつ楽を調して帰る」（正徳二・六・一四）試楽船とあるから、前夜の宵《よい》祭りの光景である。文左衛門たちは天王橋の近くで祭り見物をしていた。その天王橋の半ばが、今回の地震で捩《ね》じれたという。

知多半島も津波に襲われ、とくに大野村の被害が大きかった。大野はいま常滑市の北端に位置し、隣接する知多市の新舞子《しんまいこ》に近い。どちらも昔から海水浴場として知られ、とくに大野は日本の海水浴「発祥の地」として有名である。『尾張名所図会』に「暑気のころは、遠近の諸人、この海浜に出でて潮水に浴し……あらゆる諸病を治す。これを世に大野の塩湯治《しおとうじ》という」とある。

畔柳昭雄《くろやなぎあきお》氏の『海水浴と日本人』（中央公論新社）に「大野浦の汐湯治の歴史は古く、和歌所寄人《よりうど》・鴨長明《かものちょうめい》が伊勢から訪れて、汐湯治で海水を浴び、〈生魚の　御あへもきよし　酒もよし　大野のゆあみ　日数かさねむ〉と詠んでいる……仙台藩の林子平《はやししへい》は、大野浦の海岸にある海音寺に泊まり、汐湯治をした後で『海国兵談』の草稿をこの地でまとめた」と紹介されている。

日記には、大野を襲った津波で七、八〇軒が流され、あとで波間に漂う家を二軒ばかり取りに行ったとある。悲惨ななかに何か可笑しさがある。この大野の南に位置するのが常滑村《とこなめ》で、すでに平安後期からの古窯跡群がみられ、中世に甕や壺を主体とした「常滑焼」が確立された。近世には一つの窯での大量生産が可能になり、窯数も一〇基前後に一定し、大型の甕や土管を焼成して、東海から関西方面へ流通した。この窯元の窯が潰れ、おまけに三河や熊野から買い集めた松材が津波に流されたという。何世紀にも亘って窯の焼成が行われたため周辺の山は禿山が多く、松材などの燃料を各地から調達したのである。

この地震（宝永四年〈一七〇七〉の大地震）は、名古屋を含め伊豆から四国にいたる広い範囲の揺れであった。いまならさしずめ、「東海・東南海・南海沖」同時地震といった名で呼ばれるだろう。富士山噴火の四九日前であり、地震が火山活動へ影響したと考えられる。被害の及んだ地域について参考になる資料は、この『鸚鵡籠中記』のほかに柳沢吉保《やなぎさわよしやす》の実録『楽只堂年録《らくしどうねんろく》』があり、これには各地の藩主・旗本・代官から提出された被害報告が、逐一記録されている。

たとえば伊豆では津波に襲われ一〇〇〇軒近い家と二〇〇艘以上の漁船が被害を受け、同様に甲斐国では六〇〇〇軒が潰《つぶ》れ、大坂では二六〇人の死者、土佐では一五七〇余人の死者に加え流失・潰れ家《や》一万三〇〇〇戸が記され、被害は西国が断然大きい。

地震の発生した時刻

ただし火災は少なく、その理由として「地震の発生が午後二時過ぎという真昼間だった」ことが挙げられている（芥子川律治『前掲書』）。昼間なのは間違いないが、旧暦一〇月四日の「未《ひつじ》の一点《いってん》」を新暦一〇月二八日の「午後二時過ぎ」とするのは正しいだろうか。検証してみよう。

定時法（現代と同じ年中不変の時計の時制）で「午《うま》の刻《とき》」は、午前一一時から午後一時までの二時間をいい、その真ん中が「正刻《せいこく》の午《うま》」つまり「正午《しょうご》」で一二時を指す。その次の刻が「未《ひつじ》の刻《とき》」で、午後一時から三時までの幅があり、ふつうは「上刻《じょうこく》（未の刻《とき》に入ってスグ）」「中刻《ちゅうこく》（真ん中の午後二時、未の刻《こく》に同じ）」「下刻《げこく》（三時近く）」に分けて呼ぶ。この上・中・下は「二時間の三等分」ではなく、かなり感覚的な表現なため、別に「二時間を一〇等分」し、一点から九点までを付して呼ぶ方法をとっている（本来「点」は夜間の区分法だが、日記は昼間にも適用）。一点は一二分間になるが、時計を見ているわけではないから、やはり「およそ」の見当である。仮に定時法にもとづき、鐘を初刻《しょこく》（未刻に入った瞬間）に打ったとすれば、それから間もなく地震が起きた筈で、「午後一時過ぎ、地震発生」としてよいだろう。

次に庶民の多くが用いた不定時法（夏は昼の一刻が四〇分ほど長く夜は短い、冬は逆）の場合はどうか。

一〇月の末は昼の時間がすでに短くなり始めており、「正午」と「暮れ六つ」が定時法の正午・六時よりそれぞれ二〇分早まっている。したがって「午刻《うまどき》」から「未刻《ひつじどき》」にさしかかるのが一二時四〇頃になり、「未刻に入ってスグ」の「未の一点」は、午後一時前後となる。定時・不定時のズレが二〇分程度であれば、ともに「午後一時頃地震発生」として大過ない。ただしこれが真冬や真夏の場合は、定時法か不定時法かで一時間前後の違いが生じるから、要注意である。

※「刻」の字を用いてルビがない場合、「子の刻」は「ねのとき」とも「ねのこく」とも読める。「とき」と読めば午後一一時から零時を挟んで午前一時までの二時間を指し、「こく」と読めば午前零時を指す。江戸時代の「いっとき（一時）」は二時間だからである。「子の時」「子の刻」と用字で使い分けてくれれば良いが、大概は「刻」を両様に用いていて、読み手が判断するほかはない。

さて、文左衛門の日記では地震発生を「未の一点」としていたが、他の文献でどのように表現されているか、見てみよう。

『楽只堂《らくしどう》年録』が載せる各地の地震発生時刻を整理してみると、「未《ひつじ》の刻《しき》」16例、「未の上《じょう》刻《こく》」15例、「未の中刻」2例、「午《うま》の下《げ》刻《こく》」12例、「八《や》つ（未）刻《どき》」4例、「昼過ぎ」2例、「九つ（午）刻」1例、「九つ半刻より八つ刻」1例、「未の后刻」1例となり、公式報告のためか定時法の表現が多く、「午の下刻から未の上刻」に集約されそうだ。要するに「午後一時頃」なのである。

では芥子川氏のいう「午後二時」説はまったくの見当違いかというと、そうとも言い切れない。これが「江戸時代の刻《とき》」のややこしいところで、不定時法では一時間遅れの時制を用いていた可能性があるからだ。つまり「未《ひつじ》の中刻（正刻）」に鐘が打たれたとき、それを聞く人が「未の刻入り」と理解していれば、「未の一点」は午後二時頃になるだろう。ただし他の資料でも「未の上刻」という定時法表現が見られるから、ここでは「午後一時過ぎ」でよいと思う。

午後一時では昼飯時《ひるめしどき》にちかくなり、炊事の火とのかかわりが出てくる。江戸のはじめ頃まで、食事は朝・晩の二回が普通だったが、元禄の頃からは昼食が加わり今と同じ一日三食になった。しかしコックをひねればガスの出る現代と違い、毎回種火から熾《おこ》し薪《まき》で炊《た》く時代である。庶民の家庭で飯を炊くのは朝一度だけで（上方は昼一度らしい）、昼は朝の残りご飯に味噌汁をぶっかけ、夜も冷や飯を湯漬けにすることが多かったという。これが冬季なら、白湯《さゆ》の一杯も欲しくなり火を用いるところだが、さいわいまだ一〇月中のこと、いろいろな条件が重なって火災の発生に至らなかったものと思う。

富士山噴火

富士山から煙が立ち上っている光景は、見たことがないだけに、なかなか想像しにくい。「富士山火山活動年表図」（都司嘉宣《つじよしのぶ》『富士山の噴火』）によると、有史以来半ば近くは、噴煙が上っていたようだ。この先、煙が立ち上る景色を見ないで寿命が尽きれば、それに越したことはない。記録に残る富士山の大噴火は延暦一九年（八〇〇）三月、貞観六年（八六四）五月、永保三年（一〇八三）三月、そして宝永四年（一七〇七）一一月の四回ある。

宝永の大地震から四九日後にあたる一一月二三日の午前一〇時過ぎに、富士山が爆発的に大噴火した。山頂（三七七六メートル）から東南斜面を標高で千メートルほど下った六合目付近が新しい「宝永噴火口」で、火口の規模一キロメートル立方、つまり「辺長一キロメートルの山腹土砂の「塊《かたまり》」が吹き飛んだわけである。一〇億立方メートルあり、これは東京ドームの八〇〇個分にあたる。

朝日文左衛門が住む名古屋から富士山までは直線距離で約一七〇キロ、江戸時代はいまより遥かに空気が澄んでいたから、尾張国でも条件の良い場所から富士山を望むことができただろう。名古屋の城下町からはどうか。東別院の北東にいまも「富士見町」がある。江戸時代には「富士見原《ふじみばら》」と呼ばれた処、北斎の「富嶽三十六景」に、丸い巨大な桶枠《おけわく》を通し遥か遠方に豆粒ぐらいの富士を描いた「尾州不二見原（桶屋富士）」がある。世界的にも知られた版画だ。

『尾張名所図会』に、『富士見原《ふじみばら》　前津中の切の東の家つづき、東懸所《ひがしかけしょ》（東別院）の東北の方やや高き所にして、ここより東の方を見渡せば、猿投山《さなげやま》・大草山の間に富士山かすかに見ゆる故《ゆえ》、むかしよりここを富士見原と呼びならわせり」とあり、北斎の版画とともに「富士見原は富士が見える場所」としている。さて本当に見えたのか。

普段はなかなか見分けにくいとしても、富士山が噴火したときに空を覆う黒煙が望めたとか、夜には空が赤黒く見えたとか、そんな記事があってもよいと思い『鸚鵡籠中記』を探したところ、幾つか見つかった。

○尾州名古屋にても、鍛冶屋《かぢや》町の下などにては、富士の焼ける煙よく見ゆ。寅刻《とらのこく》より卯の刻まで火気能く見ゆ。朝の内は煙、黒雲のごとく見ゆ（昼の内も時により見ゆ）。予が辺にては、日の出前に夥しく黒雲大磐石の重りたるが如く、立ち雲あり。端々《はしばし》日の映するにや、頳《てい》（黄色がかった赤）のごとし。真東に見え、次第に少しずつ北の方へ寄ると。これすなわち、富士の煙なり。其の外所々にて見ゆる。世俗、立ち雲と号す。毎朝見ゆ（ただし曇りは見えず）。（宝永四・一一・二七）

○予が伯父広瀬半右衛門、野崎村にあり。富士の焼けるを夜々見る。火光《かこう》の内に、或いは火の玉飛揚することを見ると云々。（宝永四・一一・二七）

鍛冶屋町の下とは鍛冶屋町筋の南方、矢場地蔵（清浄寺）あたりを指す。予が辺とは、朝日家のある主税町筋を指す。ともに噴煙が望め、横に広がるより立ち雲のように見えるという。富士の煙が「はじめ真東に見える」とあり、いま日本地図で確かめると位置的にはぴったり合う。

予が伯父広瀬半右衛門とあるが、『士林泝洄』で調べる限り、朝日家および母方の渡辺家系図に該当する人物は記載されていない。しかし娘「あぐり」と水野権兵衛の息「久治郎」の婚儀に際し交わした「親類書き」をみると「伯父／源右衛門の弟、浪人／広瀬半右衛門」とある。彼以外にも「伯父／浪人、北方村に居住／篠岡平兵衛」（ともに宝永六・六・三）とある。そこで『士林泝洄』の凡例を調べると「世家ノ支流ト雖モ、士林ノ列ニ入ラズバ、之ヲ載セズ」とある。浪人は載せずということであろうか。ともかく名古屋を離れ、野崎村に住んでいる伯父は実在する。なお野崎村は、朝日家・渡辺家の家禄が割当てられて稲沢にある領地である。この野崎村での目撃例のほか、噴火から一〇日後、天野信景《さだかげ》が目にした次の一文がある。

○一二月三日　午刻《うまのこく》、黒雲一筋　坤《ひつじざる》（南西）より艮《うしとら》（北東）に至りて、橋を渡すが如くになびきたり。

噴火の煙だけなら、城の東の文左衛門の屋敷からでも確認できた。さて南の富士見原まで下れば、本当に富士山が望めたのであろうか。結果は、ご面倒でもコラムを参照いただきたい。

◆コラム　富士見原から富士山は見えたのか

「見えた」「いや見えなかった」という論争は、江戸時代からずっと続いている。今の中区富士見町、上前津の少し南辺をいつ頃から「富士見原」と呼ぶようになったのか。

『尾張名陽図会』（猿猴庵高力種信）に「富士見原は広いけれど、格別富士山が良く見えるのは卯《う》の花の大木から下へ二、三丁の間で、一宮の神官清田（真清田《ますみだ》・佐分《さぶり》？）氏の随筆には〈足利氏の頃より富士見原と呼び始めた〉とある」と書かれている。「卯の花」は垣根に植える低木「空木《うつぎ》」のことで、その大木と言われてもピンと来ないが、当時よほど有名だったのか、たくさんに枝分かれした三メートル余の「卯の花」を、一人の女性がしゃがんで眺めている図が描かれ、その上には遠眼鏡で富士山？を眺める男たちの絵が載っている。この「空木」の大木で思い出したのが、近くの新堀川に架かる宇津木橋で、記念橋より一つ南（下流）である。橋の道筋を宇津木橋通《どおり》と言い、ひょっとすると西の坂を上がった辺りに、「空木」が有ったのかも知れない。明治はじめの地図では、この坂を「ウツ木ノ坂」としており、上り詰めた左手に横井也有の「知雨亭《ちうてい》」が示されている（『前津旧事誌』折込地図）。区画整理を経た今は、下前津交差点北西角の位置にあたる。

『尾張名所図会』（岡田啓ら著・小田切春江画）には「東別院の北東から東を見渡せば、猿投《さなげ》山《やま》・大草山《おおくさやま》の間にかすかに富士山がみえるので、昔からここを富士見原《ふじみばら》と呼んでいる。またこの辺りに横井也有《よこいやゆう》の別荘知雨亭《ちうてい》がある」と記している。両『図会』とも、「ここから富士山が見える」ことを前提としている。

その知雨亭主人の横井也有は、言うまでもなく「富士山が見える」派の巨頭で、「十月のよく晴れた日は富士山の頂が見えることもある。かつて疑う人もいたが、宝永の富士山噴火の時、はっきり決着がついたと昔の人は言っている」（『後鶉衣』上「七景記」中、東嶺ノ弧月）と述べている。

ところが藩の官撰地誌『尾張志』（深田正韶・中尾義稲・岡田啓ら）には「東別院の北東の小高い所から東を眺めると春日井郡の大草山の南、三河の猿投山の北、両山の間にかすかに富士の頂が見える。それで享保《きょうほう》の頃には茶屋（酔雪楼など）も出来て富士見原《ふじみばら》と呼び、横井也《や》有《ゆう》も別荘を構え、詩や歌に富士を詠んでいるが、あれは富士山ではない。富士山

富士見原から見た富士山の絵　　名古屋市鶴舞中央図書館蔵

のある駿河国は南へ出張《でば》った国であり、尾張なら知多郡の南、伊勢国なら白子《しろこ》浜まで下らなくては富士山は見えない。それより一五、六里も北に位置する前津から見えるとするなら、それは甲斐国の北、信濃国との国境辺りに鋭く聳える雪を湛えた山だろう」と理を尽くして、全面否定している。

かつて前津に住み、著名な画家にして郷土史研究家でもあった山田秋衛《しゅうえい》氏は、その著『前津旧事誌』（昭和一〇年・曾保津之舎）の中でこうした賛否諸説を紹介しながら、最後に一枚の写真を掲げる。図画名は「菡萏園《かんたんえん》（「蓮の咲く苑」の意）畫冊《がさつ》」の一枚で、画集は「原画を高力猿猴庵《こうりきえんこうあん》が描き、これを小田切《おだぎり》春江《しゅんこう》が写した。いまは秩本《ちつぼん》となり市立図書館が所蔵」とある。そして「ここに掲げる（図画）写真によれば、画人の目にはいずれも不二の姿を映じて共に猿投山の北方に、極めて小さく倒扇《とうせん》の山形を描き出せり」と記されている。要するに「私（秋衛）は、高名な二人の画家の目を信じる」というわけだ。

その肝心の掲載画だが、昭和の初めの印刷技術のため目が荒く、富士山の姿どころか前景の山々もただ黒く塗りつぶされただけで、これなら載っていない方が想像できるだけマシだ。そこで市立図書館（現、鶴舞中央図書館）所蔵とあるのを手掛かりに、模写本を探すことにした。同館で司書の方の手を煩わせ、それでも三〇分かからず、見つけ出してくれた。見ればなんと美しい画集ではないか。富士見原からの眺望をパノラマ式に連続して何枚も描き、例の猿投山の一枚には遠望ながらくっきりと富士山が描かれていて、山田秋衛氏が信じられたのも無理からぬ話である。コピーはだめだが写真を撮ってよいとのことで、何枚か撮らせていただいた。いま平成の印刷技術を信じた上で、図書館の許可を取りここに掲載させていただく。

名古屋に限らず古来富士山が見える、見えないの話は全国的に広く分布している。最近は写真による証拠が求められ、かなり整理されてきたようだが、愛知県内からの眺望の可否は、かつて『尾張志』が指摘したとおり、知多半島南部か渥美半島、あるいは豊橋市街地の北部まで南下しなければ無理らしい。名古屋市内はテレビ塔からでも無理、名古屋駅前タワービルからでもダメである。また三重県の沿岸部は鈴鹿市までトる必要がある。

見える、見えない論争に科学的な判定を下したのは、名古屋地方気象台である。すでに四〇年ほど前になるが、朝日新聞は「不二見原から富士山見えぬ／レーダーが確認／見えたのは南アルプス?」の見出しで、この件を報じている。気象台の四〇〇キロ範囲を観測できるレーダーで、繰り返し富士山方向を照射したが、どうしても捉えることができない。そこで精密なレーダー図を作成し、間にある南アルプス山頂を結ぶと、富士山の高さが四五〇〇メートルなければ捉えられないことが明らかになった。あと八〇〇メートル足りない(一九七六年三月一六日付本社夕刊)。ここに論争は、科学的に決着をみた。では昔から見える人には見えた「富士山」とは、一体何だったのか。同記事は南アルプス連山の一つではないか、としているが、いまや「幻となった富士山」の正体は、一体「何岳」だったのか。

『名古屋からの山なみ』(中日新聞本社・一九九一年)で安藤忠夫氏は、名古屋市内各所から富士山が見える条件(高度)を記された上で、「市内の現在位置の高さからは、いずれも富士山は見えない」とする結論を出されているが、富士見原から見えた山については、とくに検討されていない。

一方、安井純子氏は『岳人』五六三号（一九九四年五月号）に「まぼろしの富士山を検証する」の一文を寄せられ、江戸時代以来の富士山論争の経緯をまとめられた上で、まぼろしの富士について「富士見原からの富士山は、南アルプスの〈聖岳《ひじりだけ》〉であった」と述べられている。ヒントになったのは『名古屋からの山なみ』で、カラー頁に「茶臼山から南アルプス遠望」と題する写真があり、そこに雪を頂いた聖岳・兎岳・大沢岳・赤石岳といった三〇〇〇メートル級の山々が連なっている。茶臼山が名古屋から眺めた時の同方向に当ることから、そのうちのどれかが該当すると見当を付け、富士見原と猿投山の左を結び、その延長線上に聖岳の来ることを確かめられた。

名古屋には中区前津の「富士見町」のほかに、千種区の平和公園北に「富士見台」がある。この町は鍋屋上野町の一部を割いて昭和三五年に成立しており、命名の由来は「富士山が見えたらいいな、という夢を込めてつけられた」という説と、「冬晴れの日に、実際に富士が見えた」という二説があるそうだが（『なごやの町名』名古屋市）、むろん後者の説は成り立たない。

＊　＊　＊

話を「富士山の噴火」に戻そう。

噴火を伝える幕府編さんの史書『徳川実紀』の記述は、相変わらず素っ気ない。

○十一月廿三日　けさ未明より府内震動おびただし。はたして駿河の富十山の東偏、火もえ出し、砂灰吹き出し、近国の田圃みな埋没せしとぞ聞こえし。よて護持院に仰せて千手法を修せしめらる。（『常憲院殿御実記巻五六』宝永四・一一・二三）

○廿五日　今日も地震しばしばなり。富士山の砂灰田圃を埋没せる由聞こえければ、徒目付を巡察につかわさる。（同宝永四・一一・二五）

○廿六日　富士山焼けにより、久能山に駅書を馳せて御宮の安否を問わせ給う。

（同宝永四・一一・二六）

○廿七日　今朝より震動静まりしをもて、護持院に唐緋十五巻給う。

（同宝永四・一一・二七）

噴火の当日、つまり「宝永四年一一月二三日」の未明、富士山の東麓（駿河側）が噴火したことを伝える。しかしその後につづく関連記事は少ない。噴火の灰で、近国の田圃が埋没したことを二度にわたって記し、久能山東照宮に安否確認の使いを送ったことを記すが、それ以外のことは、何も触れていない。さらに地震の収まったのは、護持院の千手法祈祷のおかげとばかりに、護持僧隆光に舶来の絹布を贈っている。千手法とは千手観音の功徳を説く千手《せんじゅ》陀羅尼《だらに》（千手経）のことだろう。密教でしばしば読誦《どくじゅ》される経である。

護持院はその前身が、真言宗の筑波山中禅寺知足院《ちそくいん》（現、茨城県つくば市）の江戸別院で、当初は紺屋《こんや》町に在ったが天和三年（一六八三）に湯島切通《ゆしまきりどおし》に移された。長らく将軍家祈祷寺としての役割を担っていたが、住持亮賢《りょうけん》のとき綱吉誕生の祈祷をして効験《こうげん》があり、以後桂昌院の寵遇を受けた。綱吉は将軍就任翌年の天和元年（一六八一）、高田薬園《たかだやくえん》の地を与え亮賢に護国寺（護持院とは別。現、文京区大塚）を創建させている。

一方、貞享三年（一六八六）に大和長谷寺《やまとはせでら》から知足院に入った隆光《りゅうこう》は、亮賢以上に綱吉の信任が厚く、元禄元年には御城の北堀端（現、千代田区神田錦町二丁目辺）に広大な土地を貰い、湯島切通の知足院をここへ移した。元禄八年知足院に綱吉を迎えたとき、隆光は大僧正に上《のぼ》せられ、知足院に新たに「護持院」の称号が与えられた。以後護持院は真言宗新義派本山の大和長谷寺（豊山派）、京都智積院《ちしゃくいん》（智山派）を抑え第一位になったが、綱吉没後はさすがに隆光の威光も衰え、両派が交代で護持院住持に就いた。享保二年、護寺院が類焼で焼失した後は、同地に再建することが許されず護国寺に同居、本坊が護持院、観音堂が護国寺となって住持は護持院が兼帯した。明治以降は護持院が廃され、護国寺のみの存続となって、今に続いている。

○二十三日　晴れ。戌半《いぬはん》大いに鳴る。夜少し揺《ゆす》る。雷遠く聞こゆという。能瀬《のせ》甚右にて夕飯に新蕎麦切り鴨などこれあり。徳光・雲平・勘右・宗左相役なり。暮前に帰る。

○日門様（日光門跡）鳴海お泊り。

能瀬《のせ》家は代々勘右衛門を名乗り、渡辺半蔵組同心で一一〇石取り、甚右衛門は勘右衛門の弟だが、三代藩主綱誠《つななり》の正室新君《にいぎみ》（瑩珠院《えいじゅいん》）付きとして採用、元禄五年新君没後は小普請組入りしていた。能瀬の屋敷は、朝日家前の主税《ちから》筋を七軒ほど東へ行った向かい側にあるが、嫡家に甚右が同居していたかどうか分からない。ただし兄は二〇年前に亡くなり甥の信政が継いでいるので、同居の可能性はある。ここに数人が集まり、そば切、鴨を肴として、酒を酌み交わしていたのであろう。

徳光《とくみつ》家は代々弥兵衛を名乗り、文左衛門と同じ城代組一〇〇石の家柄、清定《きよさだ》が五年前の元禄一四年に亡くなっており、このときは子の清規《きよのり》の代になっている。次に雲平とあるのは石川雲平のこと。

石川家は代々藤太夫を名乗り、竹腰家に仕える陪臣、雲平の養父小右衛門康政は次男に生まれ、光友の御書院番を皮切りに同小頭《こがしら》、のちに三〇〇石の足軽頭に出世している。雲平はその名跡を享保一五年に継ぐことになるが、日記の時点ではまだ仕官していない。勘右・宗左は未詳。彼らが集まって一杯やったが、暮れ六つ前にはそれぞれ帰宅している。この時点では富士山噴火の事は知らない。最近は揺れだけでなく、地鳴りが多いことも話題にはなっていただろう。

○小田原に今夜佐藤善次右衛門宿す。終夜雷（この雷というは鳴動なるべし、実の雷にはあらじ）。強くかつ地の動くことやまず。富士と足高（愛鷹）山の間、十間余り燃え、炎の登る事二丈ばかり、石の焼けて飛び散る事甚だしと。上着して咄なり。予、若林元右に直にこれを聞く。

佐藤善次右衛門は尾張藩士と思われるが『士林泝洄』に載らず不詳。偶々《たまたま》江戸へ下向の途中、小田原で宿し、富士山の噴火に遭遇したらしい。地震と鳴動が夜通し止まず、次の日に富士山と前山の愛鷹山《あしたかやま》の間から火柱が上るのを見た。佐藤が江戸に着いてからの話を若林元右衛門が聞いて、文左衛門に直《じ》かに話してくれたのだという。しかし若林元右衛門は文左衛門と同じ一〇〇石の城代組だから、江戸へ出かけてはいない筈、では元右は誰から聞いたのであろう。名古屋に戻って来た佐藤から聞いたのか、それとも元右の従兄の尚清が六〇〇石の御家老並とあるから（『士林泝洄』家譜）、そちらからの情報なのかも知れない。

○松平大膳大夫飛脚三郎左衛門、今月二十七日の朝熱田の咄しにいう、「二十三日昼過ぎ、江戸近辺黒雲覆い、闇のごとし。しかして灰砂降る。二十四日未の上刻小田原へ参り候処、富士山焼けて五、六匁より十匁までの小石降る。黒雲覆い道筋見え申さず候。往還通路これなきゆえ、かの地にて逗留いたし、本陣より通路これなき手形取り、国元へ参り候。二十五日、平塚にて承り候えば、戸塚・梅沢まで二十四日同様と。三嶋・沼津・原・吉原辺いまだ毎日よほど地震仕り、所の者どもいずれも脇へ立ち退き申し候由。（宝永四・一一・二三）

松平大膳大夫は「松平」とあるため徳川家御一門のように思われるが、外様の雄、長州藩毛利家のことである。『徳川実紀』に次のような記事がある。

○一一月一九日　松平大膳大夫吉廣卒せしかば、奏者番三浦壱岐守明敬御使し、香銀三百枚給う。
○同月廿三日　長門国萩城主松平大膳大夫吉廣、支封毛利甲斐守綱元が長子右京大夫元《もと》倚《より》を世継ぎとせん事。没前に請い置きしままにゆるされ、遺領長門周防両国三十六万九千石余を継がしめらる。……吉廣はこの十月十三日三十五歳にて卒したるなり。
長州三七万石四代藩主の毛利吉廣が世継ぎの正式認可がないままに、一一月一九日に三五歳の若さで亡くなった。実際の経緯は分からないが、病床で支藩の綱吉（長門府中五万石三代藩主）の長子元倚《もとより》を後継に指名し、「没前に請い置きしままにゆるされ」て、五代藩主吉元として就任した。いわゆる末期養子であり、むかしならお家取り潰しになるところであった。尾張藩も支藩高須家を設けたが、こういうときのためである。

したがって松平大膳の飛脚云々は、偶然のことではなく、御家一大事のときに当り、頻繁に行き来していたのであろう。むろん町飛脚ではなく大名飛脚で、足軽・中間などがその任にあたった。三郎左衛門というのも、名前からしてその一人と思われる。

廿三日の江戸は、黒煙に覆われ昼過ぎから灰が降った。そんな中を出立し廿四日の午後小田原に着いたが、噴火の小石が降り注ぎ真っ暗で道筋もよく見えない。致し方なく逗留し、予定を変更して本陣で新しい手形を貰い「国元」へ行くことにしたとある。この国元というのがよく分からない。ふつうは出先の江戸に対して本国を指すのだが、翌廿五日は平塚まで戻ってそこからの情報として「戸塚・梅沢まで昨廿四日と同じ状況」と記している。戸塚は平塚の江戸寄り、梅沢（小田原〜大磯間の立場《たてば》）は平塚の小田原寄りである。こうなると国元が何処を指すのか分からなくなる。唯一、戸塚辺りに彼個人の国元があったとすれば、意味が通る。

次に有名な問屋からの注進状を載せている。

○富士郡中問屋より注進状の写し（二十三日の日付）

昨二十二日昼八つより今二十三日五つ半までのうち、地震間もなく揺《ゆ》り、家など動き潰れ申し候。その上二十三日四ツ時より富士山鳴りだす。その響き富士郡中ひびき渡り、大小男女絶入《ぜつにゅう》仕り候えども、死人はこれなく候。しかる処に富士雪の流れ木立の堺より、夥しく煙渦《えんか》まき出す。いよいよ大地ともに鳴り渡り、富士郡中一面に煙、二時ばかり渦まき斗方を失う。昼の内は煙ばかり見え、暮れ六つ時より、煙、火炎に見ゆ。

（宝永四・一一・二三）

これが現地近くの吉原宿から富士山噴火を知らせる第一報で、宿継《しゅくつ》ぎで江戸へ送られ、翌二四日に道中奉行へ、そして幕閣へと達した。次のような内容である。

「昨二二日の午後二時（八つ）から今日二三日午前九時（五つ半）までずっと地震が続き、家が倒壊した。その上今日の午前一〇時（四つ時）より富士山が鳴動し、富士郡中に響き渡り、多くの人が気絶したが死人は出てない。やがて雪と木立の境目あたりから夥しい噴煙が上がり、四時間（二時《ふたとき》）ばかり続いたが、暗くなる午後六時（暮れ六つ）ころからは、赤い炎のように見えてきた」

この報告を幕府の上層部が目にしたのが二四日ないし二五日のことで、文左衛門の二三日の日記に記せるはずはない。幕府からの写しが各藩へ下され、それが名古屋に到着してはじめて文左衛門が見たわけで、後で整理して日記に書き足したものである。なお報告書の中では「四つ時より富士山鳴り出す……しかる処に夥しく煙渦まき出す」とある。「噴火」「爆発」という言葉が出て来ないが、この「少したって煙渦がまき上がった」時点を噴火と見るなら、四つ時過ぎ、いまの午前一〇時過ぎということになる。永原慶二氏は『富士山宝永大爆発』（集英社新書）のなかで「噴火は午前一〇時～一一時」とされている。

○二十三日、江戸寒《かん》威《い》凛々《りんりん》日光翳々《えいえい》風なし。頃日中、南の方に怪しき雲立つ。今朝坤《ひつじさる》の方に黒雲起こり南へなびき、雲色煙のごとく、雲端にうす紅の色を現ず。雲気次第に厚くなる。

辰前刻《たつまえのこく》より何方《いずかた》ともなく鳴動して、午《うま》の刻には、石臼を牽《ひ》き立て臼を転ばすように、ごろごろどろどろと鳴り響き、戸障子がたがたと鳴りひびき、南方にてすさまじくごろつき、未の過ぎ刻、雪起しの如くに鳴り、それより空中に雪の如きもの降る。外へ出て見るに、雪にはあらで灰なり。色そば粉の如し。次第に厚くなり霧の降るが如くなり。中の刻より灰と黒き砂とまじり降る。暮れに及び鳴動強く、雲、坤（未申）より南へ行くこと早し。黒雲の内に時々光あり。酉の刻より黒き砂ばかり（コンコンショウ鎌倉砂の如し）降る。とおし（簁）にて揮《ふる》い、箕《み》にて簸《あお》るが如し。戌の刻過ぎに降り止む。子の刻、天晴れけれども西南の黒雲はうすろがず。鳴動終夜絶え間なし。子の半刻、月出て明らかなり。丑の刻北西風吹き、砂を吹き立て申し候。八つ過ぎより少しずつ両度地震。今夜諸人皆眠らず。昼の内往来する輩、傘あるいは笠を冠り往来す。

（宝永四・一一・二三）

文左衛門の『日記』には、噴火の当日の江戸の状況が時間を追って細かく記され、しかも文左衛門自らが江戸で経験したように書かれている。しかしそれはあり得ない話で、江戸の藩邸から届いた報告を読み、後日、日記に記したものである。

朝から南西方向に黒雲が湧き、南へ靡き、雲の様子は煙に似て、端には紅色が付き、次第に厚くなっていった。辰前（午前七時）鳴動がはじまり、正午ごろには石臼《いしうす》を挽《ひ》き又転ばすような音が鳴り響き、戸障子がガタピシと音を立てた。未過ぎ（午後三時）頃には雪起こしの雷鳴に似た音が響き、そば粉色の灰が雪のように降って来た。次第に視界が悪くなり、降灰に黒い砂がまじるようになった。暮れになるとまた鳴動が強くなり、黒雲の流れが速くなって、時折雷光も見える。夕方六時頃には黒い砂ばかりが降り、戌刻（午後八時）頃に止んだ。子の刻（午前零時）空は晴れ渡ったが、相変わらず雲に似た黒煙は南へ流れる。鳴動は終夜続いたが子の半刻（午前一時）ころ月が出て、辺りの様子が見えるようになった。丑刻（午前二時頃）北西風が吹き始め、積もった灰が舞い上がった。八つ過ぎ（午前三時）頃から二度地震があった。今夜眠る人はいなかった。昼中に往来する人は傘か笠を用いていた。

同じ日に、家宣公の侍講新井白石も江戸で実際に体験し、それを、『折たく柴の記』および『新井白石日記』に記している。関連記事を抜きだして、並べてみよう。

○十一月廿三日午後参るべき由を仰せ下さる。昨夜《よべ》地震《ふる》い、この日の午時《うまどき》、雷の声す。家を出るに及びて、雪の降り下るがごとくなるをよく見るに、白灰の下れるなり。西南の方を望むに、黒き雲起りて、雷の光しきりにす。西城《せいじょう》（江戸城西の丸、将軍世子の居所）に参り着きしに及びては、白灰地を埋《うず》みて、草木もまた皆白くなりぬ。この日は大城《たいじょう》（江戸城本丸）に参らせ給い、未の半ば（午後二時頃）に還らせ給い、此の日、吉保朝臣の男、二人敍爵のありし故なり。やがて御前に参るに、天甚だ暗かりければ、燭《しょく》を挙げて講に侍る。戌《いぬ》の時（午後八時）ばかりに、灰下ることは止みしかど、あるいは地鳴り、あるいは地震《ふる》うことは絶えず。（『折たく柴の記』）

「今日は家宣《いえのぶ》公の居所江戸城西の丸でご進講の予定だが、午前中は柳沢吉保の嫡子吉里《よしさと》らの叙爵のことで本丸へ出かけられており、午後からになった。昼過ぎ家を出る頃から灰が降りはじめ、ご進講の時は燭《あかり》が必要なほど暗かった」とある。記述のうち噴火にかかわる項目だけ拾うと、

「昨夜地震、正午頃雷鳴、家を出る頃降灰、西南に黒雲と雷光、西の丸に着く頃灰が地を覆う、未《ひつじ》の半ば（二～三時）家宣公本丸から西の丸へ還御、講義時に燭を灯す、戌の時（午

後八時）降灰止む」となる。

家を出てから降り始めた灰が、西の丸に着くころ「地を埋み草木も白く」なっていたというが、それほど長時間歩いたわけではない。かつて元禄関東地震の際、湯川天神下からいまの日比谷公園にあった甲府殿お屋敷まで駆けつけたのだが、今度は違う。家宣公の計らいで、雉子橋《きじばし》近くに三五五坪の宅地と、二百両の建て替え代（浜御殿内の中古家の移築代）を賜り、七月中に新宅に引っ越しを済ませていた。さらに出仕の折の近道として、紅葉山下門と西の丸裏門の出入りを許されていた（「新井白石の歩いた道」123ページ図参照）。

今の地図に当てはめ道順を想定してみると、まず新しい白石邸は地下鉄東西線「九段下駅」すぐ南の「りそな銀行」辺り、そこから田安門、あるいは清水門から北の丸に入り、内堀に沿い北拮橋《きたばねばし》、西拮橋を左手に見て南へ下り、「紅葉山下門」を通る。さらに南すると、坂下門からの道と合し、「西の丸裏門」へ至る。いま新宮殿のある辺りが、「西の丸表、同大奥」の敷地にあたる。家を出てから半里（二キロ）弱、三〇分もかからない距離を行くうちに、地面や草木が真っ白になったわけで、相当の降灰である。

さらに『新井白石日記』の記述を加えてみよう。
○（宝永四年）十一月廿三日　九つ時雷数声也。昨夜は地震もしたり、九つ時半出仕、道より灰ふる、天くらし、今日は御城へ入らせられ、八つ時還御、進講之節は秉燭《ひょうそく》（油皿に灯心の灯火具）也、ただし七つ時也、それより灰ふる事夜の五つ過ぎに至る、昨

（補入）夜中より地ひびきする事絶す。（『新井白石日記』）

文意は「昼過ぎ、出仕の途中から灰が降って来た。家宣公は今日登城され、帰られてから進講を務めたが、その際明かりが必要だった。夜八時頃降灰が止んだ」というもの。このうち噴火に係る項目だけ拾うと、「九つ時（正午）雷鳴数回、九つ半（一時頃）家を出る、途中で降灰、家宣公は八つ時（午後二時頃）帰邸、七つ時（午後四時頃）進講、灯火が必要なほ

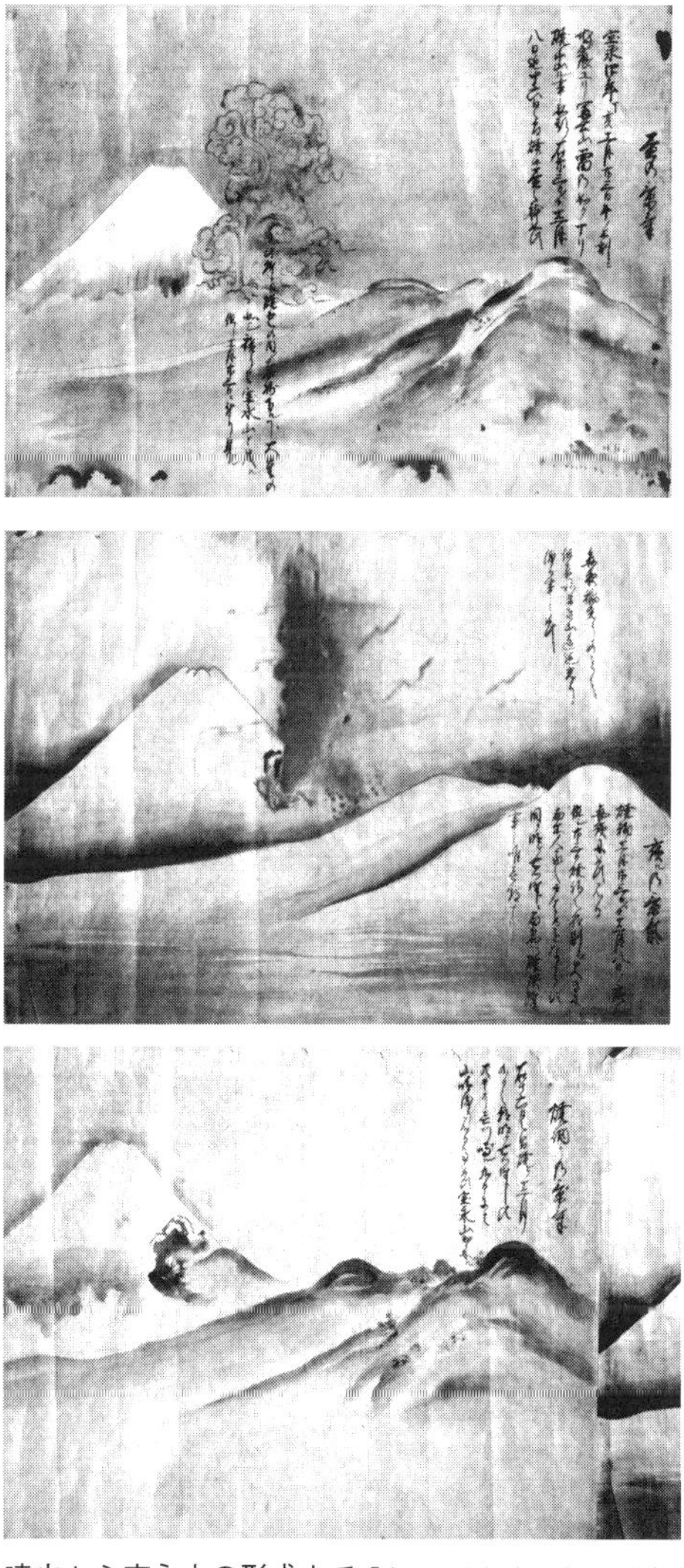

噴火から宝永山の形成まで「富士山宝永噴火絵図三景気」
個人蔵　静岡県立中央図書館歴史文化情報センター提供

ど暗かった、五つ時（午後八時）降灰止む」となる。

いずれの記事も、午後八時に江戸の降灰が止んだことは一致している。しかし灰の降り始めは「未の刻過ぎ（二時過ぎ）」「（家を出た時刻）九つ半過ぎ（一時過ぎ）」と、およそ一時間の差がある。定時法と不定時法の違いとしても、少し差が大きすぎる。

翌二四日の『鸚鵡籠中記』の記事は、次の通りである。

○二十四日　朝、日光顕《あら》わる。昨日より暖かなり。昨日南方海上、巳の刻より午の刻まで大きに鳴動する事三度。それ以後極めて赤き気、南の海上一面に浮き、暫しありて赤気変じて黒雲となり、黒雲上りて砂降る。奥州より来たる者、昨日申の刻江戸より八里ほど東にて、砂の降るにあいけると語ると云々。

今日震動やまず。昨日より鳴る事大なり。申の刻より黒雲南方一面にして、雲東へ靡く。夜中砂降る。夜中よほどの地震両度。震動大いに鳴る事三度。（ある人地一坪の内の降る砂を斗量するに、三升五合と云々）富士山見ゆる山の半腹より煙起こる。諸人ここにおいて、富士焼けてかくの如く灰砂降る事を知る。（原・吉原は石降り鳥など死す。二十四、五年以前浅間山焼けて、郷中灰降ると云々）（宝永四・一一・二四）

噴火の翌日、朝日が江戸の町を照らした。南海上の方向に「赤い気」が立ち込めていたという。それがやがて黒雲に変じ、こちらの方へ流れてきて、砂が降り始めた。奥州から江戸に来た人が、江戸へ入る八里ほど手前から、砂が降り始めたという。

暇な人が居たとみえて、庭の坪当たりの積砂量を升で計ったところ、三升五合になったという。筆者も暇ついでに計算してみると、江戸の町では夜中に二ミリ積もったことになる。なお一一月二三日の噴火から一二月九日噴火が収まるまで、江戸で降り積もった灰は一五センチと伝えられる。

※三升五合＝六・三リットル＝六三〇〇立方センチ＝三三〇〇〇平方センチ×〇・一九センチ（約二ミリ）

江戸以外、藤沢で二五センチ、小田原で九〇センチ、御殿場で一メートル、小山町《おやまちょう》の須走《すばしり》では何と四メートルに達したという。

これだけ降砂や降灰、火口に近い村では焼け石が降り注いだにもかかわらず、これが富士山の噴火によることを知ったのは意外に遅く、御殿場の村民たちは二五日の朝富士山を実際に望むことが出来て、はじめて知ったという。ほかでも噴火の翌日、二四日にはじめて知ったという人は結構多く、江戸の庶民も初めは何が起きたのか分からなかったらしい。新井白石も二四日に富士山から赤い気の立つのを見て、降灰・降砂が、富士山の噴火によることを予感し、納得したのは二五日という。

○廿四日　今朝中書殿より仰せ下され、富士山より赤気たち、南の方より雲たなびくと見ゆ、しからば富士焼けしなるべし、夜に入り六つ半時地震、今日終日、西南黒雲たなびき、鳴り音たえず。（『新井白石日記』）

このあと暫くの間、文左衛門の『日記』に富士山関係の記事はなく、一八日に江戸で風邪の流行っていることを記す。翌月に入っても噴火は止まず、相変わらず降砂はつづいている。

○二十八日　酉半《とりはん》地震。亥《い》前少し揺する……。江戸において、公、御風気《おかぜりのけ》ゆえ御登城なし。惣じて諸大名大方《おおかた》風引く。今日の出仕例月の三分の一ばかりなり。そのほか朝市一篇に、咳気《がいき》甚だ流行。貴賤ことごとく感冒。

是れはこの　行くも帰るも風引きて　知るもしらぬも　大形はセキ

（これやこの　行くも帰るも　別れては　知るも知らぬも　逢坂《おうさか》の関）

今夜も砂降る。（宝永四・一一・二八）

江戸の風邪流行は灰や砂が原因で、気管支をやられ風邪をひき易くなったのである。流行に貴賤は関係なく、尾張の殿さまも他の大名も軒並み喉をやられ、出仕日の登城も普段の三分の一程度だったらしい。早速百人一首をもじった落書があらわれた。朝市は魚市場や青物市場を指すのであろうか、「咳気」はセキの出る風邪のことである。

以下一二月三日以降、富士が焼け止まるまでの『鸚鵡籠中記』の関連記事を載せておく。一二月に入ってからの記述は、文左衛門自身が名古屋で実際に見聞きしたことである。

○（十二月）三日　辰半過ぎ震動少しゆる。○午八刻《うまのはちこく》大いに震動（少しゆる）大地震以来、加ほど強き震動なし。（午刻、黒雲一筋坤より艮に至りて、橋を渡すが如くになびきたりと、天野信景云へり）　○四日　今朝薄曇り。東方の黒雲見えず。五日も此の如く。それより後見えず。○昼前少し地震。　○五日　亥の刻地震。　○六日　薄曇り寒し。

昼前少し地震。夜更け雪。 ○八日 亥の刻地震 ○九日 今月切に富士山焼き留《ど》まり。側に小山新たに出来る。或は八日までに焼き留まるとも云う。

地震は名古屋でも感じられたようで、とくに三日昼過ぎの地震は大きかったらしい。この地震に合せるように富士山辺の黒雲がたなびいたことを天野から知らされ、注記している。富士山の焼きどまり、つまり噴火の終息が十二月八日か九日かはっきりしないらしい。これは江戸でも同じで、白石の『日記』もやや曖昧な書き方をしている。

○十三日 ……越前殿（間部詮房）御申す、富士の焚ルことも、八日までにて消えたり。ただ余烟のみにて、九日より雪降りし由、吉原の辺より見ゆるとなり。……下略

○十四日 ……今日聞く、富士は九日に焼け止ム。漸々《ぜんぜん》に止むにあらず。忽《たちまち》に火尽き、烟《けむり》散したり。そのあとに新山一つ出でたり。箱根山の方より見れば、富士に大きなる穴開けて見ゆるなり。溝口源右、駿府より帰る時に見られしなり。

間部詮房から「八日に終息し、いまは余烟だけで、九日からは雪が降り始めた」と聞いたが、翌日には、別に「九日に忽然と焼け止まった」ことを耳にしている。今でも八日を終息とする書、九日とする書、まちまちである。つづいて富士山腹に大きな穴が開き、その横に新山がひとつ出来たことを記す。いわゆる宝永噴火口（一・三キロ×一キロ、深さ一キロ）と宝永山（二六九三メートル）である。この噴火後にできた富士の新しい形を伝えたのは、駿府城から帰ってきた溝口源右衛門であった。

溝口氏は逸見《へんみ》氏の後裔で、美濃国から尾張国の溝口郷へ移り住み、溝口姓を称したという。秀勝のとき織田信長・豊臣秀吉・徳川家康に仕え、越後新発田《しばた》城主となり六万石を領した。遺領を継いだ長子宣勝《のぶかつ》は、弟の善勝《よしかつ》に一部を与えようとしたが弟は辞退、この話を耳にした秀忠は感じ入って裁定を下し、宣勝に五万石、善勝に一万四千石を与えた。以後溝口宣勝は代々大名家として続いたが、別家を興した弟の善勝の方は四代後に絶家となり（酒狂のため）、その支家旗本二千石溝口信勝《のぶかつ》の家系が、わずかに存続した。

白石の『日記』にある溝口源右衛門勝興《かつおき》はその信勝の子である。元禄五年に御使番《おつかいばん》となり、方々の城引渡し監督の仕事を着実にこなしていた。当時四七歳のはずで、駿府への使いを命じられた帰りに、自らの目で富士の形状を確認したのであろう。

噴火の後始末

噴火による降灰被害は、富士山の東方駿河国駿東《すんとう》郡から相模国足柄上《あしがらかみ》郡が大きく、又しても小田原藩大久保忠増《ただます》の所領であった。彼は二年前老中職に就いており、そのこともあって幕府の対応は素早かった。ひと月あまり後の宝永五年正月には駿東郡から足柄郡を幕府の公領とし、さらに四日後、石高に応じて課税する「砂除国役金《すなよけくにやくきん》」を命じた。全国一律に一〇〇石につき金二両である。建て前は領民からだが、実際は大名・旗本など領主たちの立替で、期限の三月までに四八万八七〇〇両余が納められた。全国の石高二千四百万石余、ほぼ一〇

○パーセントの納入率であった。

被災地の復旧は関東郡代の伊奈半左衛門忠陳《ただのぶ》に復旧を委ねられた。伊奈家は治水の技術を家職として代々受け継ぎ、検地測量をはじめ、干拓・治水・灌漑のプロである。このとき復旧の責任者伊奈半左衛門に渡されたお金は六二二五両で、ほかに須走村家作御救金《かさくおすくいきん》が一八五四両、武蔵・相模の砂除り川浚《さら》え費用に五万四四八〇両、合計六万二五五九両で、残りの四二万両余は、幕府財政の赤字補填に使用されたという。この時点での幕府財政の逼迫《ひっぱく》は、勘定奉行荻原重秀の陳述により明らかであり（『折たく柴の記』）、後章でくわしく触れることにする。

今回の噴火で、膨大な量の降灰・降砂が酒匂川《さかわがわ》に流入して河床を上げ、下流域が繰り返し水害に見舞われることになった。降砂・降灰による一次被害に加え、洪水という二次被害が加わった。一次被害の救済や復旧に比べ、二次被害の対策がはるかに厄介で、莫大な労力と日数が必要となった。その実態については、中世荘園の研究で知られる永原慶二《ながはらけいじ》氏が『富士山宝永大爆発』（集英社新書）で詳しく報告されている。ぜひ参照されたい。以下は、その要約にとどめる。

一次被害の復旧で最も早かったのは、意外にも全村が壊滅した富士東麓登山口の須走村だった。ここは神主や御師《おし》（宿を経営）と、それにかかわる家が集住しており、夏の参詣登山に間に合わせるため灰や砂の除去を諦《あきら》め、埋もれた上に新たな家を造ることにしたのである。建坪一坪につき金一両あるいは二分の家作御救金を貰い、一挙に村の再建が進んだ。

次はいよいよ伊奈半左衛門の出番、と言っても聊《いささ》か出遅れの観はあったが、宝永六年六月彼は足柄峠を越え、御厨《みくりや》地方でもっとも降砂被害の大きかった須走から御殿場まで、数日をかけ踏査した。現地を自ら見て回り、村民の声を耳で確かめることは、「備前検地《びぜんけんち》」で知られる伊奈備前守忠次《ただつぐ》（一五五〇～一六一〇）以来、伊奈家の伝統でもあったろう。御厨地方とは、富士山東麓に位置する須走村をはじめ、東隣の大御神《おおみか》村・中日向《なかひなた》・上野、湯船など現小山町域の二四ヵ村をはじめ、御殿場市・裾野市にまたがる地で、中世における伊勢神宮の荘園が、その名の由来である。

すでに御厨五八ヵ村は、応急対策として一年間（宝永五年三月～六年二月）一人一日一合の御救《おすくい》米《まい》（実際は貨幣で支給）が支給されていたが、これとは別に村人が切望していた「砂除《よ》け」の資金援助を実現させたのは、半左衛門の働きによるものであろう。積もった砂《すな》三尺（九〇センチ）以上の三六ヵ村に対し、一石に付き九五文の砂除け金が支給されることになった。深さ三尺以下の村には恩恵がなく、また砂除け金も微々たる額であったが、御救い米とは違い継続的な給付であり、村人に復興へのヤル気を起こさせる効果があった。これらが決定されたのは荻原重秀邸での内々の会議であったが、伊奈は御厨地方の村人三名を伴ってこれに参加し、じかに彼らの声を上層部に聞かせたという。

丹念な巡検踏査にはじまり、村人の代表を会議に出席させるなど、当時の役人一般とは異なる伊奈の姿勢が村人の信頼を勝ち得た。息の長い事業では、金額の多寡より、信頼を得ることの方がはるかに重要であった。さらにもう一つ、経済的に自立させるため、御厨の村民を酒匂川の治水工事に積極的に参加させ、出稼ぎの不利を補うため現地の者よりも高い日当を取決めさせた。こうしたこまやかな心遣いが、伊奈の崇拝者を生み、のちに村に半左衛門を祀る伊奈神社が建てられた。

その半左衛門も手こずったのが酒匂川の治水である。酒匂川は、富士東麓の渓谷から平野へ出る谷口、つまり扇状地の扇頂にあたる個所に大口堤《おおぐちつつみ》があり（現「岸」の南）、そこから足柄平野を十数キロ流れて河口の酒匂へ、そして小田原近くの相模湾へ注ぐ。扇頂は流れの勾配が急に緩《ゆる》やかになる転換点だから、もともと砂が堆積し易い。加えて一帯は、一メートルを超える降砂に見舞われており、河口まで河床の高い天井川がつづく。そのためほとんど毎年のように大口堤が決壊して、大量の土砂が流域の田畑を覆い尽くす。酒匂川の治水工事とは、この大口堤の決壊を防ぐことでもあった。工事の主体は、勘定奉行荻原の指示で江戸の町人請負であり、堤防の修復や新しい流路の開削などが行われたものの、洪水は一向に止まず、巨額な工事費だけが町人の懐を潤した。伊奈が介入する余地は限られ、失意のうちに亡くなったと思われる。その晩年は必ずしも明らかでなく、治水工事の数々の失敗の責任から郡代を罷免された、或いは閉門を命じられたともいい、さらに農民救済のため駿府の蔵米を放出し、その責任をとって自刃したともいう（新田次郎『怒る富士』）。

『徳川実紀』には「忠順死にければ、養子十蔵に家を継がしめ父の原職を命じられる」とある。伊奈の死は正徳二年（一七一二）で、荻原重秀が勘定奉行を罷免されたのも同じ年、翌年に彼も亡くなっている。荻原の罷免は、背後に新井白石の執拗な攻撃があったが、この話は、章を改める。

二人の死によって酒匂川の治水工事は宙に浮いたままになったが、その結末だけは簡単に付しておく。荻原の罷免に執念を燃やした新井白石も吉宗政権のもとで罷免され、新たに町奉行に抜擢された大岡越前守忠相《ただすけ》が享保七年に地方《じかた》御用掛を兼務し、関東の幕領支配を行って、被災地復旧にもかかわるようになった。吉宗主導の「享保の改革」が推し進められるなか、財政立直しの一環として幕府領になっていた駿東郡、足柄上・下郡を再び小田原藩へ返還し、七年を限って酒匂川問題を解決するよう命じた。

その一方で大岡は、川崎宿の本陣で当地の名主でもあった田中丘隅《きゅうぐう》を登用し、大口堤の治水案を研究させた。田中は荒川の治水にも関わり、河川工事の技術者としてもすでに一流であった。享保一一年（一七二六）、いよいよ大口堤の改修に取りかかり、新たに文命《ぶんめい》（中国の伝説的治水王「禹王」の号）堤と呼ばれる新堤防を完成させた。しかし田中丘隅が亡くなって二年後の享保一九年（一七三四）、この文命堤が大型の台風で決壊し、下流域に大きな被害を出した。翌年この文命堤を復旧し、以後長く酒匂川の安定をつくったのが、田中家に養子に入った蓑笠之助《みのかさのすけ》である。彼が修復した堤は頑丈で、こののち小規模に酒匂川の堤が切れることはあっても、大規模な決壊からは解放されたという。宝永の富士噴火以来の降灰で、酒匂川氾濫という二次的置き土産が長く復興の妨げとなっていたが、蓑はこの問題に、凡そ三〇年ぶりに一応の区切りをつけた。（この項永原慶二氏『前掲書』を参考）

以上、『鸚鵡籠中記』の世界からは外れるため、災害復旧のあらすじだけを追ったが、そこに登場する人物には、今の世に類似する人物もいれば、「すでに見聞きしなくなって久しい」人物もいる。

第三章　元禄につづく時代

宝永六年正月の事件　―綱吉の死は麻疹?―

西暦一七〇〇年代のはじめ、つまり元禄の末年から宝永年にかけ、元禄関東大地震（元禄一六・一一・二三）・宝永大地震（宝永四・一〇・四、東海・近畿・四国）、富士山噴火（四・一一・二三）、浅間山噴火（五・一一・二八）、阿蘇山噴火（六・一・四）、三宅島噴火（六・三・一四）、京の大火（五・三・八、御所炎上）、大坂大火（五・一二・二九、七千五百軒焼く）など一連の天変地異と災害のつづくなか、宝永六年（一七〇九）は、元日から「氷柱《つらら》長きこと尺余」と記されるほど寒く、「連日厳寒《げんかん》なり。言うべからず。剃刀合《かみそりあわ》するとて、湯を砥《といし》の上に淋《そそ》ぐに、忽《たちま》ち氷る」有様だった（『鸚鵡籠中記』宝永六・一・四）。

この凍りつくような正月早々、前年から流行の麻疹《はしか》に罹《かか》っていた五代将軍綱吉が没した。この訃報を『鸚鵡籠中記』は次のように記している。

〇大樹薨御《たいじゅこうぎょ》（六十四歳）。昨日酒湯御懸《きのうささゆおかか》りなり。今朝辰《たつ》の刻、女中の膝を枕として俄《にわか》に薨じたまう。曽《かつ》て館林《たてばやし》に御座の時より瘡毒《そうどく》（梅毒）あるものの疹《しん》（発疹のできる病気）を煩《わずら》う者、皆死す。（宝永六・一・一〇）

宝永六年正月一〇日は新暦の二月一九日にあたり、二四節気《せっき》の「雨水《うすい》」である。この日綱吉公は、明け方（六時半ころ）に粥を二十匁（七五グラム）ほど召し上がり、さらに五ツ時（辰の中刻、午前八時）に十五匁ほど食事（粥か餅）を召し上がったが、急に痞《つかえ》か（腹痛）にみまわれて厠《かわや》に立ち、用便をすませたあと意識を失って倒れたという。

篠田達明《しのだたつあき》氏はこの状況から、「綱吉は用便の最中《さいちゅう》力んで食物塊（餅）をもどし、これが気道を塞《ふさ》いで窒息死したうたがいが濃厚」とされ「高齢者だった綱吉は麻疹《はしか》の養生中で、みかけより身体はかなり衰弱しており、喉に詰まった食物を自力で吐き出すことができないほど重症化していた」として、唯一助ける方法として「背中から両手を回し、みぞおちにこぶしを当て横隔膜のあたりをグイッと手前におしつけるのがよい」と記されている（『徳川将軍家十五代のカルテ』）。肺の残気で圧を加え、餅などの食物塊を吐き出させる方法をハイムリック法というそうだが、覚えておくとお年寄りの手当てに役立ちそうである。

ただし『隆光僧正日記』には「今朝早天。御粥二拾匁《め》程被召上《めしあがられ》、又五つ時、御食拾五匁程被召上」とあり、「御粥」「御食」とあるだけで、具体的に「餅」と書いてあるわけではない。塚本学氏は、「早朝に粥二〇匁、五つ時に粥一五匁を食べ」たとされ、二度とも「粥」だったように理解されている（人物叢書『徳川綱吉』）。息を引き取ったのが、文左衛門が記すように「女中（側室）の膝枕」だったかどうかは、知る由もない。

『鸚鵡籠中記』には、綱吉が死の前日「酒湯お懸《かか》り」したとある。「酒湯」は〈さかゆ〉また〈ささゆ〉とも読み、「笹湯」の字を宛てる場合もある。辞書には子供の「疱瘡《ほうそう》」が治ったときに行うとあるが、身分の高い人たちの間では、快気祝いの儀式として行われた。巫女《みこ》が笹の枝葉を湯に浸し、神懸《かみか》かりして体を叩き、そのあと、米のとぎ汁と酒を混ぜた湯に浸《つ》かったという。湯に浸かる代わりに、赤手拭《あかてぬぐ》いを浸してぬぐう風習もあるらしいが、前半の光景は「湯立神事《ゆたてしんじ》」を連想させる。

神前に据えた大釜に湯を煮えたぎらせ、巫女が湯に浸した笹の枝葉（タブサ・ユタブサ）を振って、飛沫《ひまつ》を浴びながら神がかりし、託宣《たくせん》を述べる。この湯立ての飛沫を浴びることが、やがて「疫病除け」の信仰につながり、快気祝いの式になったと思われる。各地で湯立神事が「神楽《かぐら》」と結びついたため、「神様に湯を奉る行為」のように思われるが、さらに古く遡れば、神前の煮えたぎる湯釜は「盟神探湯《くがたち》」である。

盟神探湯は古代の神判《しんぱん》で、熱湯に手を入れ爛《ただ》れるか否かで正邪の判定が下された。『日本書紀』応神《おうじん》九年条に「武内宿禰《たけのうちのすくね》と弟の甘美内宿禰《うましうちの》の正邪の審判が盟神探湯によって行われた」とあり、允恭《いんぎょう》四年条に「甘樫丘《あまかしのおか》に熱湯のたぎる釜を据え、氏姓《うじかばね》を正す」盟神探湯のことが記されている。毎回火傷《やけど》は困るから半ば儀式化したものだろうが、後世には「神前で身を清めるため沸かす湯」を指すようになり、「湯立て」に同化する。神意の宿《やど》る熱湯は、「邪」を退けるのである。

『鸚鵡籠中記』が記す「急死の前日、綱吉が酒湯お懸りした」という情報は正しかったようで、幕府の正史である『徳川実紀』は、「十日御酒湯《おんささゆ》をほぎ（祝ぎ）て、家門はじめ万石以上以下の群臣、もうのぼる。しかるに卯刻《うのこく》（午前六時）、にわかに御病気危篤に及ばせ給い、正寝にて薨《こう》じ給う」と記す。

酒湯の式が十日にあったように読めるが、すでに前日酒湯《ささゆ》の式を終えており、それを寿《ことほ》いで「十日に群臣たちが参上《もうのぼ》った」ということだろう。昨年の「秋風たちし頃より麻疹《はしか》流行し貴賤ともになやみ夭折《ようせつ》するもの数少なからず」という状況で、その後麻疹の流行は藩邸や江戸城内にも及び、一一月二三日には尾張中納言吉通《よしみち》が麻疹と診断されたがさいわい軽く済み、一〇日後の一二月二日に「酒湯の式」を行っている。一二月九日には、綱吉の養子となった家宣《いえのぶ》が麻疹に罹り、つづいて二六日には綱吉自身「風の心地《ここち》、薬など召される」羽目となり、正月になっても「去年よりの御不予により」ご出御《しゅつぎょ》はなく、拝賀の礼は先に病の癒《い》えた大納言家宣《いえのぶ》が代理をつとめた。九日になってようやく酒湯の式を行い、快気祝いの宴が張られた。

そしていよいよ問題の一〇日を迎える。

> 〇卯《う》のはじめがた（午前五時頃）より御腹いたみ、下痢の御心地ありとて厠《かわや》におわしてかえらせ給い、御衣服をあらため給うほどに御精神疎《うと》くならせたまいしかば、此時松平右京《うきょう》大夫《だいぶ》輝貞《てるさだ》は御厠《おかわや》のかたにあり、松平美濃守吉保《よしやす》はいまだまいらず。黒田豊前守直邦《なおくに》は御うしろより抱え奉り、五ノ丸（お伝の方・瑞春院《ずいしゅんいん》）・北ノ丸（大典侍《だいてんじ》・寿光院）の方々（いずれも側室）などは御手をとりて慌《あわ》てしに、吉保馳《はせ》まいりければ、なお乱れさせ給う事もなく、吉保が参りしを御覧《ごろう》じて物《もの》などを宣《のたま》いけるとぞ、やがて医官どもまいり、御脈をうかがいしかば、直邦、「御脈はいかがにや」と申しけるに、「はや絶え候」とて、みな愕然たりしといえり。（『徳川実紀』巻五九、宝永六・一・一〇）

臨終の際お側にいたのは、二人の側室のほか男性は松平右京大夫と黒田豊前守の二人で、柳沢吉保がようやく間に合い、医師たちはそのあとに駆けつけたように書かれている。

松平右京《うきょう》大夫《のだいぶ》輝貞《てるさだ》（一六六五～一七四七）は、寛文《かんぶん》五年川越《かわごえ》藩主松平輝綱《てるつな》の六男に生まれ、嫡子の信輝《のぶてる》から五千石を分与された。延宝三年（一六七五）綱吉の小姓となり、元禄二年（一六八九）従五位下右京亮《うきょうのすけ》に叙任、同三年湯島聖堂造営の奉行を務め、四年（一六九一）叔父大河内信興《のぶおき》の臨終に際してその養嗣子となり、家督（常陸土浦藩二万二千石）を継いだ。この間、側用人柳沢吉保の養女を正室に迎えている。五年には下野《しもつけ》壬生《みぶ》藩三万二千石へ転封《てんぽう》、翌六年側用人となり、八年には上野《こうずけ》高崎藩五万二千石へ転封、侍従に任ぜられた。文字通り綱吉の寵臣である。

綱吉の没後は側用人を辞して越後《えちご》村上藩へ転封となったが、享保二年（一七一七）再び高崎藩へ戻り、以後吉宗に重用され、老中格として「享保《きょうほう》の改革」を推進した。政治姿勢において正反対の二人の将軍に仕えながら、ともに職務を全うできたのは、その律義な性格にあった。たとえば綱吉の悪法とされる「生類《しょうるい》憐《あわれ》みの令」を遵守し、一生涯鳥獣の肉を口にしなかったという。むろんそれ以上に、行政手腕に長《た》けていたのであろう。

松平右京大夫輝貞は、『寛政重修諸家譜』の「松平家」ではなく「大河内家」の頁に載る。その理由を記しておく。

松平姓の多くは、松平宗家《そうけ》の三代信光《のぶみつ》をはじめ、四代親忠《ちかただ》・五代長親《ながちか》の庶子に始まる。彼らは岡崎周辺の竹谷《たけのや》（蒲郡市）・形原《かたはら》（蒲郡市）・能見《のみ》（岡崎市）・長沢《ながさわ》（宝飯郡音羽町）・深溝《ふこうず》（額田郡幸田《こうた》町）・大給《おぎゅう》（豊田市）・滝脇《たきわき》（豊田市）・桜井《さくらい》（安城市）・藤井《ふじい》（安城市）・福釜《ふかま》（安城市）等に配され、松平一族による三河支配を支えた。

このうち長沢松平家は、信光の子親則《ちかのり》にはじまり、三河国宝飯郡長沢郷《ほいぐんながさわごう》（豊川市長沢町）を基盤としたが、九代の康直《やすなお》（武蔵国深谷《ふかや》一万石）に至り継嗣がなく絶家する（一五九三年）。これを惜しんだ家康は、七男の松千代に継がせ、その没後は六男忠輝《ただてる》（一五九二〜一六八三）に長沢家家督を継がせた（八歳）。

忠輝は深谷一万石から下総佐倉《しもうささくら》四万石、信濃松代《しなのまつしろ》一二万石、越後福島藩六〇万石と転封を重ねたが、元和《げんな》二年（一六一六）大坂の両陣での懈怠《けたい》、日常の不行跡を咎められ伊勢国朝熊山《あさまやま》金剛証寺へ配流《はいる》、その後飛騨・信濃と配流先を変えながら五七年ののち、上諏訪《かみすわ》で九二歳の生涯を終えた。

一方の大河内一族は、先祖が三河の額田《ぬかた》郡大河内《おおこうち》郷（現、岡崎市大平字《あざ》大河内）に住したことに由来するが、のちに三河碧海郡寺津《へきかいぐんてらづ》を地盤とし、吉良《きら》家の家老を務めた。やがて秀綱《ひでつな》のとき三河一向一揆を機縁として家康に仕えるようになり、その命で秀綱の次男正綱《まさつな》が長沢松平の傍系正次《まさつぐ》の養嗣子となった。これが「大河内松平家」のはじまりである。

正綱は、二代将軍秀忠のもとで二万二千石を与えられ、諸侯に列し兄の子信綱《のぶつな》を養子としたが、のち信綱は別家を興《おこ》すことになる。この信綱は「知恵伊豆」の名で知られる松平伊豆守のこと。信綱は「武蔵川越藩六万石」を与えられたが、四代目の信祝《のぶとき》（一六八三〜一七四四）が三河吉田藩七万石へ転封になって以後、明治に至るまで子孫が吉田藩を動かなかったため「大河内松平家支流・吉田松平家」と称する。この信綱の二代目が輝綱《てるつな》、三代目が信輝《のぶてる》で、信輝の弟輝貞《てるさだ》は兄から五千石を分与され、叔父信興《のぶおき》（信綱の五男）の養嗣子となり土浦藩二万二千石を継いだ。のち輝貞は高崎藩五万二千石に転封され、以後子孫が明治まで高崎藩を動かなかったため、「大河内松平家支流・高崎松平家」と称する。

もう一人の側近は、綱吉を後ろから抱き留めた黒田豊前守直邦（一六六七～一七三五）。黒田といっても、秀吉の軍師として知られる黒田官兵衛（孝高・如水）の一族ではない。武蔵七党《しちとう》のひとつ丹党《たんとう》の加治《かじ》氏の同族で、中山氏を称しており、天正一八年（一五九〇）家康の臣下となった。そして直邦のとき、上野館林《こうずけたてばやし》藩家老黒田用綱《もちつな》（外祖父・養父）の養子となり、姓を黒田に改めた。幼年から神田御殿（綱吉の居所）で綱吉の子徳松君に近侍し、その没後は綱吉の小姓・側用人となった。

その間元禄一三年には万石の大名に列し、元禄一六年に常陸下館《ひたちしもだて》藩主として一万五千石を領した。正室に柳沢吉保の養女を貰い、綱吉没後も吉宗に重用されている点で（奏者番と寺社奉行を兼務する）、先の松平輝貞と同じである。享保一七年には上野沼田藩主として三万石を与えられ、二代藩主直純《なおずみ》が上総久留里《かずさくるり》藩に移封となって以後、その家譜は明治まで続いている。

『徳川実紀』の描く綱吉臨終の場面は、医師たちのほかは松平輝貞、黒田直邦、そして柳沢吉保の三人だが、前の二人は吉保の養女を正室にしており、かたちの上で綱吉は「柳沢吉保の縁者」に囲まれて臨終を迎えたことになる。側用人政治を象徴する場面であるが、三者とも有能な人物であり、側用人という理由だけで貶めるわけにはいかない。

『徳川実紀』の記事は『隆光《りゅうこう》僧正日記』や『松陰《まつかげ》日記』や『文露叢《ぶんろそう》』を参考にしながら、異例と思えるほど、臨終の場面を詳しく写している。これは「(余りに急なご他界だったため)世俗驚愕のあまり、無根不経の事を流伝し、閭巷《ろこう》の野人、大不敬《だいふけい》の僻説《ひがせつ》を伝えるに至ったから」と、わざわざ注記している。では閭巷《ちまた》に流布した事実無根の「僻説」(事実と違った説)とは何か。『翁草《おきなぐさ》』は次のような話を載せる(口語要約文)。

「西ノ丸(世継ぎの居所)に入られた家宣《いえのぶ》公は、まれにみる賢君で評判がよく、柳沢吉保《よしやす》一派は気が気でない。綱吉もまた養子の家宣を疎《うと》み、実子が生まれると、〈家宣を廃して幼君に代を譲り、吉保を補佐役に……〉との噂が流れ、さらに宝永六年の正月十日、鏡開きの折に〈綱吉からその旨《むね》の披露がある〉との憶測も伝わった。これを綱吉の御台所《みだいどころ》(信子)がお聞きになり、何としても阻止せねばと密かに井伊直興《なおおき》を召して何事かを仰せられ、次にご用人の横瀬某を召して、やはり何事か言い含められた。その夜御台所は綱吉の御座所へお出ましになり、人払いをされて数刻いらしたのち、綱吉公の容体が急変したので世間でいろいろな風聞が立ったが、大奥の秘事なので真相はうかがい知れない。ここで筆をとどめる」としながら、内々の噂を次のように記している。

「綱吉公は家宣公を後継者から外し、吉保に百万石を与えて、幼君の補佐にする決心をした。御台所はこれを知り、井伊直興を呼んで秘密の内意を話し後の取り計らいを頼んだ。その後横瀬某を呼び、同じく内意を告げた。その夜御台所は綱吉公と幼君のいる御座所を訪れ、人払いをさせた上で、今回の綱吉の考えを諫《いさ》めたが、〈女の口出しすることではない〉と退けられた。再度の諫めにも翻意《ほんい》の様子がないので〈それ横瀬!〉と声をかけると潜んでいた横瀬が飛び出し、幼君を抱えて駆け出し井伊直興の屋敷を目指した。〈おのれ狼藉者〉と大刀を取ろうとする綱吉を抱き留め、懐剣を綱吉の胸につきつけると、念力が通じたのか即座に亡くなられた。御台所もすぐに剣を持ち直し、ご自害なされた(一説には後の始末をすべて終えたのち、一室に退いて自害されたという)。

一方の横瀬は井伊の屋敷に駆け入り、幼君を直興に手渡した。井伊直興はすぐに早馬で登城し、御座の間の様子を見届けたのち西ノ丸に報告し、さらに諸方に急使を走らせて登城を促した。家宣以下御三家・御家門・老臣らの参集する中、お代譲《ゆず》りのことや御遺言を穏やかに指図されたので、誰も不審を抱かず従われた。この秘話はある人が話され、記録も見せる約束だったがすでに世を去られたので、万事に詳しいわけではなく、横瀬のこともシカとは分からず、直興が預かった幼君のその後のことも聞き漏らした」

以上が『翁草』の記す「僻説《ひがせつ》」だが、伝奇小説の『護国女太平記』も似た筋書きである。こちらは柳沢吉保の長子吉里《よしさと》を綱吉のご落胤に仕立てている点がミソであって、吉保の妻

「おさめ」が綱吉を誘惑してできた子とする。当初は家宣をなきものにすべく、寝所の床下に人形を埋めて呪詛《じゅそ》するが、やがて側用人の間部《まなべ》に発見されて失敗する。次に吉里を家宣の養子にしてその後見人になる計画を立て、百万石に封じられるお墨付きまで手に入れるが、計画を知った御台所が綱吉に思いとどまらせようとして拒否され、ついに刺殺するに至る。先の『翁草』では懐剣を突き付け、念力で弑《しい》する話になっているが、こちらの方は「予《かね》て御用意有りし短刀を以て御胸の辺をグサと刺通し給うに……遂に其儘《そのまま》御他界在《ま》しける」と、咋《あからさま》である。

『翁草』の「綱吉公の薨御《こうぎょ》と御台所薨逝《こうせい》」（巻七八）の話は前編一〇〇巻の中に含まれ、明和九年（一七七二）の成立というから、綱吉没後六〇年余り経っている。もう一つの『護国女太平記』は、元禄頃の小吏《しょうり》（小役人）が作者という説もあるが、実際は成立年・作者とも不詳である。

　吉里を綱吉の御落胤とする噂は、かなり早くから生じていたらしく、『三王外記《さんのうがいき》』は、「王（綱吉）吉里を視るに、なお子のごとし、時の人曰《いわ》く、王の峡侯《かいこう》（柳沢吉保）を寵する所以《ゆえん》は、其の子を寵するがゆえなり」と記す。著者を太宰春台《だざいしゅんだい》（一六八〇〜一七四七、荻生徂徠《おぎゅうそらい》門下）とする説もあるが、塚本学《まなぶ》氏（人物叢書『徳川綱吉』）などは否定的である。成立は、三王の最後「章王（家継）」の正徳年間（一七一一〜一五年）をあまり隔たらない時期とみられ、柳沢吉保の異様な出世ぶりから生じた噂なので、綱吉の生前からすでに流布していたのかも知れない。さらに同書は「吉保の企てを知った御台所が綱吉を刺し自殺した」と記すが、これは二人が亡くなった日の近いことが理由で、生じた噂だろう。

ここに登場する御台所とは、鷹司《たかつかさ》左大臣教平《のりひら》（一六〇九～六八）の娘信子《のぶこ》（一六五八～一七〇九）で、寛文四年（一六六四）、上野《こうずけ》（群馬）館林《たてばやし》藩主綱吉の正室になった。『徳川実紀』寛文四年九月の項に「十九日館林参議綱吉卿、昨夜婚礼行わる」とある。綱吉は延宝八年（一六八〇）五月に四代将軍家綱の養子となり、同年七月に将軍となったので、これ以降は御台所と呼ばれる。綱吉が宝永六年一月一〇日に薨じたのち、他の側室らと落飾して「浄光院」と称したが、二十日には麻疹《はしか》の兆候が見られ、二月九日には「ことに御心地篤《あつ》しく（病が重く）ならせられ、夜に入りて遂にかくれたまう」にいたった（『徳川実紀』）。綱吉の没後、ちょうど一カ月である。

なお逝去を記す九日の記事には「麻疹《はしか》」でなく「疱瘡《ほうそう》」（天然痘）のためとあるが、「麻疹の上に御疱瘡を御患《おわずら》い」とする史料もある。享年は五九歳説をはじめ（『幕府祚胤伝』）、六一歳説（『源流総貫』）、五二歳説（『柳営譜略』）など様々で、『日本史諸家系図人名辞典』は五二歳をとるが、高柳氏や塚本氏は五九歳としている。前者の場合、綱吉との結婚が数えの七歳となり、いささか無理がある。後者では一四歳となり、この方が妥当であろう。

『翁草《おきなぐさ》』で、御台所の信子と組んだように描かれる井伊直興《なおおき》は、延宝四年（一六七六）叔父直澄《なおすみ》の養子となり、彦根藩三五万石井伊家《いいけ》の四代を継いだ人物である。元禄十年（一六九七）

大老となり、十四年に隠居したが、嗣子直通《なおみち》・直恒《なおつね》の病死により宝永七年（一七一〇）七代藩主として復帰し、翌年再び大老に就任して名を直該《なおもり》に改めた（のち直興に復する）。この経歴からも分かるように、彦根藩中興の主と仰がれ、譜代筆頭として幕政に重きをなした人物である。

最後に『翁草』のいう「幼君」だが、これが誰を指すのかよく分からない。幼君の補佐役が柳沢吉保なので、『三王外記』などがいう「ご落胤吉里《よしさと》」にダブってくるが、吉里は『松陰日記』に「年月へて貞享四年なが月（陰暦九月）になりぬ、其月三日、太郎君うまれたまう、染子というの御腹なり」と、その誕生が記されている。貞享四年（一六八七）九月三日に吉保の側室飯塚染子が生んだ子は、綱吉が亡くなる宝永六年（一七〇九）には数えの二三歳になっており、たとえ誰の子であろうと「幼君」どころではない。

この染子という女性、先の『護国女太平記』では悪女「おさめ」として描かれているが、実在の飯塚染子（一六六五〜一七〇五）はこの小説のお蔭で随分割《わり》を食っている。柳沢家の家臣飯塚正次《まさつぐ》の娘（異説もある）として、現在の千葉県東金《とうがね》市に生まれた染子は、柳沢吉保の生母「了本院」の侍女となって江戸入りし、吉保の側室となったのが二〇歳頃のこと、貞享四年（一六八七）に柳沢家跡継ぎの吉里《よしさと》を生んだ。彼女自身四一歳という短かい生涯であったが、古典や儒学に通じた教養人として知られ、多くの和歌を残している（吉保編『染子歌集』）。晩年禅の一書『無門関』に出会ってからは禅の世界に惹かれ、自ら思索の跡を『鳥の空音《そらね》』に書き残した。近年島内景二《しまうちけいじ》氏がこの書に加筆した慈雲尊者との宗教的交流の跡を高く評価され、『心訳『鳥の空音』元禄の女性思想家、飯塚染子、禅に挑む』を発刊され、世に問われた。果たして『護国女太平記』以来の染子像を払拭《ふっしょく》できるであろうか。

僻説の話はこれまでとして、記録に残る綱吉の実子は二人であり、母親は御台所の信子でなく、いずれも側室の「お伝の方」である。延宝五年（一六七七）五月二一日に「館林宰相の姫君生まれたまう」とあり、これが長女の鶴姫、そして二年後の延宝七年（一六七九）五月六日には長男徳松が誕生し、老中の土井能登守利房が祝賀の使者として遣わされている（『徳川実紀』）。

翌延宝八年（一六八〇）に綱吉は家綱の後を襲って将軍となるが、三年後の天和《てんな》三年に徳松は病気に罹《かか》り、わずか五歳で没した。鶴姫の方は紀伊三代藩主徳川綱教《つなのり》の正室となったが、

綱吉の子供

信子
＝綱吉
＝お伝
　├鶴姫（二八歳没）＝綱教（紀州三代藩主）
　└徳松（五歳没）

宝永元年（一七〇四）四月一三日に「鶴姫君（紀伊綱教夫人）御大病と聞えしかば、群臣もうのぼり、老臣に謁し御けしき伺う。然るに昨夜うせ給う（享年二八歳）により、音楽営築を御停廃あり」（『徳川実紀』）と記され、ここに綱吉の実子は絶えた。

母親のお伝の方は、万治元年（一六五八）、黒鍬者《くろくわもの》小谷《こや》権兵衛（忠栄）の娘として江戸に生まれた。黒鍬者とは、将軍出行の際に草履取りや荷物運びを担当、触達《ふれ》しにも奔走する雑役夫で、「十二俵一人扶持《いちにんふち》」と給与も低い。低いといっても比較するものがないと分からないが、「一人扶持」は一日五合の玄米、精米すると一割弱減少する。これで主食は賄える。あとの年間「十二俵」が副食や衣服・日用雑貨の生活費で、ひと月に米一俵（三・五〜四升）の割となる。

仮に「一石（一〇斗《つつ》）＝一両＝一五万円」の換算率とすると、今の時代に置き換えて月々五万円、独り者が慎ましやかに生活して生きて行けないことはないが、まず外食は駄目、デートも駄目、むろん病気をしたらアウトだろう。額面通りなら結婚して子供をつくることなど論外のはずだが、そこはよくしたもので「いろいろ役得や内職もあり、比較的裕福な暮しができた」と記す書もある（高柳金芳『徳川妻妾記』）。この役職が世襲であったことを考えると、領けないこともない。しかし将軍側室の実家が黒鍬では困る。延宝八年（一六八〇）綱吉が将軍に就いたとき、実父の権兵衛は御家人に列し、廩米《りんまい》（蔵米《くらまい》）三〇〇俵（一〇〇石余）を支給され、寵臣牧野成貞の配下に入っている（『諸家譜』）。

◆コラム　目からウロコの話「麻疹《はしか》の今昔」

五代将軍綱吉は、麻疹《はしか》（痲疹《ましん》）で亡くなった。江戸時代の人は麻疹を極度に恐れる。一説には天然痘（豌豆瘡《わんずがさ》・疱瘡《ほうそう》・痘瘡《とうそう》）よりも恐れたという。この時代に「疱瘡は〈見《み》目《め》（器量とも）〉定《さだ》め、麻疹は〈命《いのち》〉定《さだ》め」という諺《ことわざ》があったそうだ。天然痘は発疹《ほっしん》が化膿して崩れその跡が痘痕《あばた》となって残るため「見た目にかかわる」病《やまい》、麻疹はそのまま「命にかかわる」病というのである。天然痘は恐ろしい伝染病だが、すでに過去の病気となり、一九八〇年にウイルス菌の絶滅が宣せられた。麻疹も一九五四年にウイルスが発見され、およそ一〇年後には生ワクチンが実用化されて予防できる病気になった。

江戸時代二六〇年間に、麻疹《はしか》の流行が一三回ないし一四回あったという（酒井シヅ『病が語る日本史』、鈴木則子『江戸の流行り病』）。大雑把にいえば二〇年余の周期で、一生涯に二回程度、大流行に出くわすことになる。この二〇年あまりというのが微妙な間隔で、前回の流行時に生まれてなかった子は二〇歳ころ初めて麻疹に罹り、これを逃れた人は四〇歳ころに初めて罹り、さらに二回の流行を回避した人は六〇歳で罹る、といった具合に、幼児期の感染を逃れたばかりに大人になって感染し、命を落とす羽目になる。今の日本では「二、三年おきに流行を繰り返す小児感染症」になっており、合併症が出なければ一週間か一〇日ほどで回復する。それでも発展途上国には最近まで日本の江戸時代のような状況があり、年間数十万人の死者を出していたという。

江戸の元禄のころ青年期を迎えた朝日文左衛門は、生涯に二度の流行「元禄三年〜四年」「宝永五〜六年」を経験しているはずだが、元禄期のそれは名古屋辺りでさほど広がらなかったのか、日記には一度も出てこない。しかし宝永五、六年の麻疹流行は、数多く記載され、よほどの大事件だったように思われる。宝永五年の大晦日から六年正月にかけての『鸚鵡籠中記』の記事を調べてみよう。

○当（宝永五年）秋比《ころ》より冬に至り疹《はしか》流行甚だしく、諸国皆然《しか》り。稀有《けう》の事なり。然るに予が家内、召仕《めしつかい》にいたる迄、一人も疹を煩《わずら》うものなし。かつ、コレラ病等も勿論《もちろん》の事なり。当年中、予が家内《いえのうち》へ医師入らず、薬代ということもなし。幸いのまた仕合せなり。（宝永五・大晦日）

○公方様（五代将軍綱吉）昨夜中より熱ある処、今朝より疹《はしか》と見立られし由。

（宝永六・一・一）

○三日　公方様、この間御疹《おはしか》見立てられ候。年の始めの砌《みぎり》に候間、ご機嫌伺い然るべき節は、指図あるべき由、御城にて御出合いの面々へ、大久保加賀守中し渡さる。尤《もっと》もお礼等、西の丸様（家宣）御名代《ごみょうだい》にて御請《お》けなされる。（宝永六・　・三）

○十日　大樹《たいじゅ》（将軍綱吉）薨御《みまかう》（六十四歳）。昨日酒湯《ささゆ》御懸《かか》り也。今朝辰《たつ》の刻、女中の膝を枕として俄《にわ》かに薨《こう》じ給う。（宝永六・一・一〇）

宝永の麻疹の流行は「諸国皆然り」とあるように、全国的な大流行となった。ところが朝日家だけは避けて行ったようで、家族から召使にいたるまで誰一人罹らなかった。文左衛門は「幸《さいわ》いのまた幸《しあわ》せ」と喜んでいるが、彼らに免疫があった可能性もあり、運の良し悪しだけでは語られない。

御城勤めをしているお蔭か、江戸のニュースはかなり頻繁に入ってくる。江戸藩邸から情報が齎《もたら》されるのだろう。時折日記に「お城書き」の言葉が見られるが、それに当たるのかも知れない。将軍が麻疹にかかったことが、まるで見てきたように記されており、当時将軍のことを一般に「公方」「大樹」と呼んでいたこともわかる。

○十八日　江戸において竹腰《たけのこし》山城守正映《まさあき》、疱瘡《ほうそう》にて卒《そつ》。（年二十一。今月八日より疱瘡なり）

○廿三日　今日、御台様《みだいさま》御疹《おはしか》にては御座なく、御疱瘡《ごほうそう》お見えなされ、これにより、秋元但馬守右御用につき、井上河内守へ御用番差し替えられ候由。

○二月三日　頃日《けいじつ》、江戸疱瘡夥《おびただ》しく流行し、死する者も夥し。一々記さずにその一、二を集記す。酒井新次郎養子主膳死（柳沢八郎右衛門実子なり）。京極仁十郎死。小笠原右近将監末子大力死。松平信濃守死。以上疱瘡にて死。

○（二月三日）津守様の御子日向守様、御疱瘡重く、御家中手を握る。然れども漸々《ようよう》ご快復なり。このほか井上筑後守嫡《ちゃく》（子《し》）監物・松平丹波守内室・黒田伊勢守嫡菊千代等、疱瘡。

○二月九日　「浄光院様」ご逝去。御法事御用、翌十日、土屋相模守仰せつけられ、同十一日、惣出仕、御葬、十九日、御法事、廿日より上野にて始まる。

宝永五年のハシカ流行は、畿内で七月ころに始まり、農村部では二十人に一人の割で死亡したという。しかし死亡率は地域で違いがあったらしく、尾張藩士で国学者の天野信景《さだかげ》はその著『塩尻』で次のように記している。

○戊子の秋、京師浪花より西の方九国に至り、東は東都よりはじめて関左《かんさ》（関東）の国々、尾勢濃三の諸州、一時に麻疹《はしか》流行して、比屋《ひおく》枕に就いて煩《わずら》いはべる。されど人の損ずるはまれなり。

かかる時いつも俗に様々のまじないも、また流行りはべる。枇杷の葉を煎じて浴すれば疹疫に染まずとて、湯浴《とうよく》するもあり。また例の歌なんど念じはべる。「梅が香《か》は　おのれひと木の匂いにて　よその草木にうつらざりけり」なんどいう歌を、家々に聞き伝え、あらぬ「てには（助詞などの語法）」に書きて、まじないしけるもおかし。（『塩尻』巻之三十五）

戊子（宝永五）年の秋に京・大坂より西は九か国、東は江戸から関東諸国、尾張・伊勢・美濃・三河の国々で麻疹が大流行した。しかし死者はマレである。こういう時は必ずマジナイも流行し、ビワの葉を煎じた湯に浴するとか、マジナイ歌を書きつけたりするが、テニオハを間違えて書いていたりして、可笑しい。

第四章 「お鍬祭り」と「お蔭参り」

——六〇年周期の不気味——

一見華やかにみえる江戸の元禄も、麻疹《はしか》や疱瘡《ほうそう》など疫病の流行に加え、小氷期と称される寒冷な気候、加えて地震・火事など、実にさまざまな「大変」に見舞われている。こうした「大変」に向き合い、何とか折り合いをつけながら時に彼らは不思議な対処の仕方をする。それが日本人の心の奥底を流れているのかと思うと、不気味な感じもする。閉じた世界の中で身に着けた生活の知恵なのかも知れない。疫病にも共通する「周期」「集団」というキーワードが、いささか気がかりではあるが……。

お鍬祭り

江戸時代に、「お鍬《くわ》祭り」と称する奇妙な祭りがあった。小さな鍬（多くは木製）をご神体とし、これを神輿《みこし》に納めて練り歩き、次の村へ送ることで伝播し、流行していった祭りである。鍬神《くわがみ》さまとは農業神であり、五穀豊穣《ごこくほうじょう》を祈願する農民たちの祭りであった。祭りの流行はほぼ六〇年周期で、これがすべて自然発生的かというと、そうではない。背後に伊勢神宮の外宮《げくう》、あるいは内宮別宮《ないくうべつぐう》である伊雑宮《いざわのみや》（志摩郡磯部町）の働きかけがあった。

「六〇年」といえば暦が一巡する「還暦」で、その理解には、暦《こよみ》の知識が前提となる。伊勢の御師《おんし》たちが毎年土産物として配布する「伊勢暦《ごよみ》」により、農民たちは暦の知識を身に着けていた。かくして舞台は調えられ、あとは流行のきっかけとなる「鍬神《くわがみ》さま」が伊勢の御師《おんし》たちから配られればよい。いま知られている流行年を列挙してみると、次のようになる。

○寛永八年（一六三一）、天和二年（一六八二）、※元禄一六年（一七〇三）、寛保二年（一七四二）、※明和四年（一七六七）、享和二年（一八〇二）、※文政一〇年（一八二七）、文久二年（一八六二）、※明治二〇年（一八八七）、※昭和二二年（一九四七）

一見不規則のようだが、壬戌《じんじゅつ》（みずのえ・いぬ）年（一六八二年以下六〇年周期の年）と丁亥《ていがい》（かのと・い）年（一六四七年以下六〇年周期の年、※印）の二系列に分けてみると、ともにほぼ六〇年ごとに起きていることがわかる。尾張での流行は「天和二年（一六八二）と安政六年（一八五九）」を除けば、「元禄一六年（一七〇三）、明和四年（一七六七）、文政一〇年（一八二七）、明治二〇年～（一八八七～）、昭和二一年～（一九四六～）」と、ほぼ「丁亥」系列にあてはまる。このうち元禄一六年の流行は、尾張藩士朝日文左衛門の時代であり、人一倍好奇心の強い文左衛門が逃すはずはなく、日記『鸚鵡籠中記』にこう記している。

○八月、木曽路に鍬神《くわがみ》という異霊を祭る。上野国《こうずけのくに》高崎まで駅を伝えて祭り行き、幡旗《はんき》数百、道をささえて行くさま、いと異なり。東都の有司あやしみ見て問うに、尾張の天王の社より出るという。すなわち我が府に告げらる。よって令してその出でし所を尋ぬるに、確かならずとかや。貞享《じょうきょう》二年遠州秋葉の三尺坊伝え祭りしに同じ。鍬神とて間々我が州郡にて、民間西より東へ、北より南へ祭る事侍るは、世の常のことにして、今度他州まで伝えしに、いと異なり。（巻末見合わすべし）（元禄一六・八・一四）

元禄一六年の八月に、中山道に沿いの村々に「鍬神」の祭りが伝えられ、群馬県の高崎まで到達したという。数百の幟《のぼり》とともに送り伝えられたので、人々を驚かせた。幕府の役人が怪しんで出所を問うたところ、津島の天王社だという。そこで尾張藩に確認の問い合わせが来たが、結局よく分からなかったらしい。

かつて貞享二年（一六八五）に遠州秋葉山の三尺坊《さんじゃくぼう》（天狗?・火伏神）が流行神《はやりがみ》として広まり、幕府が村送りすることを禁じたが、それと同じだ。これまでも村から村へ伝えるのは珍しいことではなかったが、国を越えて伝わるのは異様なことだ、と記し、さらに巻末を参照すべしとする。その巻末には次の文が載る。

○九月、御領分中の百姓郡奉行衆へ出す手形の略。

今度寺社御奉行衆より御出《おだ》し遊ばされ候別紙御書付の通り、鍬神社と号し相定め候社号これあり候や、またほかの宮社において鍬神祭と名付け執行仕ること、これあり候や、また近国他領においても右の両品これある様子承り及び候者これあり候わば、早速申し出《い》づべしと云々。

鍬神社ならびに鍬神祭と申す義、かつて御座なきはもちろん、近国他領に右両様の分承り及び候者一人も御座なくと云々。（元禄一六・補遺）

これは幕府の要請を受けた尾張藩寺社奉行が、村方に「鍬神社」の所在の有無、「鍬神」合祀の有無、他国における情報などを問いただしたのに対し、いずれも「存知せず」の回答だったと記している。

朝日文左衛門が、文人リークルの「文会」を通じ知遇を得た当代一流の学者天野信景《さだかげ》も、その著『塩尻』の中で、元禄の「お鍬祭」について記している。少し長いが引用しておく。

○癸未《きび》の秋、濃州恵那郡神野村より鍬神祭とて、村々駅を伝えて上州高崎に至りし。有司あやしみて送り返し、我が府の吏に付て正されける。九月廿六日、吏人をして「此の祭往古よりありしや、勢州より出るというなる神鍬のこと、本拠ありていずれの時より祭れる」なんど尋ねられし。予、曰く「俗に伝うる太神宮二月御田の時の神事の鍬なりとて、師職の者近世近き国々を持ち回り祝いののしり、村より村へ伝え、果てはその終る所の神社へ納め置くとぞ。根本鍬を神霊にして祀ることなく、また伊勢の神人等諸国へこれを送ることもなし。

元禄一六年（癸未《きび》年）の秋、美濃国恵那郡神野村からはじまった御鍬祭は、木曽路を伝播して上野《こうずけ》国の高崎に至った。しかし訝《いぶか》しんだ役人はこれを追い返し、尾張藩に事の次第を問い合わせてきた。そこで藩の役人が「この祭りは昔から有ったのか、伊勢から齎《もたら》されたという鍬神はもともと何処に祀られていたのか、また、どういう時に祀ったのか」と尋ねてきた。私はこう答えた。「伊勢神宮で二月に行なわれた鍬山《くわやま》神事（神田下種祭《しんでんげしゅさい》）の鍬を、御師《おんし》が近くの村へ持ち込んで殊更に祝い、それを次々村送りし、最終の村の神社に納め置くと聞く。しかし元々「鍬」自体を神として祀ることはなく、伊勢の神職がこれを配ることもない」。

○然るに近世、神人《じにん》謀計のために鍬の形をしたる木を、所々の村民に送る。土民は愚《おろか》にして何の弁《わきまえ》もなく、かくすればめでたきことなりと、所々の神のごとく崇《おが》むとかや、彼の諸社の大麻筥《たいまばこ》は、祓《はらえ》の巻数なるを、庶人直《じか》に祓の麻筥《ふだばこ》を神とし崇むるごとくなり来れば、鍬を神として尊ぶもその類なるべし。「夫れ神田を営《つく》る鉏鍬《すきくわ》の柄を採る者は、毎年二月、先ず山口及び木本《このもと》を祭り、然るのちに採れ」と『延喜太神宮式』にあり。『雑例集』二月一日に内宮鍬山神事、御田種蒔《たねま》く耕作也。上の亥の日、外宮鍫山《くわやま》伊賀利神事といえり。鍫山は『内宮儀式帳』にいわゆる湯鍫山の事なり。山口木本の神を祭るといえども、鍬を祭る事なし。今の世、道理なき淫祀多し。

「ところが近年、伊勢の神人《じにん》（下級神職）は謀《はかりごと》をめぐらし、鍬の形をした木を村民に送り、何の知識もない彼らはその木を神のように拝む。諸社が蔵する大麻筥《たいまばこ》は、御祓札《おはらいふだ》を納める筥に過ぎないのに、その筥を神として拝むようになる。鍬形の木を神のように尊ぶのも同じ類いの話だ。

『皇太神宮（内宮）儀式帳』に「凡そ神田を営《つく》る鋤《すき》、鍬《くわ》の柄を採《と》るには、毎年二月に先ず山口《やまぐち》及び木本《このもと》を祭りて、然るのちこれを採れ」とある。また『神宮雑例集《ぞうれいしゅう》』の「年中行事」二月一日の項に「内宮鍬山神事《ないくうくわやましんじ》は御田《みた》に種蒔《たねまく》耕作なり」とあり、二月九日「外宮の神事」の項に「上亥日。同宮鍫山《くわやま》伊賀利神事」と出ている。鍫山とは『皇太神宮儀式帳』の「年中行事并月記事」二月例に出てくる「湯鍬山（忌鍬山《ゆくわやま》）」の事で、神田を耕す鍬の「柄《え》」を採るため、登る前に忌鍬山の入口で山口の神を祭り、木本《このもと》に至って木本祭を行うが、いずれも「鍬」自体を祭ることはしない。今の世は、道理に合わない妙な祭りが多い」。

　天野信景は、さすがに学者だけあって文献に通じている。「皇太神宮儀式帳《こうたいじんぐうぎしきちょう》」は、延暦二三年（八〇四）に皇大神宮（内宮）祢宜《ねぎ》より神祇官《じんぎかん》に提出された解文《げぶみ》で、『延喜式』中の「伊勢大神宮式」を制定する際の資料にされ、「止由気太神宮《とゆけだいじんぐう》（外宮）儀式帳」と並び、神宮関係最古の資料である。その中に伊勢の神田で耕作する「鍬《くわ》の柄」を忌鍬山《ゆくわやま》から切り出す儀式について定められていて、遷宮の用材切出しの時と同様「山口祭・木本祭」を行うが、鍬や鍬の柄を祭ることは一切ない。要するに信景は、「根拠のないものをご神体として祀ることの愚かさ」を指摘しているのである。なお「鍫」は「鍬」の異体字、「湯」は「忌」の当て字で、「皇太神宮」はいま「皇大神宮」と書くが、古い文献は「太」を用いた。

○我が海部《あま》の津島、六月十五日青葦を束ねて川に流すことあり。これ六月祓《はら》えの具の類にて、流離し失せ侍るを事とするものなるを、川下の民ひたすら取り上げ、仮の舎を作り留め置き、のちに牛頭天王《ごずてんのう》なりとて、祠《ほこら》なんど立てしもあり。彼《か》の鍬形も元来神田を耕し初《そ》めし鍬なり。これを納むれば、田穀豊饒《でんごくほうじょう》なりなんど言い、初穂を取る故に、民、愚に信じ田圃登場のまじないとて、田はたけの辺持ち歩き、太鼓を打ち笛を吹くなんどし、或は戯藝を張り遊興をするもあり。桑木の鍬形したる物に手を付け、又は短冊なんど結びつけ、神のごとく持ち歩く。夫れより猶《なお》誤りて、鍬神の名さえ出来、民の費《つい》えをなすことにはなり侍るにや。とにもかくにも不学の民、淫祀《いんし》をなすこと、これにしも限

らず侍るか」と答えし。（『塩尻』巻六・鍬神祭）

「わが尾張国海部郡の津島社では、六月一五日の天王まつりの日に、一年間の厄が付いた葦を束ね、川流しする行事がある。これは六月祓えの道具で、何処かへ流れ失せてしまうのを例としていたが、川下の民が殊更《ことさら》にこれを取り上げやがて祠を作って牛頭天王として祀るようになった。鍬神も同じで、元来神田を耕した鍬なのだが、これを納めると五穀豊穣になるなど言いふらし、田畑の周りを笛太鼓を奏して持ち歩き、揚句は技芸・遊興まではじめる。鍬の形をした桑枝に、短冊などを御幣のように結んで神のごとく持ち歩き、これを「鍬神」などと称する。とにかくすべて不学の民衆たちの間違った祭祀であり、類似のことはこれ以外にもあるだろう」と答えた。

あくまで学者の目で見ていて、御鍬祭りを「淫祀」と切り捨てている。「六〇年に一度の農民の祭りだから、鍬を祭ろうと鎌を祭ろうと、黙って見守ってやれば……」という気もするが、そうした寛容さはないようだ。

お蔭参り

「御鍬祭」の流行した元禄一六年（一七〇三）から二年経った宝永二年（一七〇五）、今度は「お蔭《かげ》参り（抜け参り）」の大流行が始まった。この流行は、やはり六〇年周期で五回あったとされる。各回の特徴を、鎌田道隆氏は次のように要約されている（『お伊勢参り』中公新書）。

①慶安三年（一六五〇）、江戸の商人たちが中心、参詣者は白装束。
②宝永二年（一七〇五）、京都の子供たちが発端、三六二万人と伝える。
③享保八年（一七二三）、京都花街の遊女など、派手な衣装・装束。
④明和八年（一七七一）、京都周辺からはじまる、お札降りで拡大。
⑤文政一三年（一八三〇）、四国の阿波からはじまる、四五〇万人以上。

先の「御鍬祭」は「伊勢から地方への広がり」であったが、今度の「お蔭参り」は、「地方から伊勢への集中」である。この場合の「おかげ」は諸説あるものの、神様の「おかげ」とするのが、もっとも分かりやすい。最初の慶安三年の段階では「おかげ」ではなく「ぬけ参り」と呼ばれていたが、宝永で「おかげ」の語が現われ、明和のときにはこの「おかげ」が定着する。

このうち宝永二年の流行は朝日文左衛門の日記に詳しい。

〇二十日　頃日《けいじつ》より伊勢参宮人、京師《けいし》大坂等より夥《おびただ》しくこれあり。これ頃日京大坂等、種々の神異掲焉《けちえん》（目立つ）なり。あるいは数十里の所を二、三日に往還し、あるいは死せし者を葬りし後、その人恙《つつが》なく勢州より帰り、あるいは小児不思議の事ありて白馬に乗り、夢ともなく参詣し、または婦人途中にて月水に汚れ、宮川にて溺流し、その連《つ》れ下向《かえり》にこれを見れば、かの溺流する婦人恙なく岩上に茫然として立ち居たるなど、一々枚挙するべからざるなり。『大神宮利生記』などという書、板行（一冊）す。その内種々の神異これあり。（これより後に尾州にて神異畧所々に筆す。併わせ見るべきなり）難波寧楽《なら》はさらにも言わじ。畿内一時に妖異の事を言いふらして、諸人狂せるごとく、人の妻子たる者、僕従なる輩、暇をも乞わず、家を逃れ出《い》づるがごとく、足を空に惑うて参詣す。五月の初めころは別して多く、これより東西の諸国色めき立ちて、我も我もと詣《まい》るほどに、京田舎の者会いて、宮川の渡しには毎日六、七万人も渡しける。

『塵点録』に当年の参宮夥しき事を記す（併せ見るべし）。『宝永千歳記』（七冊）という仮名本、諸国の神異を記す。但し出口延昌の『続神異記』二巻と大概同事なり。両本ともに当年開板なり。（宝永二・閏四・二〇）

日記からも宝永の「おかげ参り」の発端が、関西であったことが分かる。伊勢参宮の流行に拍車をかけたのが、方々から聞こえてくる神異譚だった。

数十里を二、三日で往復したとか、亡くなって葬ったはずの死人が何事もなかったように伊勢から帰って来たとか、子供が白馬に乗って参詣して来たとか、参詣の途、月のもので穢れた婦人が宮川で溺れ行方不明になったが、連れが帰りに見ると流れの岩の上で茫然としていたとか、一々数えきれない神異が起きているという。

こうした噂が関西方面で流され、その結果「皆狂ったようになり、人の妻子や従僕たちは、暇も乞わずに家を出て、参詣に向かう」と記している。とくに五月頃がピークで、伊勢の入口にあたる「宮川の渡し」には、毎日五、六万人が集まったという。なお「難波・寧楽はさらにも言わじ……」以下は『武江年表』七月条に、「難波・寧楽はさらにもいわず、畿内一時にいいはやらして、諸人狂ぜる如く、妻子・従僕、其の主にいとまを乞わず家を出て参詣す」「数十里の所を二、三日に往還せし談あり。或は死せしものを葬りし後、其の人恙《つつが》なく帰りし話あり」といった類似の話を載せており、同一資料から引いたものと思われる。

なお文中の資料本については、塚本学氏が摘録『鸚鵡籠中記』の中で「『宝永千歳記』は宝永二年刊行のことが知られるが、『続神異記』はあるいは『伊勢太神宮続神異記』のことであろうか。著者名もちがい、現在知られるところでは宝永三年の刊行である」と注記されている。『塵点録』は父重村の記した地誌的なもので、重章も一部加筆したとされる書。『大神宮利生記』については詳細が不明である。

○大坂より来たる状の趣を略書す。

今月二十日ごろより別して参宮人盛んになり、日々に老若男女四、五万人に及び申し候。これにより当地名代の輩は申すに及ばず、町々より右の参詣人に思い思いに寄進仕り候。

一、一日に鳥目十貫文、二十貫文、あるいは三百貫文まで、毎日所々に出し取らせ申し候。中にも鴻池一党より二千両のつもりのよし。

一、鴻池善右衛門より銭千四百貫文。

一、海部屋より銭二百貫文。

一、日野屋九兵衛より同二百六十貫文。

一、平野町一町目より同二百貫文。

一、鴻池道意、亀松より丁銀十貫匁入り九箱。（道中馬三駄にて遣わし候よし）
一、餅、飯、団子、扇子、団、すげ笠、檜笠、水口笠の類、思い思いに取らせ申し候。すげ笠大坂堺の笠切れ候いて、檜笠・竹の子笠買い取らせ申し候。
一、今橋紙屋中より半紙半帖ずつ取らせ申し候。（三十丸ばかり）
一、八軒屋より伏見まで登り船毎日百艘余（ある状に二百艘と）ずつ寄進のため乗せ申し候えども、なかなか船足り申さず候。二十二日より陸路を登り申し、夜に入り候えば人歩を出し、寄進の挑灯《ちょうちん》六、七百ほどずつにて送らせ申し候。五十匁がけ蝋燭二挺ずつ添えてと云々。
一、京橋より今橋までに、酒屋の桶二十ばかり出し、銭を集め入れ、一つに人足七、八人ずつ付け申し候いて、参宮人に銭取らせ申し候。
一、高麗橋辺より東へ浜通り、夥しき群集賑わしさ筆紙に及ばず。
一、銭の儀、十一匁七、八分《ふん》仕り候処、頃日の参宮人にて俄《にわ》かに高く、昨日十二匁三分、今日（二十五日なり）十二匁一分《ふん》五厘《りん》仕り候。（以上銭一貫目の銀の相場）
一、毎日銭四万貫ずつ持ち寄り取らせ申し候。雨天の節は表屋中申し合わせ、手嶋ゴザいか程にても出し申し候。

「大坂より来たる状」というのが、どういう性格の「状」か分からないが、参詣人への対応の様子はかなり詳細に報告されている。とくに大坂の大商人や伊勢参詣道沿いの人たちが、私財を割いて参詣人に奉仕していることがよく分かる。それでも毎日四、五万人の人へ施すのは大変だったろう。ついに大量の銭を費やすため、銀に対する銭の相場が上がったという。

江戸前期（一六〇九年）の定めでは「金一両＝銀五〇匁《もんめ》＝銭四貫文《かんもん》」の交換比率だが、銀貨（丁銀《ちょうぎん》・豆板銀《まめいたぎん》）だけが秤量《しょうりょう》貨幣（重さを量って通用、単位は匁《もんめ》・分《ふん》・厘《りん》・毛《もう》の十進法）で、金・銭に対する銀の相場は常に変動した。銭一貫文に対し銀は一二匁五分《ふん》が基準の筈だが、当時一一匁台まで銀が値上がりしていたらしい。それが銅銭の急な需要で銀は値下がりし、一二匁台に乗った。なお「上方の銀遣い」という言葉があるように、大坂では銀取引が一般的だった。鴻池善右衛門の銭千四百貫文は金に直せば三五〇両で、鴻池一党の寄進総額は二〇〇〇両になるとある。しかし豪商鴻池にとって大した出費ではあるまい。

「八軒屋より伏見まで」とある八軒屋（現、大阪市中央区旧淀川左岸）は、当時大坂と京都を結ぶ淀川船運の要衝にあたり、熊野参詣の起点でもあった。江戸時代「八軒の船宿」があったことから八軒屋と呼ばれるようになったとされ、平安時代は「渡辺津」と称する港だった。いまは観光船の着岸する「八軒屋船着場」が整備されている。大阪城外堀の北西端に近く、天満橋駅からすぐ。

「京橋より今橋まで」とある「京橋」は、寝屋川が大川（旧淀川）に合流する地点近くに架かる橋、「今橋」は、その下流一キロで大川（土佐堀川）と結ぶ「東横堀川」に架かる橋、その南に「高麗橋」がある。最後の文にある「手嶋ゴザ」は「豊島莫蓙《てしまござ》」のこと、摂津《せっつ》国豊《て》島郡《しま》（現、大阪府池田市辺）産の小さなゴザで、よく酒樽を包むのに用いる。雨を凌《しの》ぐためにこれを通行人に配ったらしい。

一、参宮の者、五、六歳より十四、五までの者ども大分なり。二十六日より少し減り、あらあらと仕り候処、また尼ケ崎より大分参り候ゆえ、右より多くなり申し候。大坂天満等商売も細工等も相やめ、町々残らず抜け参りの世話をやき、取り持ち申し候。諸職人の弟子ら残らず参詣仕り候ゆえ、おのずから諸細工職やめ居り申し候。芝居も頃日は仕らず候。（京辺多しといえどもなかなか大坂には及ばず候）

「ぬけ参り」の語源説明に「親や主人の許可なしに黙って抜け出た伊勢参り」というのがある。宝永のぬけ参りは、どうやら子供や女性からはじまったらしい。流行がはじまって間もない四月二一日から翌閏四月二一日までの一カ月間に、ぬけ参りした六歳から一六歳までの男女は二万人以上に達し、一七歳以上では女性の方が多かったという。

本居宣長は『玉勝間《たまかつま》』で、閏四月九日から五月二九日までの五〇日間で参宮者三六二万人、最高は一日二三万人だったと記している。伊勢の神官度会弘乗《わたらいひろのり》が宝永三年正月付で刊行した『伊勢太神宮続神異記』もほぼ同じ数を挙げていて、かなり信用できる数だ。人数のカウントは、「宮川の渡し」ではないかという（鎌田道隆氏・前掲書）。朝日文左衛門が得た情報でも「五、六歳から十四、五歳」と、子供の多かったことを記している。

一、今度ぬけ参り大坂の起こり、茶屋和泉屋作兵衛召仕い下女ぎんぬけ詣りす。下向の時、作兵衛怒りて縛り二階にこれを置く。その後ぎん宿来たり。ただ今ぎん下向仕り候、御免と申す。作兵衛不審かり、二階へ行きてこれを見るに、御祓いの大麻を縛りてこれある故に、和泉屋夫婦参宮す。聞き及び所々参詣すと。かようの神異一々筆記すべからず。これは大坂よりの状を見るによりて、聊《いささ》か書す。

これも神異のひとつ。「今度のぬけ参りは大坂で起きたが、茶屋（宿）を営む和泉屋作兵衛の下女「ぎん」が、主人に断りなく「ぬけ参り」し、やがて帰って来たので、怒った作兵衛は下女を縛り二階へ閉じ込めた。ところが間もなく下女が主人の許へやってきて、「只今戻りました、お許しください」という。不思議に思った主人が二階を覗くと、御祓いの大麻が縛られてあった。仰天した作兵衛夫婦は、その足ですぐに参拝に向かった」という話。

一、京・大坂の傾城《けいせい》大夫残らず参詣す。いわんやそれ以下の遊女・茶屋女ら夥しく参詣す。前代ついに未聞の事なりと。

一、京三条橋より追分までの内、京中の町人ら銭を出して参宮人に寄進す。

一、膳所《ぜぜ》の守護より船を出して、参宮人を乗せ申し候。

そのほか水口・津等駕籠等を出し、小子を乗せ、宿等を沙汰し、万事気を付け、病人らに医師をかけ、いろいろ介抱のよし。

一、伊勢の師職ら、宮川の端の垢離場《こりば》に垣を結わせ、小児ら溺流《できりゅう》せざるようにす。また大釜を所々に置き、粥を煮て参宮人にあたう。

一、京にては参宮人数を言上《ごんじょう》すと云々。

「京都・大坂の傾城・太夫・遊女らが残らず参詣した」とあるが、「傾城」は遊女の中でも太夫・花魁など上位のものを指す言葉である。遊女たちの行動が発端になったのは、次の享保八年（一七二三）の「お蔭参り」で、三月に京都祇園町の遊女ら三八人が、賑やかに三味太鼓で繰り出したという。本島知辰の『月堂見聞集』巻一五に「男女三十八人のほか荷持ち、駕籠の者ども大勢召し連れ、参宮仕り候。のぼりに《千里安行参》と書きつけ、その次に三色染め分けの吹貫《ふきぬき》（吹流しに似るが、口が半円ではなく円形のもの）・太鼓・笛・鼓《つづみ》・三味線の類持たせ、衣類は種々異形」とある。

子供・女性・遊女が「抜け参り」の主役になることに伊勢参詣流行の秘密がありそうだ。「抜け」には、「日常の規範や抑圧からの解放」という意味があり、子供や女性は「数」に守られながら、日ごろの思いを実現できたのである。未曽有の「数」を目の前にして、膳所・水口・津の支配層や沿道の商人たちは、唯々《ただただ》喜捨・寄進をすることで、この狂気が穏やかに去ってくれるのを期待したであろう。文左衛門は、このとき目にした落首を書きつけている。

狂詠　御参宮百人一首（細字は本歌）

秋の田を　植付けもせで　ぬけ参り　我が着るものは　雨に濡れつつ
秋の田の　かりほの庵の　苫をあらみ　わが衣手は　露にぬれつつ
春過ぎて　夏季にはやる　ぬけ参り　衣《ころも》着ながら　尼も法師も

春過ぎて　夏来にけらし　白妙の　衣ほすてう　天の香久山

足引きの　人も奇特や　ぬけ参り　なかなかし旅を　ひとり行くかな

あしびきの　山鳥の尾の　しだり尾の　長々し夜を　ひとりかも寝む

田子の浦　打ちあけいづる　ぬけ参り　駕籠の高値に　銭をかまわず

田子の浦に　うち出でて見れば　白妙の　富士の高嶺に　雪は降りつつ

我が庵は　都の端の　なごりかな　ようぬけ参りと　人は言うなり

わが庵は　都のたつみ　しかぞ住む　世をうぢ山と　人はいうなり

菅笠の　白きを見れば　ぬけ参り　渡せる橋も　銭を取られず

かささぎの　渡せる橋に　おく霜の　白きを見れば　夜ぞふけにける

奥山に　独り住む身も　ぬけ参り　追手の声を　聞くも悲しき

奥山に　もみぢ踏みわけ　鳴く鹿の　声きく時ぞ　秋は悲しき

此の比《ごろ》は　行も帰るも　ぬけ参り　知るも知らぬも　大坂の人

これやこの　行も帰るも　別れては　知るも知らぬも　逢坂の関

花の色は　うつり替りし　ぬけ参り　わが身少しの　旅をせしまに

花の色は　うつりにけりな　いたずらに　わが身世にふる　ながめせし間に

天の岩戸　振袖《ふりそで》見れば　ぬけ参り　浅まの山（朝熊山）に　七八《ななや》十四五

天の原　ふりさけ見れば　春日なる　三笠の山に　出でし月かも

頃日、七八十《ななや》四五すっとんとんという歌流行《はや》れり。（宝永二・閏四・二〇）

文左衛門の『日記』の五月以降は、地元名古屋の話が中心になる。やはり神異譚であるが、よく読むと「本当かも知れない」話もある。

○二日　頃日、名古屋松屋町ふと物屋の甥、隣の子を連れ来たり、金二分貸し給え、参宮せんと言う。取り合わずしてこれを叱《しっ》す。子供立腹し、然らば損させんとて、持ちたる柄杓《ひしゃく》にて溝の泥を掬《すく》い木綿棚へかけ、とやかくする内に溝の中より金二分掬い出し、これにて良しとて参詣す。亭主も興《きょう》を冷《さ》まし同じく参詣す。（宝永二・五・二）

江戸時代の金貨は、大判・小判のほか一分金《ぶきん》・二分金・一朱金《しゅきん》・二朱金などがある。単位の「両・分・朱」は四進法で、「一両＝四分＝一六朱」だから一分金四枚、一朱金一六枚で一両になる。

「一分金」は慶長以来各期に発行され一〇種に及ぶが、「二分金」は江戸後期の文政以降で四種、「二朱金」は文政発行の一種のみである。つまり日記の時代には一分金しか発行されておらず、通用していたのは慶長一分金か元禄一分金ということになるが、質の悪い元禄金を発行して以来しばしば手持ちの慶長金を元禄金に交換するようお触れが出ているから、「溝の中より金二分掬い出し」とあるのは、おそらく「元禄一分金」二枚だろう。それでも一両を一五万円程度とすれば、相当の価値である。例えまぐれでも短時間で一分金二枚が見つかったのなら、長屋中総出で、ドブの総浚えをしてみてはどうか。

○七日　桶屋町《おけや》（桑名町三丁目）蒔絵師《まきえし》岩井屋治右衛門子長十郎（十一歳）、辰刻過《たつのこく》ぎ、近所の子供と共に五人伊勢へぬけ参りし、九日昼未刻過《ひつじのこく》ぎに長十郎一人欣然《きんぜん》として下向す。父母思えらく、半途より帰るらん。長十郎いう、「桑名とかやにて同道にはぐれ茫然たるに、出家《しゅっけ》来たり、馬に乗せ連れ行き参宮し、岩戸まで拝みし」という。近所の者寄り集まり、「下向には如何《いかん》」と。いわく「侍衆《さむらいしゅう》、馬に乗せられたりし」と云々。「御祓《おはら》いは何ぞ買わざるや」と。曰く「夜ゆえ買うこと能わず」と云々。母、帷子《かなびら》を着替えさするとて裸にしたりしに、懐中より小祓《おはら》い箱落ちたり。ここにおいて諸人聞き伝え感涙に絶す。

九日の夜、御祓い拝みに老若男女走り集まること、ほとんど火事の如し。町奉行同心不審し、歩《あるき》（歩行《かち》）を聞きに遣わしたり。

翌十日、町奉行より同心を以て僉議《せんぎ》これあり。別の事なく前の如し。神異なりとて奉行も敬すと云々。甚だ人群衆するゆえ、御祓い当分ほかへ拝みに遣わしたりと申すべき由。（町奉行同心青木小左衛門直談）（宝永二・六・七）

桶屋町は名古屋城下「碁盤割」へ越してくる前の清洲時代に、桶師孫左衛門が住んでいた町名に由来する。現在の丸の内二丁目と錦三丁目（南北筋桑名町通の、東西筋杉ノ町通と桜通との間、および桜通の一部）に属する。ただし明治四年に北を桑名町に分離して南の西鍛治町を併せたため、いまの升半茶店より南の「桶屋町商店街」地区がメインになった。

桶屋町に住む蒔絵職人の息子長十郎が、近所の子供五人と七日の午前八時過ぎに「抜け参り」し、九日の午後二時過ぎに帰って来た。親は途中から引き返してきたのだろうと思っていたら、息子いわく「桑名で皆からはぐれ、ボーとしていたらお坊さんが通りかかり、馬に乗せ伊勢まで連れて行ってくれた。岩戸も拝んできた」という。近所の者も集まってきて「帰りはどうした」と聞くと「お侍衆が馬で送ってくれた」と答えた。さらに「御祓い札を何で買わなんだ」と聞くと、「夜だから買えなかった」と答える。母親が下着を着せ替えていると、懐からお札を入れた箱が落ちた。

ここに至って参集の人たちは感涙を流し、たちまち噂は広がって当夜から蒔絵師の家の前は、火事場のような騒ぎとなり、町奉行の同心も不審に思い、手下を遣わし事情を聞かせた。翌日は同心自身が事情聴取を行ったが、別段不審なこともないので、奉行もこれを神異の話として敬った。これは同心の青木小左衛門からじかに聞いた話である、と。

このあとからは、お蔭参り流行のもうひとつの特徴である「お札」や「豆」が天からの降ってくる話が多くなる。

○九日　勢州津の城下へ二尺四寸の大麻筥《たいまばこ》降る。これは長官家より稀《まれ》に出る物。これにより、山田奉行長谷川周防守《すおうのかみ》より右大麻および天降の大豆等、宿次ぎを以て東都へ献上。

(宝永二・六・九)

伊勢の「津」城下へ大麻筥や大豆が降ったという。ときの山田奉行長谷川周防守が、その品々を幕府へ送った。長谷川周防守は名を勝知《かつとも》と言い三千五百石の旗本で、九年前に御目付から山田奉行に転じ、翌年従五位下周防守に叙任している。この伊勢参り流行の年には、すでに五九歳の高齢であり、順当なコースだが、昇進が遅すぎる。若い時の名が、朝日文左衛門と同じ「重章」だったのが良くないかも知れない。

彼が山田奉行のとき、内宮と外宮の神主から中断していた祭事の復活を相談され、奉行の一存で許可した。あとで老中へ報告すると「越権行為である」とえらく叱られた。いったん出仕を留められ、その後許されたものの、さらに何か不始末を仕出かしたらしく、宝永五年六月ついに役を解かれ、小普請組《こぶしんぐみ》入りさせられた。「小普請組」は三千石以下の無役の旗本や御家人が属する組織で、彼は三千五百石だから上位の「寄合」のはず。明らかな降格人事である。のちに寄合に復し八五歳まで生きているから、案外図太い性格なのかも知れない。

このあと山田奉行は、渡辺半兵衛・佐野豊前守直行の二人が正徳元年までの四年間を務め、翌二年（一七一二）、新しく山田奉行として登場するのが、のちの町奉行大岡忠相である。彼も長谷川と同じ御目付から転出のコースだが、年は数えの三六歳と若い。直後に従五位下に叙せられ最初は能登守、越前守と改めるのは享保二年（一七一七）町奉行に進んだときである。

忠相の山田奉行時代、長い間争われていた山田と紀州藩領松坂《まつさか》の紛争解決に乗り出し、理非を糺《ただ》して紀州側領民を重く罰したという話は有名である。吉宗は権威に阿《おもね》らない態度をよしとし、町奉行に抜擢したという。その話も面白いが、松坂が紀州藩領なのが存外であった。

蒲生氏郷《がもううじさと》が四五百森《よいほのもり》に築いた新しい城と城下町は、元和五年（一六一九）に紀州藩領となり、以後は城代のみが置かれ商業都市として栄えた。享保のころ、侍屋敷八一戸に対し町屋は二千三百戸だったという。この極端な比率が、町の性格を物語っている。

○十七日　智多郡有松村甚右衛門悴《せがれ》与四郎（十二歳）、九日にぬけ参り、十三日に帰る。御祓いを得《え》買わざる事を患《うれ》いとす。今日明け方往還筋へ出て古履を拾う処に、新しき内宮の御祓筥に（小さき剣《けん》御《お》祓《はらい》添う）与四郎が背上に落つ。御師の名なし。往還の輩見る者多しと云々。（庄屋甚三郎御代官所への注進の状）（宝永二・六・一七）

○十八日　昨日源右衛門座敷の庭へ大豆降る。（七、八十粒）予、今日親しくこれを見る。大豆より少し大に色泥色にて内赤し。（むかごのごとし）あるいは芽の少し出るもあり。実《げ》に木の実なり。頃日中、所々降る処甚だし。一々枚挙すべからず。あるいはこの豆を拾い得て持仏堂に秘し置く処に、忽ち変じて御祓いとなるという事、所々にこれあり。巾下および志水辺にて確かに見たる由、談ずる者多し。明一九日、両替町かが屋伝右衛門・同町糸屋九郎兵衛方へ大豆降り蔵し置きしに、忽然として御祓いに化す。二十日に町奉行へも町代断わる。

　この天降の豆、評定所の古楠樹実《こくすのきのみ》と少しも違わざるなり。そのほか、隠岐殿裏門の方、大田弥太郎らの処にこの木これあり。（中略）

勢州にて去るころより天降大豆の説甚だ多し。人々銭を出し買い得来たりて甚だ珍宝

とす。これもかの実なり。（宝永二・六・一八）
○五日　尾州町々にて伊勢御祓い多く降る。朔日に日置村庄屋加兵衛家、二日に呉服町下紺屋甚右衛門が家、三日に大久保見町、そのほかあちこち降りしとて男女騒ぎめぐる。
ある商家の手代、
　この盆は　古かけ迄も　とりの年　どこもかしこも（どこの家にも）御はらいがある
昨四日、町奉行に令を出していう、御祓筥降り候と申す事候えども、ただその家ばかりに致し、ほかへ申し広め申すまじき由。（宝永二・七・五）

名古屋の町の各所に御祓い札が降った記録である。日置村は中区松原《まつばら》・大須《おおす》・橘《たちばな》から堀川を西へ越して中川区西日置《にしひおき》・柳堀《やなぎぼり》・広住町《ひろずみちょう》、中村区名駅南《めいえきみなみ》に至る広い地域で、村名は日置神社に由来する。村方であったが町並みが次第に増え、享保年間以降は町奉行の支配となった。

呉服町《ごふくちょう》は現在の丸の内三丁目に属し、京町筋（五条橋へ通じる筋）と杉の町筋の間二丁で、名城小学校の南にあたる。清洲越しの旧称を用いた町という。大久保見町《おおくぼみちょう》は現在の栄二、三丁目で、本町《ほんまち》筋の三蔵通《みつくらどおり》交差点から白川通交差点の間にあたる。江戸時代、本町筋はこのあたりでいったん低くなり『金鱗九十九之塵《こんりんつくものちり》』に「くぼみたる地所ゆえに大久保見町と名付く」とある。南が末広町で、その先は「若宮八幡宮」の西に至る。

名古屋の各所で降るお札に、奉行所も困り果てたのであろう。今後お札が降っても家の者たち内輪の話としてとどめ、外へ宣伝しないようにと触れた。

○八日　頃日、伊勢参宮人別して多し。旅籠賃、中より上は二百文余と云々。朝熊《あさま》の嶽への駕籠十二、三匁と云々。（宝永三・四・八）

翌宝永三年になっても、お蔭参りは続いたらしい。しかし前年の勢いはなく、日記でも一カ所のみの記載である。内容は旅籠賃や駕籠代が高くなったことを記している。この三年後、第四七回の遷宮年にあたる宝永六年に、文左衛門は仲間たち三人と伊勢参りをした。このときの旅籠賃が神戸と小俣宿で百三十文、松坂・四日市では百四十文と記されている。何れも「上《じょう》」の値段であり、比較すると相当高くなっている。ただし江戸後期、『東海道中膝栗毛』の弥次さんが泊まる頃になると、「二食付き二百文」が一般的になる。今のお金で五千円くらいの見当だろう。

第五章　宿命の対決

——荻原重秀と新井白石——

貨幣改鋳をめぐって

二つの大地震の間でお蔭参りが大流行し（宝永二年）、『鸚鵡籠中記』もいよいよ後半へ差し掛かる。

日記前半の為政者《いせいしゃ》柳沢吉保《やなぎさわよしやす》・荻原重秀《おぎわらしげひで》と、後半を象徴する間部詮房《まなべあきふさ》・新井白石《あらいはくせき》は、ともに朝日文左衛門と同時代を生きた人物だが、このうちの荻原と新井は、ライバルというより「宿敵」という言葉が似つかわしい。とくに新井の荻原に対する嫉妬と憎しみは尋常でない（『折たく柴の記』）。その辺りの事情は、村井淳志《あつし》氏の叙述に詳しい（『勘定奉行荻原重秀の生涯』集英社新書）。

荻原重秀といえば真っ先に貨幣改鋳《かいちゅう》が思い浮かぶが、文左衛門の日記にも、この貨幣改鋳の話がたびたび出てくる。その最初は元禄八年（一六九五）の改鋳で、すでに最初の金貨鋳造（一六〇一年、慶長大判・小判）から百年が経っている。貨幣経済も大いに進行し、たとえ質を下げてでも貨幣流通量の増大を図ろうとする政策は、一面時宜を得たものであった。

慶長小判の金一五グラムが元禄小判では一〇グラムしかなく、代わりに銀が五グラム増えた。含有率でいうと金は八四パーセントから五七パーセントに低下、同じ重さを保つため銀が増量され、やや厚ぼったい色白の小判ができる。これに塩素系薬品を塗って加熱すると、塩化銀が浮き出る。これを洗い流すと、表面は金だけが残る（金メッキの手法）。これが「色づけ」である。金含有率からいうと、二枚の小判から三枚ができる勘定だ。なおこのとき丁《ちょう》銀《ぎん》も、銀含有率が八〇パーセントから六四パーセントに下げられた。

元禄八年、改鋳を知らせる触《ふれ》状《じょう》が回ってきたとき、文左衛門はこれを日記に書き留めている。

〇十月小《しょう》（の月）、朔日《ついたち》、予、朝、兵右（城代・富永兵右衛門）へ行き、対面例のごとし。触状来る。

覚《おぼえ》

一、今度金銀吹き直し仰せつけられ、吹き直り候金銀、だんだん世間へ相渡すべきの間、有来の金銀と新金銀と同様に相心得、古金銀残らず吹き直り候までは新金銀と入り交《まじ》え、遣《つか》い方、請け取り渡し、両替ともに滞《とどこお》りなく用い申すべく候。

一、新金銀、金座・銀座より之を出す。世間の古金銀と引き換えるべく候。その節、金銀ともに員数《いんずう》を増し相渡すべき事。

付、古金銀貯え置き申さず、だんだん引き換え申すべきこと。（元禄八・一〇・一）

元禄八年九月に幕府から出された「金銀改鋳の布告」である。「吹く」というのは高温で金属を溶かすためタタラ送風すること、「鋳造」と同じ意味で「吹き直し」は「改鋳」である。

「貨幣の改鋳により、当分は市場に新旧の金・銀貨が入りまじるだろうが、両者を同じように扱ってもらいたい。新旧引き換えのときは、少し割増して交換するから、いつまでも古金銀を貯えておかないように」という内容である。

交換時に割増しをするといっても、高々一パーセント程度である。旧貨一〇〇両が新貨一〇一両になって多少儲けた気になっても、幕府方は一〇〇両が一五〇両に化けたと聞けば、バカバカしくなるだろう。この差額の利益を「出目《でめ》」というが、元禄の貨幣改鋳で得た出目は五〇〇万両に近いとされる。貨幣改鋳は麻薬のようなもので、一度始めたら止まらなくなる。この背景にはむろん幕府の財政悪化があった。たとえば同じ元禄八年の『徳川実紀』に、次のような記事がある。

〇きょう四谷伝馬町《よつやてんまちょう》より失火しけるに、風烈しく焼け広ごり、芝浦の海岸に至りて止《や》みぬ。この日災いにかかる所、紀伊大納言光貞卿の別邸はじめ、万石以上以下の邸宅、市井民屋すべて六万七千四百余家なりという。（元禄八・二・八）

江戸が大火に見舞われ、大名屋敷・侍屋敷・町家六万戸余りが焼失した。二月八日は新暦の二月二二日にあたり、立春は過ぎたがまだまだ底冷えする季節、そんななか六万戸、ざっと二〇万人以上が焼け出された。

火元となった四谷伝馬町は、JR四ツ谷駅を新宿通り（甲州街道）へ上がって少し新宿側に進んだ辺りだ。かつて四軒の家しかない原野だったが、大伝馬町《おおでんまちょう》の佐久間善八が人馬御用に奉仕した褒美に幕府から四谷御門外の明き地（甲州街道沿い）を貰い、すぐ町屋を開いて「四谷大伝馬町」（のち「四谷伝馬町」）とした。この四谷から北西風に煽《あお》られ、火は芝浦の海岸へ向け焼け広がった。紀伊二代目藩主光貞公の別邸（紀伊藩中屋敷）は、現在迎賓館のある赤坂御用地で、火元のすぐ南に位置する。さらに南には現在青山霊園になっている青山大《だい》膳亮《ぜんのすけ》の邸宅をはじめ広大な諸大名の邸宅が、芝の増上寺方面へ向いて立ち並ぶ。翌日の記事には、紀伊の光貞に火事見舞いとして二万両が贈られたとある。他の大名や市井の民に対しても相応の出費があったろう。

もうひとつ目に付く記事は、生類憐み（憐愍）令である。犬公方《いぬくぼう》とあだ名された綱吉の法令が厳しくなるにつれて、野犬が増え、幕府も自前で犬を収容せざるを得なくなり、東大久保村（現、新宿駅北東一キロ、抜弁天・厳嶋神社辺り）に二万五千坪、中野村西部（現、中野駅の西から高円寺方面環七通まで）に一六万坪の犬小屋をつくったが、たちまち収容数は一〇万匹を超えたという（『徳川実紀』）。

○十三日中野犬小屋の地墻《ちしょう》（垣で囲んだ土地）内十六万坪、こたび落成により府内市街の犬をつかわし、畜養せしめらる。不日（日を置かずして）に十万頭に及ぶといえり。

（元禄八・一一・一三）

犬には一日米二合と銀二分を費やし、一日に支出する銀が一六貫（金三百両）、年間で一〇万両になる。犬を大切にするのは一向に構わないが、人間より大切にするのはやり過ぎである。火事や犬だけで幕府財政が悪化したわけではないが、「推して知るべし」の記事である。

同じころ、家督を譲られた文左衛門の周辺はというと、九月に両親は隠居部屋へ移り、名実ともに重章《しげあき》が朝日家の主《あるじ》となった。妻の「おけい」が「おこん」を出産したのは、改鋳の触れが出る半年前の三月のことであった。

翌九年の七月、幕府から「新しい金銀改鋳が進んだので、両替屋に問い合わせ、新旧金銀引き換えを早く行いなさい。いずれ古金銀は通用停止にする」という布告が出され、おそらくこれも触状として回ってきたのであろう。『日記』には、次のように書き留められている。
○十日　吹き直し金銀だんだん出来寄せ候間、誰人によらず所持の古金銀を両替屋方へ聞き合せ、油断なく新金銀と引き換え申さるべく候。吹き直し新金銀出来《しゅったい》の上《うえ》は、古金銀の通用停止《ちょうじ》となすべく候間、その旨存ぜらるべく候……。（元禄九・七・一〇）
そして翌元禄一〇年四月に、一応金銀改鋳の仕事は終了した。来年三月までは旧貨幣も使用してよいがそれ以降は使用を認めないという。小判で二七パーセント、丁銀で一六パーセント品位が落ちているが、そのことについて文左衛門のコメントはない。いったい当時の人たちは、どの程度改鋳の内容を知っていたのだろうか。元禄八年の布告は次のように伝える（『徳川実紀』）。
○近年山より出る金銀も多からねば、通行の金銀もようやくに減ずべし。よて宝貨の品格を改め、世に多からしめんがため、こたび仰せ出さるる所なり。改鋳によて、世人所蔵の宝貨収公せらるるにはあらず。官府にある所をまず改鋳せられし上にて、世上に出さるべし。（元禄八・八・一九）
「近年鉱山から掘り出される金銀が減少し、世間に出回る金銀貨も次第に減ってきたので、金銀貨の品位を変えて貨幣の量を多くすることにした」と説明しており、新貨幣の質の低下を隠していない。交換に際しても「新貨幣の員数を増して行う」としている。しかしそのプレミアムが一パーセント程度（のち二・五パーセント）であることは前に指摘した。一般の人は二〇〜三〇パーセントの出目《でめ》（差額）があったとは気づかないだろうが、両替商なら金銀の比重が二対一と知っており、新しい小判の体積を測れば、含有率の変化は簡単に割り出せるはずだ。

『三王外記《さんのうがいき》』には、荻原重秀が元禄一二年に粗悪な「寛永通宝」を鋳て「荻原銭《おぎわらせん》」と酷評されたことに対し、「貨幣は国家の造る所なり。瓦礫《がれき》を以てこれに代えるといえども、且《まさ》に行うべし。いま鋳する所の銅銭、悪薄《あくはく》といえども、なお紙鈔《ししょう》（紙幣）に勝る。これ遂行すべし」と語ったとある。これが本当なら「金属貨幣」の時代にあって、すでに将来の「名目貨幣」、さらに究極の「紙幣」段階までの見通しを持っていたことになる。西洋で「法の強制があれば、紙幣も貨幣のかわりに通用しうる」と気づくのは二〇世紀の初め、彼らに二〇〇年先行する日本人がいたとは、驚きである。儒者で金銀崇拝者の新井白石にはまったく無縁の世界であり、これでは白石に嫌われたのも無理はない。

元禄一〇年の春をもって、元禄小判の改鋳事業は終了した。「来る寅《とら》（元禄一一年）三月までは、只今《ただいま》のとおり新金銀と一様《いちよう》にこれを用い、それ以後は古金銀通用相止み、新金銀とばかり用うべき」としたが、交換は思い通りに進まず、翌年正月に、「当三月を限り候ようにと去年四月相触れ候ところ、今においても古金銀相残しこれある由に候……来卯《う》（元禄一二年）三月を限り、残らず引き換え候ように…」と一年の延期を布告している。新旧小判の交換が滞っていた元禄一〇年の六月、今度は新しい二朱金《にしゅきん》が鋳造された。『徳川実紀』は次のように記す。

○こたび新金の二朱判鋳造して、世上へ流布せしむるは、通貨便を得んためなれば、国々その旨を心得、授受互いにとどこおりなく用うべし。二朱判は一分判《いちぶばん》の半たるべし。（元禄一〇年七月）

小判一枚は一分金（銀）の四枚に相当、一朱金（銀）なら一六枚に交換できる（一両＝四分＝一六朱の四進法）。二朱金は銭（銅銭）七五〇文に換算され、金貨もようやく庶民生活の銭《ぜに》に近づいた。

小判の交換になかなか応じなかった人たちとは、おそらく庶民階級ではあるまい。庶民は日常的に小判を用いる生活などしていない。「銭」つまり銅銭の世界である。屋台の「かけそば」が一六文で今の四百円見当と考えれば、一文（銅銭一枚）は二五円、「うな重」が一〇〇文で今の二五〇〇円見当なら、「一文＝二五円」は一つの目安となる。時代によって銭の交換相場は異なるが、一両＝六〇〇〇文として小判は今の一五万円相当か。蕎麦を食ってお勘定に小判を出したら、オヤジに殴られるだろう。小判は庶民に縁遠い。

質のよい慶長小判を大量に貯め込んで（退蔵して）いたのは、両替商などを営む大商人たちだった。今度の改鋳で、幕府は小判二枚を三枚に増やせる。二万両の貯えは三万両になるはずで、慶長小判を溜め込んだ商人はできるなら自分で鋳直《いなお》したい。しかし勝手にやれば通貨偽造になる。幕府に差し出せば、二万両がそのまま新判二万両プラスアルファーに換わるが、実質一万三〇〇〇両近い価値が減じる。何とも口惜しくて、なかなか交換に応じられなかった。こうしてみると荻原重秀の政策、必ずしも弱い者いじめとは云えない。

元禄になって、消費経済は飛躍的に発展した。平たくいえば、「金さえあれば」という世の中で、現代に似ている。元禄の改鋳で得られた出目《でめ》は五〇〇万両近くあり、それだけ通貨量が増えたと考えれば、経済の拡大に即した政策といえるだろう。幕府も重秀のやり方を認めていたわけで、改鋳事業が始まって間もない元禄八年一二月に千石が加増され、翌九年勘定奉行に昇進し二千石となった。それが抑々《そもそも》、新井白石には癪《しゃく》の種だった。宝永六年（一七〇九）正月に綱吉が亡くなり、家宣の就任準備が始まった二月ころ、『折たく柴の記』は次のような話を載せている。

○前代（綱吉公の時代）に国家の財用、加賀守忠朝《ただとも》（老中大久保忠朝）掌《つかさど》りし由なれども、真実は近江守重秀（勘定奉行荻原重秀）一人に任《まか》せられしかば……加賀守も其の詳《つまび》らかなる事をばしらず。まして其の余の老《としより》ども（老中たち）の相あずかれる所にはあらず。

○いま重秀が議《はか》り申す所は、御料（天領）すべて四百万石、歳々《さいさい》に納めらるゝ所の金は凡そ七十六七万両余（この内長崎の運上六万両、酒運上六千両）、……この内夏冬御給金（旗本への切米金）の料三十万両余を除くほか、余る所は四十六七万両余也。しかるに去歳の国用（去年の国費）、凡そ金百四十万両に及べり。このほかに内裏を造りまいらせらるゝ所の料、凡そ金七八十万両を用いらるべし。されば今国財の足らざる所、凡そ百七八十万両に余れり。

○いわんや当時（当面）の急務、御中陰《ごちゅういん》（綱吉の四十九日）の御法事料、御霊屋《みたまや》（綱吉の御廟）作らるべき料、将軍宣下《せんげ》の儀行わるべき料、本城に御わたまし（本丸へ引き移る）の料、このほか内裏造りまいらせるべき所の料（前年の宝永五年に内裏が焼失、造営はこの年十月に成った）、なおあり。しかるに只今、御蔵《おくら》にある所の金、わずかに三十七万両にすぎず。この内二十四万両は、去年の春、武相駿（武蔵・相模・駿河）三州の地の灰砂（宝永四年の富士山噴火による降灰）を除くべき役《えき》を諸国に課《おお》せて、凡そ百石の地より金二両を徴《めさ》れしところ、凡そ四十万両の内十六万両をもて其の用に充てられ、其の余分をば城北の御所（田安門・清水門内に建てる予定の殿舎）造らるべき料に、残し置かれし所也。

先君綱吉公の大喪《たいそう》を終えた後は、江戸城本丸へ五人の老中が交代で宿直をしている。早く家宣に西の丸から本丸へ移って欲しいが、そのために新しい御座所《ござしょ》が必要で、さらに大御台所《おおみだいどころ》（先君の嫡妻、鷹司信子）の御所も造らなければならない。その件を老中に議《はか》らしたところ、とんでもないことが判明した。

まず幕府のお金について、老中のうち関与しているのは大久保加賀守忠朝ただ一人、その忠朝も勘定奉行の荻原近江守重秀に一任しており、その重秀に費用のことを相談すると、そんなお金はないといい、次のような理由を述べた。

「幕府天領四〇〇万石からの収入は七七万両、ここから旗本への切米金《きりまいきん》三〇万両を引くと、残り四七万両、さらに昨年の歳出分一四〇万両と造営中の内裏再建費八〇万両を引くとすでに一八〇万両の赤字である。今後は常憲院《じょうけんいん》（綱吉の院号）の四十九日法要費、御廟の建設費、将軍宣下（五月実施）を受ける儀式、本丸への引越費用などが要るのに、いま金蔵《かねぐら》には三七万両しかない。しかもその内の二四万両は富士山噴火の降灰を除く費用を課して集めた四〇万両から流用した金である」と。

これを聞いて加賀守はじめ老中は色を失い、再度荻原重秀に打開策を尋ねた。
○前代の御時、歳《とし》ごとに其の出《いず》る所の入る所に倍増して、国財すでに躓《つまづ》きしを以て、元禄八年の九月より、金銀の製を改《あらた》め造《つく》らる。これより此のかた、歳々《としどし》に収められし所の公利、総計金凡そ五百万両、これを以《もっ》てつねにその足らざる所を補いしに、同じき十六年の冬、大地震によりて傾き壊れし所所を修治せらるゝに至りて、彼《か》の歳々に収められし所の公利も忽《たちま》ちに尽きぬ……。
「今に至りてこの急を救わるべき事、金銀の製を改造らるゝのほか、その他あるべからず」

と申す。

重秀は「綱吉公の時代、毎年歳入の倍ほど歳出があり、すでに幕府財政は破綻していた。そこで元禄八年にはじめて貨幣改鋳を行って五〇〇万両を浮かせ、これで年々の不足分を補ってきた。しかし元禄一六年に大地震があり、その復興で貯えも尽きた。そこで宝永三年から銀貨の改鋳を行ったが、年々の歳出超過分にも満たない。もう一度金銀改鋳を行うべきではないか」と述べた。

老中たちはその逼迫《ひっぱく》ぶりに驚き「貨幣改鋳は困るが、それ以外の施策は重秀に一任しよう」と提案した（以下『折たく柴の記』原文略）。重秀は重ねて「貨幣改鋳についてはいろいろ批判する者がいるが、この一三年間何とか乗り切って来られたのは改鋳のお蔭ではないか。財政が豊かになってから良質の貨幣に戻せばすむことだ」と、持論を展開する。

これに対して白石は、「近江守（重秀）が云うのも一理あるように思われるが、しかしそもそも金銀の改鋳などしなければ、天災など起こらなかったかも知れない」と反論した。原文では「天地の災いも並び至る事なからむもしるべからず」と歯切れの悪い言い方だが、要するに「貨幣改鋳が天変地異を招いたのかも知れない」というのが白石の言い分だ。

これでは論が嚙み合うはずはない。白石の主張は、「金銀は天地より生じた宝であり、これを勝手に改鋳するという天をも畏《おそ》れぬ所業ゆえ、元禄一六年・宝永四年の大地震が惹《ひ》き起こされた」というのである。これは儒者の思想かも知れないが、まともな経済論ではない。

元禄につづいて宝永も銀貨の改鋳が行われたが、宝永七年以降の三回はやや異例なものであった。三月の「宝永永字銀《えいじぎん》」（銀五〇・七↓四〇パーセント）、四月の「三ツ宝銀《みつほうぎん》」（銀四〇↓三二％）、翌正徳元年（一七一一）八月の「四ツ宝銀《よつほうぎん》」（銀三二↓二〇パーセント）と、改鋳のたびに銀含有率が下がり、最後の四ツ宝銀に至ってはもはや銅貨に近い。当時の記録には「急にご入用につき、ご内意のうえ……」とあるだけで、幕府の布告もなく、非公式に行われたという。非公式とはいえ老中を通じて将軍の「ご内意」は得ているはずである。「急な入用」とは先に述べた新将軍の宣下《せんげ》式、江戸城本丸の新御座造営、先代の御廟建設に加え、新たに出来《しゅったい》した綱吉正室（浄光院）の葬儀、中御門《なかみかど》天皇即位式、東山《ひがしやま》上皇の葬儀などの莫大な出費を指し、幕府財政は非常事態に陥っていた。それゆえ白石の度重《たびかさ》なる「重秀罷免要求」にもかかわらず将軍家宣は、「才《さい》あるものは徳《とく》あらず。徳あるものは才あらず。真材《しんざい》（まことの人材）誠に得がたし。今にあたりて、天下の財賦《ざいぶ》（財政）をつかさどらしむるべきもの、いまだ其の人を得ず。年比《としごろ》、重秀が人となり、知らざる所にはあらず」と述べ、白石を宥《なだ》めたという（『折たく柴の記』）。

将軍がこの通りに云ったかどうか分からないが、要するに「荻原に徳のないことはよく分かっている。しかし才がある。そう毛嫌いせずに、金の工面にあたる重秀の苦労も、少しは理解してやれ」ということだろう。しかしこれで引き下がる白石ではない。「重秀には徳どころか才もない」と反駁《はんばく》、さらに十カ条にわたる弾劾書を提出し、ついに罷免に追いやったのである。その弾劾書は実物が残っているそうで、「重秀は天地開闢《かいびゃく》以来の〈姦邪《かんじゃ》の小人《しょうじん》〉、全国六十余州そのことを知らない者はいない。ともに天を戴《いただ》かざる仇《かたき》であり刺し殺してやりたいが、学問を志した者としては犬死になるので止めておく」という意味のことが記され、最後に「うちつづく天候不順も、重秀の悪政の結果」とあるそうだ（村井淳志氏『前掲書』）。

荻原重秀、逐《お》われる

何故そこまで憎むのか、理由が判然としないが、ともかくこの弾劾書が功を奏したとみえ、正徳二年（一七一二）九月一一日重秀は罷免され、それからちょうど一年後の正徳三年九月二六日、重秀は没している。そのあたりのことを『鸚鵡籠中記』は、次のように記す。

○御勘定奉行荻原近江守の儀、鳥居伊賀守宅にて、若年寄衆列座、御目付河野勘右衛門・伊勢平八郎侍りし座にて、御役御免、寄合となし、遠慮伺いも早速これあり候えども、追って仰せ付けらるべき旨、遠慮の儀は、佐渡金山御用懸りゆえ、御勘定の訳にてなり。（正徳二・九・一一）

○二十六日、荻原近江守死す。自殺せしを病死と披露《ひろう》すと云々。御勘定済まざるゆえ、自殺と云々。翌午春《うまのとしはる》、三千七百石のうち七百石、嫡（子）源八郎に下さる。

（正徳三・七・二六）

「遠慮」というのはもっとも軽い処分で、謹慎の意を表わすため形式的に門を閉ざしておくだけのこと、出入りを強制的に断つ「閉門」とは違う。重秀は御役御免と寄合入りを申し渡されたが、「遠慮伺い」を出せとは云われていない。自分の方から自発的に出したのだが、当面保留にされている。少なくとも『日記』にはそう記してある。

しかし『折たく柴の記』は次のように記す。

○九月十一日、荻原近江守重秀、其の職を奪われて召籠《めしこめ》らる。世の人大きに悦びあえれども、其の故を知らず。実は此の年の春三月より、昨日の十日に至りて、我が封事《ふうじ》を奉りし事、三たびに及びしが故なり。

「荻原重秀がついに罷免のうえ召し籠められ、世の人たちは大喜びしているが、罷免の理由を知らない。実は私が三度にわたり意見封事をしたお蔭なのだ」と述べ、その内容が延々と記されている。しかし「天地開《ひらけひら》闢けしより此のかた、これら姦邪《かんじゃ》の小人《しょうじん》、いまだ聞くも及ばず」とは余りに感情的過ぎる。財政悪化は前将軍に至るまでの奢侈・無駄遣いが原因で、その尻拭いをする重秀が、いささか可哀そうになる。これらを参考資料とする『徳川実紀』には、「十一日、勘定奉行荻原近江守重秀職うばわれ、寄合となる」とあり、つづけて次のように記す（口語訳）。

○重秀は先代から三十余年にわたって幕府の財政をひとり掌握しているため、老中たちにもその詳細がわからない。国を富ますという名目のもとに金銀改鋳を繰り返し、人民を苦しませた。そのことを鞠問《きくもん》（詰問）され、事実が明らかになってきた。京・江戸の銀座の者たちも暴利を貪《むさぼ》り、そのことについて申し開きが出来ないので、遠島に処せられ資財を没収された。お城の新御座所の造営費七〇万両も勝手に調達し、宝永七年の銀貨改鋳だけでも二六万両を私《わたくし》した。

銀座年寄《としより》たちの処分は、実際には二年後の正徳四年五月一三日に行われたもので、『徳川実紀』の当該日にも処分内容が詳しく書かれている。その「遠島・資財没収」の結論が、何故か二年半も前の記事にわざわざ書き加えられている。『実紀』は日記と違い後日編集されたものだから、格別不審というわけではないが、重複してまで記す必要があったのだろうか。『徳川実紀』と『折たく柴の記』の処分の記載の違い（「職うばわれ寄合」と「職奪われて召籠」）を含め、たしかに不審が残る。

家宣の病死について触れておきたい。正徳二年（一七一二）江戸でインフルエンザが流行、九月一四日以来風邪気味だった家宣は一〇日後に床に臥《ふ》せるようになり、一〇月に入ると肺炎を併発、同月一四日、手厚い看病の効《かい》なくして没し、芝増上寺《しばぞうじょうじ》へ葬られた（法名文昭院《ぶんしょういん》）。享年五一歳。

この家宣の死と荻原の失脚がどこかで繋がっていそうだ。荻原の罷免は、ちょうど家宣が体調を崩した頃であり、その後の「寄合入り」か「召籠《めしこめ》」かはっきりしない状況が、家宣の容態悪化から死を跨《また》いで翌年までつづいた。家宣の父綱重《つなしげ》は三五歳で病没しており（延宝六年・一六七八）、そのことから推して病弱な血筋だったようだ。それでも白石の執拗な重秀攻撃を宥《なだ》め、中庸を貫くあたり、なかなか芯の強さをうかがわせる。家庭教師の白石から帝王学を学んだとしたら、その倫理観によって白石の恣意的な策を退けたことになる。立派である。体が弱ってからは気力も失せたのか、重秀の勘定奉行罷免に同意しているが、おそらく家宣の意向は「寄合入り」程度だったろう。

村井淳志《あつし》氏は、新井白石の弟分室鳩巣《むろきゅうそう》（一六五八～一七三四、木下順庵に学ぶ、白石の推挙で幕府儒官、のち吉宗の侍講）が加賀金沢の門人青地兼山《あおじけんざん》へ送った書簡に「荻原近江守、頃日《けいじつ》死去の由《よし》申し候《そうろう》。九月廿五日死、断食《だんじき》仕《つかまつ》り候《そうろう》よしなり。……牖下《ゆうか》にて死《し》候《そうろう》は、大幸《だいこう》と存じ奉り候」（室鳩巣書簡集『兼山秘策《けんざんひさく》』）とあることから、「何処かへ不法に監禁され、死に至らしめられたのではないか」と推測されている。「牖下《ゆうか》」は「窓の下」のこと、「牖下に死す」は「家で寿命を全うする」意味に使われることが多いがそれでは意味が通らず、別に「高いところにある窓の下」つまり「獄舎」の意味もあり（『大漢和辞典』）、近世史が専門の大石慎三郎氏は「獄死」と解釈されている。しかし「獄死」なら公の記録に残るはずだが、それがない。つまり「不法な幽囚のすえ自殺に追いやられたか、殺された可能性がある」というのだ。文左衛門も日記に「自殺せしを病死と披露《ひろう》すと云々」と記しており、死因については当時からいろいろな風評が立ったらしい。

さらに「公正な裁判で知られる大岡忠相《ただすけ》が正徳二年に退任している」ことも、疑惑を深めているという。『寛政諸家系図』をみると、忠相は宝永五年御使番《おつかいばん》から御目付《おめつけ》となり、問題の正徳二年、伊勢山田奉行に転出している。奉行在任中、山田と紀州領松坂《まつさか》の間に生じた紛争を御三家紀州に阿《おもね》ることなく、非は松坂側にあるとして厳罰に処した。のちに吉宗がこれを知り、江戸町奉行へ抜擢したという。こういう人物が目付にいなければ、白石は動きやすい。とは言え、これらはすべて「状況証拠」に過ぎない。状況証拠ついでに、村井氏は「もうひとつ大きな疑惑」を指摘する。

『日記』にあるように、重秀が没して半年後の正徳四年（一七一四）春、家禄三七〇〇石のうち七〇〇石を嫡子源八郎が相続した。『徳川実紀』にも「寛宥《かんゆう》の沙汰もて、おおせ付けられし」とある。息子もなかなかの人材だったようで、二〇年後の享保一九年、父が長年務めた佐渡奉行に就任している。ところが彼の相方《あいかた》は、かつて父の部下でありながら父の追い落としに一役買ったらしい（これも状況証拠）萩原美雅《はぎわらよしまさ》である。二人は交替時の事務引き継ぎで、はじめて顔を合わせる。それから間もなく彼の妻は病死し、彼もまた急な病で病没したという。しかし、これ以上の憶測はやめておく。一度傾いた家運は、容易に立直せないということも十分に有り得るからだ。

荻原重秀勢力の一掃

正徳三年九月に重秀が亡くなり、それから半年余り経った正徳四年五月一三日、銀貨改鋳にかかわった銀座年寄たちの処分が行われた。『徳川実紀』にその経緯と内容が詳しく書かれている。

〇十三日　銀座に仰せ下さるるは、銀の事は世々重宝たるにより、公（将軍）より命ぜらるるあるとき、むかしは老身あるいは留守居役、近頃は勘定奉行連署の証状もて命ぜらる試しなり。しかるを宝永七年以来、荻原近江守重秀ならびに座に与《あずか》る勘定組頭らが、内々の証状にまかせ、屢《しばしば》その品格を改むること、不法の至りなるをもて、銀座の輩《ともがら》、ことごとくその罪を糺さるべけれど、重秀すでに死したれば、そのむねを受けたる輩、糾明せられがたきにより、下品《げほん》の銀もて改鋳せむ事を重秀に申しすすめし輩ら罪科に行われ、その他は沙汰せられず。……年寄深江庄左衛門・中村四郎右衛門・関善左衛門・細谷太郎左衛門、近江守重秀に申しすすめたるをもて遠流せられ、中村内蔵助は追放たる。太郎左衛門が子太郎兵衛・内蔵助が子時之助も追放たる。その事に座して、勘定組頭保木弥右衛門公遠・勘定小宮山友右衛門昌信はしもに逼塞命ぜらる。

（『有章院殿実紀』）

これと同じ内容が『鸚鵡籠中記』の正徳四年五月一三日条に「申渡之覚《もうしわたしのおぼえ》 銀座へ」と題して記載されている。こうした文書を、文左衛門も目にする機会があったのだろう。その要約は、「銀貨の改鋳は老中らの書名が必要なのに、〈内々の文書〉だけで繰り返し銀改鋳を行ったのは不法の至りでまことに怪しからん。しかし奉行の荻原がすでに亡くなっていることもあり、今は罪に問わない。それとは別に銀座年寄たちが改鋳の話を重秀に持ちかけた罪は重く、よって年寄は遠流、その子は追放に処す」というのである。改鋳の話を持ちかけたのが重罪で、改鋳を行ったことは罪に問わないとは、どうも釈然としない判決である。しかもその中心にいた荻原重秀は二年半前に罷免され、昨年亡くなっている。何が何でも荻原勢力を銀座から一掃したかったらしい。引き続き文左衛門の『日記』には、関係者検挙の日の生々しい記録が載る。

○十三日　今日銀座の輩、御仕置き。左の輩、累年悪銀吹き出し、大重罪の輩なり。しかるに此の度、銀吹き替えの儀、またまた仰せ付けられ下さるように、願い申し上げ候ところ、昨日右願い相叶い候由仰せ渡され、大いに悦び罷り帰り、祝事して罷りあり候ところ（これは在宝を散させじとの計なり）、翌朝未明に与力同心四百人、所々に手わけし押込み之を召捕る。土蔵器財などに封印、およそ何十万両と申すほどの物これ有る由。宅ばかりも一万両、或いは三千両、五千両の家控罷り在る由。京・大坂・堺・長崎にも宅・屋敷これ有るの由、右の所々江戸同時に役人押込み、土蔵器財に印付けると云々。然れども京にては十八日に銀座の輩の家々欠所、此の騒動火事かとて、人々彷徨と云々。

（正徳四・五・一三）

逮捕の前日、銀座年寄連中から出されていた再改鋳の願いを許して祝賀の宴を開かせ、翌朝の未明、与力同心四〇〇名が各所を一斉に摘発、何十万両という財宝を封印した。江戸と同時に京・大坂・堺・長崎の持ち家や屋敷を一斉に捜索し、金品を差し押さえた、というのである。わざわざ祝宴を開かせ油断させるなど、随分手が込んでいるうえ、大掛かりに過ぎる。怪盗団並みの逮捕劇ですべての財産が封印され、本宅・別宅はすぐに競売にかけられた。京都の誰々宅が誰々に銀何々貫で落札されたなど、「銀座闕所屋敷入札一六軒」の記録が、事細かに記されている。その間に「深谷庄右衛門の妻自殺」といった痛ましい記事があり、また遠流の人たちは、みな「島にて病死」とある。まさに「根絶やし大作戦」であった。

正徳二年九月の「荻原重秀罷免」記事に、銀座年寄たちの「遠流・家財闕所」判決を追記したのは、重秀解職の妥当性を印象づける意図が感じられるし、「職奪われて召籠」の事実があったかどうかは別にして、後味の悪さがだけが残る。ここまで来ると新井白石のやり方というより、もっと大きな力が働いているようにも思われる。彼の「反荻原」が端緒だったにせよ、やがて彼もコントロールできない新しい力の台頭だ。

それを予感させるような大奥粛清の〈絵島事件〉が、銀座年寄処分の直前に起きていた。〈正徳の治〉と呼ばれる文治政治の看板の裏で、〈治〉とはむしろ正反対の事態が密かに進行していたのである。

大きく潮目が変わったのは、家宣が没して間もない正徳二年末から三年にかけてであろう。翌正徳四年に入ると、新井白石と間部詮房の政治権力は急速に弱まってゆき、やがて八代将軍選定の場面につながっていく。新井と間部は、自分たちの権力を支えていたのは幕府機構のシステムではなく、家宣個人の権威であったことを改めて思い知ることになる。

絵島事件

銀座年寄の一斉逮捕同様、世間を驚かせたもう一つの事件が、正徳四年年明け早々に起きた。正徳年の年表でその前後関係を確かめ、事件の行方を追ってみよう。

宝永八年（一七一一）　四月二日〈正徳〉改元。　八月　四ツ宝銀鋳造。
正徳二年（一七一二）　九月　荻原重秀罷免。　一〇月　家宣、薨去。
正徳三年（一七一三）　四月　家継、将軍宣下。　九月　重秀、死去。
　　　　　　　　　　〈七月　尾張藩主吉通没。　九月　継嗣五郎太没。　一一月　継友襲封〉
正徳四年（一七一四）　一月〜三月　絵島代参、事件拡大、高遠へ配流。
　　　　　　　　　　五月　銀座年寄処分。
正徳五年（一七一五）　一月　長崎貿易新令。
正徳六年（一七一六）　四月　家継、薨去。　五月　間部・新井罷免。
　　　　　　　　　　六月二二日〈享保〉改元。

正徳二年一〇月、家宣《いえのぶ》公薨去のあと、当時わずか四歳の家継が七代将軍に就いた。家継の生母はお喜代（一六八五〜一七五二）で、浅草真宗唯念寺《ゆいねんじ》の僧勝田玄哲《かったげんてつ》（もと加賀前田家浪人、出家の後還俗して幕臣）の娘だった。彼女は家宣の側室になってから「左京の局」と呼ばれ、宝永六年（一七〇九）七月に西の丸で鍋松君《なべまつ》（のちの家継）を生んだ。江戸の町に育ち、貴族的教養に縁遠かった彼女だが、家宣に召されてからはつとめて和漢の典籍・和歌に親しみ、やがて文学をはじめ書道・神道・密教・楊弓・双六・囲碁・将棋に至るまで「何でも御座れ」の才を発揮したという。そのうえ美貌にも恵まれ、家宣没後は落飾して月光院と呼ばれるが、まだ二七歳の若さとあっては、女性としての危うさが残る。実子家継が将軍になってからは、奥と表を送り迎えする側用人間部詮房と毎日顔を合わせることになる。その間部との関係が噂になった。能役者の子で「ただ美しく温厚にて、玉のような人」と評された（『兼山秘策』）間部との関係は、まるきり根も葉もない話とも言えない。

一方正妻の御台所は関白太政大臣近衛基熙《もとひろ》の女《むすめ》照姫で、熙子《ひろこ》の方（一六六二〜一七四二）という。一八歳で綱豊（家宣）に嫁ぎ、正徳二年の将軍薨去ののち落飾して「天英院」と号した。翌年従一位の宣下があり「一位様」と呼ばれる。

そしてもう一人の登場人物が、月光院付きの年寄「絵島《えしま》」（江島とも）である。彼女は御家人白井平右衛門の娘で、本名を「みよ」という。奥女中として奉公に出たときは「御使番《おつかいばん》」で、女中最下位の「御末《おすえ》」より一つ上、ここから御仲居《おなかい》・御右筆《ごゆうひつ》・御中﨟《ごちゅうろう》・御客会釈《おきゃくあしらい》など一二の階段を駆け上り、三〇の頃には禄高六〇〇石の「大年寄」まで上り詰めた。並の女性ではない。年寄は大奥の最高権力者である。月光院付きに限っても、女中二八九人、下女一〇〇人を束ねる地位で、出入りの御用商人たちは彼女の意を汲むため、様々な贈り物と接待を繰り返し、絵島も時として応じることがあったという。そしていよいよ事件が起きる。

正徳四年（一七一四）正月一二日、月光院の代参として大年寄絵島ら一行は芝《しば》増上寺へ、同じく年寄の宮路《みやじ》らは上野《うえの》寛永寺へ向かった。両者はそれぞれ五〇人以上の供を従え、きらびやかな行列を仕立てていたが、ともに代参を早めに切り上げ、木挽町《こびきちょう》の山村（長太夫）座で合流した。すでに大奥出入の呉服商後藤縫殿助《ごとうぬいのすけ》の手代が手配し、二階桟敷《さじき》が貸切られていて幕間には酒宴が用意され、座元や主役の生島《いくしま》新五郎らが接待につとめた。その騒ぎは度を越したもので、二階席からこぼれた酒が、下の桟敷の島津藩士夫婦にかかり、付き添いの徒目付《かちめつけ》松永弥一左衛門らが詫びを入れ、内済にしたという。目付は何度も帰城を促し漸く帰途についたのが七ツ過ぎ（午後五時）、大奥へいたる御錠口《おじょうくち》（門限暮れ六ツ＝六時）は何とか通れたものの七ツ口（門限夕七ツ＝四時）では足止めという失態を演じた。後難を恐れた松永らは老中へ報告し、絵島らは謹慎処分を言い渡された。これで一件落着かと思われたが、時の北町奉行坪内能登守定鑑《さだかね》は別な切り口から捜査を開始、江戸の狂言芝居四座（山村座・市村座・森田座・中村座）と大奥女中との係わりを過去にさかのぼって調べ上げ、このため絵島らは謹慎程度では済まなくなった。一カ月の迅速な取り調べの後、三月五日に評定所で判決が申し渡され、絵島の兄白井平右衛門は妹を手引きした科《とが》で死罪となった。絵島も死罪の筈だったが、月光院の嘆願により永《なが》（無期）遠流《おんる》となった。『鸚鵡籠中記』は次のような判決文を載せている。

○絵島こと、段々取り立てにて、重きご奉公をも相勤め、多くの女中の上に立て置かれ候身にて、内々にてはその行い正しからず。……よからぬ者どもに相近づき……中にも狂言座の者どもと年ごろ馴れ親しみ……その罪重々に候えども、ご慈悲を以て命をお助けおかれ、永く遠流に行われ候ものなり。（正徳四・三・五）

この永遠流からさらに罪一等減じられ、絵島は信州高遠内藤駿河守清枚《たかとお　きよかず》の許《もと》へ、お預けとなった。判決から二〇日を経た三月二六日、二騎の騎馬侍《きばさむらい》と二〇名近い足軽警護に囲まれ、錠を下ろした網掛けの駕籠（網乗物）で信州へ護送された絵島は時に三四歳、その後二七年間を高遠の「囲み屋敷」で幽囚のうちに送り、六一歳でその生涯を終えた。絵島の兄白井平右衛門（小普請組）の死罪判決は次の通りである。

○平右衛門こと。大坂においてお役相勤め候とき、不法の事どもこれ有るにつき、大坂の町人ども当地まで罷り越し、たびたび訴え出《いで》候といえども、寛宥《かんゆう》のご沙汰を以てご糾明をも遂げられず、お役追放され候。しかるに妹絵嶋のこと、重きご奉公をも相勤め候ところ、内々において其の行状正しからざる事ども、制し止め候に及ばず。あるいは傾城《けいせい》町に相伴い、遊女どもと参会せしめ、あるいは狂言の座に相伴い、役者どもと参会せしめ候条々、重犯の罪科、挙げて数《かぞ》うべからず。これに依って急度《きっと》その罪を正して、死罪に行われ候。（正徳四・三・五）

なお絵島のほかに四名が永遠流、流罪に山村長太夫（大島）、生島新五郎（三宅島）ら五名、追放・閉門各一名などであるが、『日記』はすべてこれらの判決文を正確に写し取っている。文左衛門のマメさ加減には脱帽する。

事件後厳しく取り調べられた江戸四座のうち、山村座は取り潰され、同じ木挽町にあった森田座も経営難から倒産した。そしてもう一人被害者がいる。芝居見物をしていて二階から酒を掛けられた島津藩士だが、結局評定所からの問合せで藩の知る処となり、切腹させられたそうだ。武士の芝居見物禁止とはいえ、ただ見物だけだったら、腹を切るような話ではない。とんだトバッチリだ。

この事件は、処分者の規模という点で不審を抱かせる。わずか一ヵ月の捜索と取り調べで縁座・連座のものを含め一五〇〇名の処罰者を出し、一大疑獄事件に発展した。なぜここまで網を広げる必要があったのか。文左衛門の『日記』を見ると、事件後二〇日経った二月四日の時点で、一旦《いったん》処分が下されている。まずは穏当な内容だ。

○一昨の二日、月光院女中
・江嶋（御年寄）　新番豊嶋平八郎へお預け
・宮路（御年寄）　町医師山田丈安へお預け
（梅山・吉川・伊与三名略）
・以下四名（世野・木津・藤枝・木曽路）はお暇、ただし縁付き奉公お構いなし
・右九名の召使、下女五十七人、平川口より追放
○翌（二月）三日　左の八人（おらん・おゆう・おのし・おせん・らん・しも・よし・せん）お暇
・九人の女中　二日にお城より出で候時、乗り物の戸を開き面縛《めんばく》の心にて平川口《ひらかわぐち》より出づ。一つへお預けなり。五十七人のほか六人の召使を含め八十四人、平川口より同日お

払いと云々。道具は六日・七日に平川口より持ち出す。面々受け取る。（正徳四・二・四）

二月二日に絵島をはじめ九人の奥女中がお預けを申しわたされ、彼女らに従う約六〇人の下女たちが追放、翌日さらに追加された。九人の奥女中は平川口から外へ出されるが、罪人の扱いで、乗り物の戸を開け放たれる。面縛《めんばく》とは後ろ手に縛り上げられることだが、「…の心」とあるから、実際に縛られたわけではない。平川（河）口はお城の平川門のことで、竹橋御門と並んで江戸城の北側に位置し、いまの東京メトロ東西線竹橋駅に近い。ここから外郭門の一ツ橋御門を出ると、江戸市中に通じ、普段は大奥女中の通用門に使われていた。遺体搬出などの不浄門として知られており、殿中で刃傷沙汰を起こした浅野内匠頭長矩《ながのり》が田村右京大夫建顕《けんあき》（陸奥国一関藩主）の愛宕下《あたごした》屋敷へお預けになったときも、駕籠はここから出ている。

当初絵島は、弟の新番役豊嶋平八郎のもとに預けられた。新番とは寛永二〇年に新設された番役で、近習番であるが、小姓番や書院番より一段低い。番頭《ばんがしら》のもとに六組あり、一組に二〇人ずつの新番衆（二五〇俵高）がいて、彼は安藤治右衛門組に属していた。しかしその彼も「遊興の場」に居たことが判明し、「追放」処分になっている。不思議なのは年寄の宮路らで、「宮路以下女中、最初親類縁者へお預けの通りにて、相済み申し候由」（『日記』正徳四・三・四）と、最初の軽い処分のまま終わっている。

芝居好きの朝日文左衛門は、当然のことながら絵島事件の情報収集にのめり込み、入手できた情報はすべて日記に書き付けている。たとえば二月四日の項に「絵島事件」として特集めいた記載をしており、その最後に「狂言役者のことに至りては、齟齬はなはだ多し。いずれも記し置きて、後日の参考に備う」としている。つまり情報として未整理な個所もあるが、とりあえず全て記して置く、というのである。そしてひと月経った三月五日の項に、再び「絵島特集」が組まれ、評定所から出た全ての判決文と「絵島事件関係系譜（絵島一族の家系と事跡）」、そして絵島が配流のときに詠んだ歌「またも見む　名残は惜しき　武蔵野の　月の光の　影もはづかし」など、とにかく片っ端から書き並べている。こうした江戸からの最新情報に胸躍らせながら、しかし文左衛門も内心訝《いぶか》しんだであろう。「二月四日の処分で幕を下ろしたのではなかったか」と。

　新事実が出てきて事件が拡大することはあるが、この事件では、広がるべき新事実がとくに見当たらないし、事件自体はきわめて単純な内容である。はじめから「扱いよう」の問題であり、少し大目に見るなら「絵島ら謹慎」で済むことだ。しかしその裁量権はすでに「月光院側」（間部・新井側）にはなく、天英院と結んだ譜代グループに移りつつあった。

　幕閣を構成する老中・若年寄・寺社奉行は譜代大名から任命され、町奉行・勘定奉行・大目付・目付は旗本から任じられる。本来の幕府政治は、こうした徳川家家臣団（譜代グループ）が担当すべきであったが、四代家綱以降政権が安定して、政治手法が「武断的統制から文治的教化へ」転換が図られると、将軍の身近に仕え、将軍の意志をじかに伝えられる側用人の力が、次第に老中をも凌《しの》ぐようになる。五代綱吉に仕えた柳沢吉保から一〇代家治《いえはる》の田沼意次《おきつぐ》まで、程度の差はあれ側用人政治がつづく。側用人政治は政治腐敗の温床という見方があるが、身分制に捉われない人材登用など、評価すべき点も多々ある。事実側用人には、有能な人物が多い。

大石慎三郎《おおいししんさぶろう》氏は、譜代政治（剛構造）と側用人政治（柔構造）の併用こそ、江戸時代を長らえさせた要因とみる（『将軍と側用人の政治』）。後世歴史家の評言としてはその通りとしても、時代の当事者にとっては、負けられない〈権力闘争〉であったろう。正徳期の後半、その闘争は激しさを増した。

家宣の側室月光院（家継の生母）を擁する間部・新井ら側用人グループと家宣の正室天英院と結ぶ譜代グループ、そこまではよいとして、譜代グループを主導したのは誰かが、なかなか見えて来ない。そこでまず月光院付き年寄絵島らを陥《おとしい》れた当事者たちを見てみよう。

『鸚鵡籠中記』は、最終判決の日（正徳四年三月五日）、評定所にズラリ並んだ顔ぶれを「大目付仙石《せんごく》丹波守殿、町奉行坪内《つぼうち》能登守殿、御目付丸毛《まるも》五郎兵衛殿、稲生《いのう》次郎左衛門殿列座にて、丹波守殿・能登守殿申し渡され候書付けの写し」と、判決文の表題に記している。これが事件の拡大を図った面々である。芝居関係者を徹底追求したのは北町奉行の坪内能登守定鑑とするのが通説だが、奈良本辰也《ならもとたつや》氏は「坪内は当時六〇歳を過ぎた老人で、表面の責任者に過ぎず、実際は目付の丸毛《まるも》五郎兵衛と稲生《いのう》次郎左衛門、とくに稲生が裁判を主導した」と述べられ、当時「人を嵌《は》めるもの、落とし穴と稲生次郎左衛門」と囃《はや》された話を紹介されている（中央公論『日本の歴史』一七）。巷《ちまた》で囁された稲生のイメージが、何となく伝わって来る。『柳営補任《りゅうえいぶにん》』の「目付」（巻一一）を見ると、丸毛五郎兵衛利雄《としお》は宝永元年（一七〇四）に目付に就任、正徳四年二〇〇石を加増、享保二年（一七一七）普請奉行に転任している。稲生次郎左衛門正武《まさたけ》は、大岡忠相が山田奉行に転出した正徳二年（一七一二）に入れ替わりで目付になり、享保八年勘定奉行に転出、同一六年（一七三一）町奉行に昇進している。大岡忠相は享保二年から元文元年（一七三六）まで二〇年間町奉行職を務めていて、うち最後の五年間、両者が北と南の奉行を分担する時期があった。丸毛・稲生は、かつて目付として荻原重秀を糾弾する側にあり、新井白石の意を汲んで改鋳問題にも関与し、銀座年寄の摘発（正徳四年）に当たっていたと思われる。上司の命じるまま厳しく対処して来たという意味では、ともに有能な人材であったろう。しかしあくまで「命じられて」の話であり、彼ら中堅旗本が譜代グループをリードする立場にはない。

そこで候補者を老中職に絞り、絵島事件前後の史料に当たってみる。さし当たり内情を知ることのできる史料が、室鳩巣《むろきゅうそう》の書簡集『兼山秘策』だ。室は兼山に白石の動向を細かに報告している。そしてそこに一人の大物が浮かんでくる。老中筆頭の土屋相模守政直である。以下、関係する個所を引いておこう（口語訳文）。

○新井白石と懇談した折、「最近は気力の萎えることが多い。将来の問題について話をしても、同意してもらえるのは間部氏ぐらいで、他の人は知らん顔。先日も老中の土屋殿が「倹約令については追って沙汰しますが、一昨年の武家諸法度のような難しい文言では理解できない。林大学頭《だいがくのかみ》（信篤）もそう申されている」と言われた。あの程度の文言が難しいというのでは儒者失格、土屋殿は林殿を贔屓《ひいき》され、私を憎んでいられるようだ。（正徳三・五）

○倹約令のことは、土屋殿が何やかやと申され一向に埒《らち》が明かない。家宣公の頃は間部殿に相談すればほぼその通りの仰せが出たのだが、今はご老中が政柄（政権）を握っていられるから、不同意の事が多い。ご老中と間部殿の間にも隔たりがあり、一〇のうち二、三のことしか通らない。（正徳三・五）

○倹約令は今年末か来春には出るはずだったが、どうも先が見えない。この頃は新井氏より申し上げられたことに、老中が一つも同意しない。間部殿も如何ともし難いご様子である。（正徳五・一二・二四）

ここに登場する老中土屋政直は、貞享二年（一六八七）から享保三年（一七一八）までの三〇余年、綱吉から吉宗まで四代にわたる将軍のもとで老中を務め、文字通り「余人をもって代えがたい人物」だった。綱吉時代は赤穂事件の採決に対し「厳しすぎる」と諫言したり、また将軍に四書の『大学』『中庸』を講じたり、バランス感覚に優れた人物像が浮かんでくる。常陸土浦《ひたちつちうら》の藩主である。

幕府財政の悪化に対し、荻原は貨幣改鋳策を採ったが、白石はひたすら倹約を主張した。

この倹約令に対し、ライバル関係にあった林大学頭（信篤・鳳岡《ほうこう》。一六四四〜一七三二。湯島聖堂の竣工に合せ、大学頭に任命）が悉く反対し、老中はどうやら林の支持に回ったようだ。かつて白石の後ろ楯になってくれた家宣公はすでになく、老中は白石の意見を取り上げない。幼い家継を擁立し、生母月光院を取り込んで政権維持が出来ると考えたのは、どうやら誤算だった。幼年将軍は象徴でしかなく、月光院も表向きのことに発言できない。

これまでの間部・新井の優位は、ひとえに家宣公のお蔭であり、陰で耐えてきた譜代グループが、いよいよ巻き返しに出てきた。老中筆頭の土屋氏は温厚な人柄だが、芯はしっかりしている。そうでなければ四代に亘っての老中職は務まらない。綱吉以来つねに幕府の中枢にいて、側用人政治の長所も短所も知り尽くしている。文治政治の手法が時として無用な儀礼に巨費を費やし、肥大化した大奥が秩序を乱すことを、苦々しく思うこともあったであろう。土屋を筆頭とする譜代グループは、側用人政治の軌道修正に、いよいよ本腰を入れ始めたようだ。そしてこの動きが、将軍継嗣問題にそのままつながってゆく。

将軍になり損ねた尾張の殿様

『折たく柴の記』に、将軍継嗣についての記載がある。白石が家宣から将軍継嗣について諮問されたというのである。正徳二年（一七一二）九月二七日、ちょうど家宣が体調を崩し、床に臥せるようになった頃の話、将軍の跡継ぎを真剣に考えるようになった家宣は、候補に尾張藩主徳川吉通《よしみち》を挙げ、わが子鍋松《なべまつ》の扱いについて白石に諮問したのである。

○九月廿七日に召されて、詮房朝臣《あきふさあそん》をして、ひそかに問わせ給いしは「……汝の定め申さん所によりて、我が心をも定むべしと思えば召したるなり、…神祖の大統《たいとう》を受け継ぎて、われ後とすべき子無きにしもあらねど、天下の事は我《わが》私《わたくし》にすべき所にあらず。古より此の方、幼主のとき、世の動きなき事多からず。神祖三家《さんけ》をたて置き給いしは、かかるときの御ためなり。われ後の事をば、尾張殿（尾張藩主吉通《よしみち》）に譲りて、幼きものの幸ありて、成人にも及びなん時の事をば、われ後たらん人の心に任すべき事也。但しは又、我多かりし子（四人の内三人夭折）の中、我後ともなしぬべきただ一人のみ（鍋松君）、世に残りぬれば、その幸ありて、成人にも及びなんほどは、尾張殿西城（西の丸）におわして、天下の事を摂《とり》行《おこな》い給い、我後たるものの（鍋松君）、不幸の事あらんには、尾張殿神祖の大統を受け継ぎ給うべきにや。この二つの間をもて、計らい申すべし」と仰せ下さる。

正徳二年（一七一二）九月二七日、家宣は白石を呼び、側用人の間部《まなべ》詮房《あきふさ》を通して次のように尋ねた。「私は家康公の偉業をうけて将軍になったが、天下のことは〈私《わたくし》〉すべきではない。わが子鍋松《なべまつ》はまだ幼く、こういう時のために御三家がある。私の考えは、①跡を尾張殿（中納言吉通、二四歳）に譲り、鍋松が成人したとき尾張殿の心に委《ゆだ》ねるか、②尾張殿が西の丸に入って天下の政を代行され、鍋松に不幸があったときはそのまま将軍に就いてもらうかの二通りである。どちらを選ぶべきであろうか」と諮問された。

○されど仰《おお》せ下さる所は、二つながら国のため、世のため、然《しか》るべき事とも覚えず……仰せ下さるる事の如くにも候わんには、必ず天下の人、其の党相分れて、ついには世の乱れになりなん事、応仁の比《ころ》おい（応仁の乱）のごとくにこそ、候べけれ。祖宗の御時、御幼稚の間に、世を継がせ給いし御事多かる中に、神祖の御時の事（家康の父広忠が没した時わずか八歳だった）は、いかにや候いき。三家を始めまいらせ、御一門の方々、譜第相伝の御家人等の、かくて候わんほど（このように皆健在であるから）、わが君御代を継がれんに、何事か候べき」と答申したりければ……

将軍家宣の諮問に答えて白石は、「二つとも良いお考えとは思わない。将軍職を継ぐ者がふたり生じたとき、必ず世はふたつに割れ、応仁の大乱のようになる。お世継が幼いというが、家康公が広忠公の跡を継がれたのは八歳のときのこと、幼い将軍を支えるために御三家をはじめ御一門・譜代があり、それらが健在である以上、鍋松君が将軍になっても全く問題はない」と答えた。

○重ねてまた……幼きものの事の如きは、世の人のいう「水の上の泡」ぞかし。我なからん後、いくほどもなく、彼もまた空《むな》しくならん時の事をも、はかり置く事なからんには、我が思いの遠きに及ばぬにこそあれ。其のときの事いかがあるべき。又はからい申すべし、と仰せ下さる。はじめ仰せを承りし事のごとく、神祖三家をたて置かせ給いしは、それらの時の御ため也、と答申す。

将軍家宣がなおも「鍋松はまだ四歳で、水の上の泡のように頼りない。私が亡くなったあと、我が子も程なく亡くなった場合はどうするか」と諮問された答えに、「その時こそまず尾張殿、尾張家に継嗣のないときは紀伊殿、このように筋目を違えなければ、問題は起こりません」と、白石は答えた（後段のやり取りは『兼山秘策』を参考）。

家宣は「尾張藩主吉通を後継にすること」を前提とし、その場合の「二通りの対応」を諮問したのだが、白石はその「前提」を消し去り、将来二人の将軍候補が生じれば必ず「後継の争い」が勃発し、天下が乱れる原因になると主張する。そして四歳の実子鍋松君が継承すべきで、尾張殿の摂行も不要というのである。

家宣の没後六代将軍に就いた家継は、父が危惧したとおり四年後の正徳六年、「水の上の泡」のように臨終のときを迎え、そして再び将軍継嗣問題が持ち上がった。幼児の家継に子供のあるはずもなく、これまでの流れからいえば御三家、なかでも尾張家から後見人（家継はまだ危篤状態にある）を出し、没後はそのまま将軍職に就くのがもっとも自然である。亡き家宣もそれを望んでいたはずだ。家宣が尾張家を強く推していたのは、御三家筆頭ということもあるが、もうひとつ綱吉時代の確執が尾を引いている。

綱吉は実子徳松を失った（五歳没）あと子宝に恵まれず、他に候補者を求めざるを得なくなったとき、兄（綱重《つなしげ》）の子にあたる家宣を何故か毛嫌いし、娘（鶴姫）が嫁《か》した紀州家の綱教《つなのり》を後継者に望んだ。鶴姫が宝永元年に亡くなったため、綱吉の試みは頓挫したが、一時的とはいえ家宣は紀州家とライバル関係にあったのである。

先に白石は、「幼少の鍋松君（家継）にもしものことがあったら、その時こそ尾張殿に」と云ったはずだが、すでに事態は変わっていた。尾張藩主の吉通もまた、家宣の後を追うように正徳三年（一七一三）七月に亡くなり（享年二五歳）、嫡子五郎太《ごろうた》が三歳で跡を継いだがわずか二カ月後に没し、ここに義直以来の直系は絶えた。結局吉通の弟継友《つぐとも》が、二二歳で七代藩主を継ぐことになる。つまり正徳六年に将軍継嗣問題が再燃したとき、尾張藩主はすでに吉通の弟継友に代わっていたのである。

振り返ってみて、そもそも白石はなぜ尾張藩主吉通の将軍阻止の方向へ動いたのか。理由はいろいろ考えられるが、先の問題に絡めて云えば、白石が理想とする政治実現のため、幼い将軍のほうが都合がよかったのかも知れない。二〇年近く侍講として仕えた家宣でも、ときに白石の提案を退けた。白石の目から見れば〈姦邪の小人〉以外の何者でもないあの荻原重秀でさえ、失脚に追い込むのに何年もかかった。家宣が親しくしていたとはいえ、吉通の政治信条は白石にとって未知のものであり、間部詮房・新井白石の側用人政治が維持できるかさえ保証の限りではない。幼少の将軍のもとで、今まで通りに側用人間部が取り仕切る体制がもっとも好ましい展開だったろう。

ここへ来て、徳川将軍家と御三家筆頭尾張徳川家の類似が興味を惹く。

将軍家は正徳二年（一七一二）、六代将軍の家宣《いえのぶ》が五一歳で亡くなり、跡を四歳の家継《いえつぐ》が継いだが、三年後に他界した。尾張家は翌正徳三年、四代吉通《よしみち》が二五歳で没し、跡を三歳の五郎《ごろう》太《た》君が襲封《しゅうほう》したが、わずか二か月後に他界した。偶然とはいえよく似ている。偶然でないとしたら、共に嫡子相続のシステムが疲弊して来たということか。

尾張では五郎太君が亡くなって、思いがけず吉通の異母弟にあたる継友《つぐとも》にお鉢が回ってきた。よほど嬉しかったのか、幕府から内命があったとき、すでに市ヶ谷の尾張上屋敷に引っ越して酒宴を張る始末、近臣たちはおろか藩の付家老《つけがろう》竹腰《たけのこし》に盃を勧めるに及んで、家老は継友の傅役《もりやく》の山寺氏を呼び、「五郎太君の喪中に非礼であろう、瑞祥院《ずいしょういん》夫人（吉通の正室、五郎太生母）のお気持ちを察せよ」と叱りつけたという。

それから三年、正徳六年（一七一六）の四月半ば、今度は八歳になった将軍家継がカゼをこじらせ、肺炎を併発して重篤に陥った。月末にはいよいよ危篤となり御三家が急遽《きゅうきょ》城に呼ばれた。家継の後見人（実質は後継者）を決めるためである。家宣夫人の天英院《てんえいいん》（家継の生母）は紀州の吉宗を奥へ招き入れ、「先君（家宣）の遺命である。後見を引き受けよ」と迫る。しかし吉宗は「年齢から言えば水戸の綱條《つなえだ》卿、家格から言えば尾張の継友《つぐとも》卿が順である」と固辞し、ようやく三家・幕閣・群臣の一致した推挙を俟《ま》って受諾したとされる（『徳川実紀』）。幕府の正史はそう伝えるが、背後にはいろいろ複雑な事情があった。

まず説得に使われた「先君の遺命」だが、もともと病気がちだった家宣は、実子鍋松《なべまつ》（のちの家継）が幼いこともあって、もしもの時は「尾張藩主吉通（当時二四歳）を後見人あるいは後継者に」と考え、新井白石に意見を求め、白石は「いくら幼くても実子が継ぐべきで、御三家は幼君を支えればよい」と答えた（『折たく柴の記』）。家宣が尾張を頼ったのは、御三家筆頭という以上に紀州が嫌いだった事情は前に述べた。そんな家宣が、よりによって紀州を推す筈はない。おそらく側用人政治に反発する譜代グループが天英院と組んで「遺命」なるものを作り、巻き返しに出たというのが真相だろう。

しかし御三家筆頭の尾張にとってみれば、かつて将軍の座にもっとも近かった吉通が、家宣を追うように亡くなり（二五歳）、いささか凡庸な異母弟の継友が、好機をみすみす紀州家に持って行かれた、そんな格好に見えた。内外とも藩の上層部に対する風当たりは強く、むろん朝日文左衛門も黙ってはいない。日記に次のように記す。

○廿九日（尾張公へは）何の沙汰もなし。翌三十日未《ひつじ》の時（午後二時）、大樹《たいじゅ》（将軍家継公）御不予急危とて、殿中騒ぎ立て、お城付きより人走らせ、ただ今ご登城あそばされる旨、ご老中申される由、市ヶ谷（上屋敷）中煮え返ると云々。お駕籠未だ回らず、「ヤレ馬、馬」と御意、じかに御馬に召されて乗りにて（乗ったまま）出御、お供切れ切れにて走り行く。この御出の急さを、江戸中あるいは良しと言い、または散々の評判もあり。

○紀（州）侯へは、廿九日の夜御内証《ごないしょう》もありし由にて、朝から彼の御館《おやかた》色めき、何事かざわつくと。魚売り油売りまで不審がりて、午《うま》の下刻《げこく》（午後一時）、御登城。常々のお供廻りより一倍、ご家老両人、騎馬にて静かに登城。わが公は小半時《こはんとき》（一時間）遅れて御登城なり。水戸様は紀侯の次に御登城なり。人、あるいは「御城付き」の水野弥次太夫、「お城これ程の事を物色せざるや、大ぬかり油断」と叱るものもあり。（正徳六・四・二九）

『鸚鵡籠中記』は何処から得た情報か分からないが、家継が重篤になった二九日に尾張侯は呼ばれず、紀州侯だけが登城したと記す。翌日いよいよ家継が危篤となり、老中から直ちに登城されたいとの連絡に、市ヶ谷邸は蜂の巣をつついたような騒ぎとなり、駕籠だ馬だと騒ぎ立て、ついに殿様は準備も待たず馬で走り出す、供の者たちもその後を息せき切って追うという光景、江戸市中、「良し」と云う者もいるが、まずは散々な評判である。

新しい情報によると、すでに紀州殿には前日の夜に連絡があり、三〇日は朝から紀州侯の屋敷は色めき立ち、出入りの魚屋まで不審がるほど、午後になると整然と紀州殿一行は登城した。尾張殿は一時間も遅れ、水戸侯にも後れをとる始末、いったいお城付きの藩士たちは何をしていたのか、大失態ではないか、と叱る者がいる。さらに続きがある。

○何やら御老中が出て申しあげられ、申《さる》の六刻（夕方四時過ぎ）、わが公と水戸侯しおしおとご退出、紀侯は別に御用ありとて御留まり。水・尾両侯お下がりの後、じかに二の丸へお入りなさるようにと、御老中申され、それから奥のことは知れずと云々。

○其の夜、（継友）公、中《なか》（奥《おく》）御座の間に出御、隼人正・壱岐守・能登守・靫負・兵部を召され、何やら仰せごと有りし。御人払いなれば聞きし者なし。あるいは言う、隼人正何やら大声二つ三つして、不機嫌に出られしと。

三〇日の夜、市ヶ谷の藩邸で急きょ重臣会議が開かれ、継友の前には成瀬隼人正、竹腰壱岐守、阿部能登守、石川靫負、津田兵部らが参集、此度《このたび》の事が総括されたらしい。途中で成瀬が突然大声を上げ、席を立つといった険悪な雰囲気である。明けて五月一日、御三家、ご連枝、御一門が江戸城に入り、月番老中久世《くぜ》大和守から「家継公、ご養生の甲斐なく、昨夜ご早世された由」を承った。五月三日になって、今度の一件の江戸市中の評判が、日記に書きつづられる。

○江戸町々にて「尾張衆は腰抜けじゃ、尾張大根も腐っては食われぬ。岐阜アユの鮨押しつけられて、へぼ犬山の城主（成瀬氏）もここでは声が出ぬ」など高笑いにて云う。

（正徳六・五・三）

何を言われても当分我慢するほかないが、尾張大根、岐阜のアユ鮨は余程有名だったらしい。このあと市中に張り出されたりした落首は一〇〇首を超え、その全てを『鸚鵡籠中記』は収録する。主なものは次の通りだ。

○今日よりは　紀伊に仕えて　尾張殿　口惜し家老　竹の腰折れ
○世の終わり（尾張）いかに成瀬と思いしに　早やとりあえず　紀伊の城入り
○このたびは　紀伊国みかん　もぎ取りて、しなびて帰る　尾張大根
○尾張には　能なし猿が　集まりて　見ざる聞かざる　天下取らざる

○水戸はなし　尾張大根　葉はしなび　紀の国みかん　鈴なりぞする

○悲しみを　間部（ま鍋）へ入れて　煮るときは　越前鰆も　骨ばかりなり　※間部詮房越前守

○紀の国の　みかん立花（橘）　葉は盛り　尾張大根　いまは切干し

○天下をば　紀伊に取られて　恥かいて　壱岐壱岐として　登る腰抜け　※竹腰壱岐守

このほかに「引き残されし尾張大根」「辛味抜け尾張大根捨てられて」「赤味つけた尾張でんがく」「宮重《みやしげ》だいこん切て出はせで」「引き抜かれ尾張大根辛味なし」などの表現が見られる。そしてついに落語のネタにもなった（演題「紀州」または「槌の音」）。

○（要約）七代将軍家継が幼くして亡くなったあと、尾張公と紀州公が八代の座を争った。その評定が行われる当日、尾張公が市ヶ谷の上屋敷から登城の途中、鍛冶屋の前を通りかかると、中から「トッテンカン・トッテンカン」と槌音が響き、これが「天下取る・天か取る」と聞こえたから殿様は上機嫌。城中では天下諸侯がズラリと居並び、老中筆頭大久保加賀守がまず尾張公の前に来て、「天下万民のためご就職あって然るべき…」と将軍就職を要請したが、尾張公は外交辞令として「われ徳薄くして、その任にあらず…」と辞退した。このあと加賀守は紀州公の前に進み、また同じ要請をした。紀州公もまた「われ徳薄く…」と答えたから、尾張公もう一度こちらへ来ると思ったのも束の間、「……されど天下万民のためとあらば、就職いたすべし」と受けてしまった。その帰り道、ぼやきながら駕籠が例の鍛冶屋の前を通る。まだトッテンカンとやっているから、嘘を申せ、当てにならんわい」と言った途端、鍛冶屋の親方、焼けた鉄棒を水に突っ込んだから、一瞬にして「キシュウ……」、そこで殿様、「うん、やっぱり予《よ》ではなかったか」。

前の落首のうち、「水戸はなし、尾張大根　葉はしなび　紀の国みかん　鈴なりぞする」でいささか迷った。日出の勢いの紀州と尾州の凋落《ちょうらく》ぶりを、紀州名産のミカンと尾張名産の切干大根にたとえて諷した落書《らくしょ》で意味はむつかしくないが、「水戸はなし」を「みっともなし」の意味にとるか、水戸名産の「梨」と取るかである。「見っともない」の場合は「水戸も…」であるが、ここは「水戸は…」になっていて、水戸の名産の意味にもとれる。一応前者の意味にとっておくが、何か落ち着かない。その理由を記しておく。

落書は全部で一〇〇首余を載せているが、そこに「水戸もない……」「水戸もないこと」「見ともない事」の句が含まれている。しかし御三家の名産品を挙げているようにも思われ、そうであれば「水戸は梨…」となる。では水戸藩（常陸国、現茨城県）の梨は有名なのか。いま「日本ナシ」の県別収穫量を調べると、千葉県に次ぐ全国第二位で三万トン弱とある（『日本国勢図会地域統計版』）。千葉県が第一位なのは「二十世紀ナシ」のお蔭だろう。物の本に「千葉県松戸市の松戸覚之助が発見した品種で、明治四〇年頃から市場に出回るようになった」とある。しかし日記の記事は江戸の前半の「水戸のご老公」の時代だ。どうにも気になって手当たり次第に関係しそうな本を当たってみる。たとえば人見必大の『本朝食鑑』には「江州の観音寺、奥州の松尾は形状《かたち》は小さいけれども味は最も佳い」「水梨（水分が多い）は甲州山中および武州の八王子・伊豆・駿河などの地に産出《とれ》る。あるいは京畿・江南（隅田川の南）・海西で多くとれる」と記し、主に『和漢三才図会』を参考にしているらしい。また茨城の商品作物として紅花・イグサ・タバコ・茶・綿・大豆・菜種を挙げるが、ナシは出てこない（『茨城の歴史をさぐる』茨城県立博物館）。いっそ古く遡って『延喜式』の貢進規定をみると、「甲斐国から青梨子、信濃・因幡から梨子」とあり、常陸は出てこない。やはり「見っとも無い」の意味で良さそうに思う。

将軍継嗣問題がようやく片付いた二カ月後の正徳六年六月二二日に改元があり、享保《きょうほう》元年になった。いよいよ吉宗の時代の幕開けである。尾張大根も最後は「しなびた」話になり、尾張人として忸怩《じくじ》たる思いもあるが、将軍継嗣問題に限って言えば、紀州の吉宗で正解だったろう。先君の喪中に酒宴を開く人物では、将軍は務まるまい。むろん一つの史料だけで判断するのは危険で、いくら朝日文左衛門贔屓といっても、彼の言動を全面的に支持しているわけではない。

おわりに

九月半ば、本書のゲラが届けられ、その校正をしているとき「御嶽山噴火《おんたけさん》」のニュースが飛び込んできた（九月二七日）。一足早い紅葉を楽しみながら偶々《たまたま》御嶽山の頂上（三〇六七メートル）付近に居た六〇余名が、噴石に打たれて命を落とした。戦後最大の火山災害であり、思わず「宝永の富士山噴火」の項をもう一度読み返した。江戸時代に御嶽山登山の道を開き御嶽山の中興開山とされる「覚明行者《かくめいぎょうじゃ》」は、筆者が住む春日井の生まれであり、その誕生の年（享保三年）に『日記』の著者朝日文左衛門が亡くなっている。それがどうしたと言われても困るが、妙な因縁である。

覚明（幼名源助）は、春日井市北西部の牛山に生まれた。幼い時士器野《どきの》新田（清須市新川橋辺）の農家にもらわれ、のち枇杷島清音寺（名古屋市西区枇杷島三丁目）の徒弟となったあと、医者の箱持ちや餅屋などをして生計を立てたが、盗みを疑われたことがきっかけで諸国巡礼の旅に出たという。三〇代前半のことらしい。以後、本格的な修業を積み、真言密教を学んで断食や巡礼の修業を重ね、やがて密教修験者《しゅげんじゃ》として木曾谷の村々を訪れるようになった。

山岳仏教が盛んになった平安時代以降、修験者による御嶽登山が行われていたが、それは修行の一環であり、登拝者には重潔斎《じゅうけっさい》（麓の行者小屋で百日間肉食を断ち、水垢離《みずごり》を行う）が義務付けられていた。すでに白山《はくさん》や立山《たてやま》が一日から三日の軽潔斎で登れるようになった江戸期においても、御嶽山だけは尾張藩から重潔斎とされ、登山日も定められていたのである。「村人とともに容易《たやす》く信仰の山に登りたい」という覚明の願いは、山を管轄する神職武居家や山村代官所から退けられ、ついに禁を犯し黒沢口から登拝を決行するに至る（天明五年・一七八五）。その後も道を整備しながら登拝を強行し、福島番所に拘禁されることもあった。翌天明六年に覚明は頂上近くの二ノ池畔で病に倒れ、近くの岩場に埋葬された。いま其処《てこ》に山小屋「覚明堂」が建ち、傍らに霊場がある。その後も信者の登拝はつづき、「福島宿《しゅく》」が賑わうようになると、漸《ようや》く軽潔斎の登拝が正式に許可された（寛政四年・一七九二）。なおこの年、王滝口登山道も江戸の普寛《ふかん》行者（秩父郡大滝村生まれ）によって開かれている。

御嶽山は、鉢盛山と並んで濃尾平野を潤す「木曽川源流の山」であり、それだけに木曾谷に生きる人や平野部の農民・漁民たちの信仰も厚い。そういう山へ簡単に登れるようになることには、賛否があるだろう。山麓の農民たちも、はじめから覚明を支持していたわけでは

春日井市牛山町の天神社境内に建つ「覚明霊神像」

ない。木曾谷に入ってからの覚明は、王滝《おうたき》・三岳《みたけ》（黒沢）・開田《かいだ》の村々で農業や薬草利用の指導など十数年に亘《わた》って実践を積んでいる。西国を行脚した時期の知識が、大いに役立っただろう。

覚明を「御嶽山中興開山の人」と称《たた》えるのは、登山道を拓いたり精進を容易にしたりしただけでなく、山麓の木曾谷に進んだ農法を伝え、開田《かいだ》村での稲作を可能にし、薬草の知識を教え、荒地の開拓に農民と共に汗を流したからだろう。その象徴的行動が、村人とともに御嶽にお礼の登拝をすることだったように思われる。

「元禄・宝永地震、宝永の富士山噴火」の連鎖が、現代に「東海・東南海地震、富士山噴火」という形で再現されるかどうか分からない。ただ元禄期との比較で云えるのは、ともに人々が異常気象を感じ、地震（火山）が活動期を迎えていたということだ。われわれは華やかな元禄文化の裏に、木曽川の水が凍り硯《すずり》の水が凍るような寒冷気候があったとは気づかないだろうし、江戸の町に噴火の灰が降り積もる光景も想像しにくい。さらに麻疹《はしか》や天然痘の大流行があって、男女を問わず痘痕顔《あばたがお》が溢れていた筈だが、今のひとは誰もそのことに言及しない。

文左衛門たちは、そういう現実の中で楽しげに人生を謳歌していたのである。彼らに学ぶべきは、災害をはじめとする「大変」に出くわしたときの「強さ」だろう。その強さが何処から来るのか。『鸚鵡籠中記』を読んで一つだけ分かった。たかが百石取りのサラリーマン武士と侮ってはならない。普段から時流に流されず、権威に阿《おもね》ることのない自立性をちゃんと養っているのだ。封建時代などという歴史用語で江戸の日常を誤解してはならない。儒教を柱とする江戸時代の精神構造を、もう一度調べ直す必要があるように思われる。

＊第二章「元禄～宝永期の、もうひとつの顔」は、第二回東海学シンポジウム資料集に「朝日文左衛門が経験した〈元禄・宝永地震〉」の題名で誌上参加した稿に加筆したものである。

＊第五章の最終稿「将軍になり損ねた尾張の殿様」は、第一回東海学シンポジウムの資料集に「ダイコンの王様〈尾張ダイコン〉」と題して誌上参加した稿と一部重複する。

参考文献

守屋毅　『元禄文化』　弘文堂　一九八七年　講談社学術文庫所収　二〇一一年

朝日文左衛門　『鸚鵡籠中記』　（『名古屋叢書続編』九〜一二巻　名古屋市教育委員会　一九六五〜）

塚本学編注　『摘録　鸚鵡籠中記』上下　岩波文庫　一九九五年

神坂《こうさか》次郎　『元禄御畳奉行の日記』　中公新書　一九八四年

加賀樹芝朗《きしろう》　『鸚鵡籠中記』江戸時代選書一　雄山閣　二〇〇三年

関山和夫　『中京芸能風土記』　青蛙房《せいあぼう》　一九七〇年

芥子川《けしかわ》律治　『尾張の元禄人間模様』　中日新聞本社　一九七九年

『徳川実紀』　新訂増補「国史大系」1〜10巻　吉川弘文館　一九二九四年〜

指峯堂《しほうどう》・猿猴庵《えんこうあん》　『尾陽戯場事始《びようぎじょうことはじめ》』（『名古屋叢書』16芸能編一　名古屋市教育委員会　一九六〇年）

横井也有《やゆう》　『鶉衣《うずらころも》』鏡裏梅「指峯堂記」（『名古屋叢書三編』17　名古屋市教育委員会　一九八三年）

『名古屋の史跡と文化財』新訂版　名古屋市教育委員会　一九九〇年

竹内誠ら編　『日本近世人名辞典』　吉川弘文館　二〇〇五年

渡辺保氏　『江戸演劇史』上下　講談社　二〇〇九年

阿部直輔《なおすけ》編　『尾藩世記』　一八七五年脱稿　（『名古屋叢書三編』　名古屋市教育委員会　一九八七年）

岡田啓ら撰　小田切春江画　『尾張名所図会』　天保一二年　大日本名所図会刊行会　一九一九年

旧版『名古屋市史』地理編　名古屋市役所　一九一六年

旧版『名古屋市史』社寺編　名古屋市役所　一九一五年

旧版『名古屋市史』政治編一　名古屋市役所　一九一六年

旧版『名古屋市史』人物編一　名古屋市役所　一九三四年

『熱田町旧記』 元禄一二年 著者不明 尚友堂書店 熱田叢書一 一九一三年
篠田《しのだ》達明《たつあき》 『徳川将軍家十五代のカルテ』 新潮新書 二〇〇五
塚本学 『人物叢書 徳川綱吉』 吉川弘文館 一九九八年
上野洋三校注 『松陰《まつかげ》日記』 岩波文庫 二〇〇四年
神沢貞幹編著 『翁草』 （歴史図書社 『近世史料叢書』 一九七〇年）
浮橋康彦訳 『翁草』 原本現代訳 教育社新書 一九八〇年
『護国女太平記』 有朋堂文庫 一九一四年
東武野史 『三王外記《さんのうがいき》』 国会図書館電子図書 一九八〇年
『日本史諸家系図人名辞典』 小和田哲男監修 講談社 二〇〇三年
島内景二《しまうちけいじ》 『心訳 『鳥の空音』 笠間書院 二〇一三年
酒井シヅ 『病が語る日本史』 講談社学術文庫 二〇〇八年
鈴木則子 『江戸の流行り病』 吉川弘文館 二〇一二年
「名古屋芝居濫觴跡《らんしょうあと》」 （『郷土文化』 四巻四号 一九四九年）
『事跡合考』 一七四六年 （「燕石十種」 第二巻 中央公論社 一九七九年）
『昭和区の歴史』 愛知県郷土資料刊行会 一九九九年
『吾妻鏡《あづまかがみ》』 （国史大系本 現代語訳 吉川弘文館 二〇〇七年～）
村井淳志《あつし》 『勘定奉行荻原重秀の生涯』 集英社新書 二〇〇七年
室《むろ》 鳩巣《きゅうそう》 書簡集 『兼山秘策《けんざんひさく》』 日本経済大典第六巻 一九六六年
『新訂 寛政重修諸家系図』 続群書類従完成会 一九六四年
『曲亭馬琴日記』 第二巻 中央公論新社 二〇〇九年

真山青果《まやませいか》　『随筆滝沢馬琴』　岩波文庫　二〇〇〇年
滝沢馬琴　『羇旅漫録《きりょまんろく》』　馬琴研究資料集成第五巻　クレス出版　二〇〇七年
角川『日本姓氏大事典23愛知県』　角川書店　一九九一年
『江戸城下変遷絵図集』全二〇巻　原書房　一九八五年～
文久三年「日本橋南之絵図」　尾張屋清七板
北村一夫　『江戸東京地名辞典』　講談社学術文庫　二〇〇八年
野中和夫　『江戸・東京の大地震』　同成社　二〇一三年
『士林泝洄《しりんそかい》』（『名古屋叢書続編』一七～二〇　名古屋市教育委員会　一九六八年）
旧版『名古屋市史』政治編二　名古屋市役所　一九一五年
喜多川守貞　『守貞漫稿《もりさだまんこう》』近世風俗志全五冊　岩波文庫　一九九六年～
郷土誌『無閑之《むかし》』　第四一号　一九四〇年　一九七七年復刻版
柳沢吉保　『楽只堂《らくしどう》年録抜粋』　一九八〇年　東京大学地震研究所　宇佐美龍夫
今井金吾校訂　『武江年表』上中下　ちくま学芸文庫　二〇〇三年
『玉露叢』　慶長三～天和元年の編年史　国史叢書　国史研究会　一九一七年
『甘露叢』　延宝九～元禄一六年の日記体　内閣文庫所蔵史籍叢刊47　一九八五年
『文露叢』　宝永元～正徳五年の日記体　内閣文庫所蔵史籍叢刊48　一九八五年
鈴木理生《まさお》　『江戸・東京の地理と地名』　日本実業出版社　二〇〇六年
喜多村筠庭《いんてい》　『嬉遊笑覧《きゆうしょうらん》』1～5　岩波文庫　二〇〇二～〇九年
田村栄太郎　『千代田城とその周辺』　雄山閣　一九六五年
新井白石　『折たく柴の記』　岩波文庫　一九九九年

『新井白石日記』上下　「大日本古記録」　岩波書店　一九五二年
高柳金芳　『徳川妻妾記』　雄山閣　二〇〇三年
野中和夫　『江戸の自然災害』　同成社　二〇一〇年
伊藤和明《かずあき》　『地震と噴火の日本史』　岩波新書　二〇〇二年
『金城《きんじょう》温古録《おんころく》』二之丸編五　（『名古屋叢書続編』　名古屋市教育委員会　一九六五年）
天野信景《さだかげ》　『塩尻』　國學院大學出版部　一九〇七年
寒川旭　『地震の日本史』　中公新書　二〇〇七年
『名古屋合戦記』　著者・成立年不詳　（『改定史籍集覧』第一三冊所収　一九〇二年）
山田秋衛　『名古屋城』　名古屋城叢書1　一九六九年
服部鉦太郎　『名古屋城年誌』　名古屋城叢書2　一九六七年
畔柳《くろやなぎ》昭雄《あきお》　『海水浴と日本人』　中央公論新社　二〇一〇年
永原慶二《ながはらけいじ》　『富士山宝永大爆発』　集英社新書　二〇〇二年
人見必大《ひとみひつだい》　『本朝食鑑』　東洋文庫　平凡社　一九七六年

大下　武（おおした　たけし）

一九四二年生まれ。早稲田大学文学部国史専修卒業。近代思想史専攻。愛知県立高校教諭を経て、春日井市教育委員会文化財課専門員として、「春日井シンポジウム」の企画、運営に二十年間携わる。

現在、ＮＰＯ法人東海学センター理事。

東海学センターは、二十年間つづいた春日井シンポジウムのあとを受け、民間で歴史シンポジウムの継続を担うために立ち上げられた法人組織。二〇一四年には、第二回のシンポジウム「歴史と災害」を主催。今後も継続予定。

著書に『城北線　歴史歩き』『愛環鉄道　歴史歩き　上、下』『スカイツリーの街　歴史歩き』（大巧社）『遠いむかしの伊勢まいり―朝日文左衛門と歩く―』（ゆいぽおと）。

装丁　三矢千穂

元禄の光と翳　―朝日文左衛門の体験した「大変」―

２０１４年11月19日　初版第１刷　発行

著　者　大下　武

発行者　ゆいぽおと
〒４６１－０００１
名古屋市東区泉一丁目15－23
電話　０５２（９５５）８０４６
ファックス　０５２（９５５）８０４７
http://www.yuiport.co.jp/

発売元　ＫＴＣ中央出版
〒１１１－００５１
東京都台東区蔵前二丁目14－14

印刷・製本　モリモト印刷株式会社

内容に関するお問い合わせ、ご注文などは、
すべて右記ゆいぽおとまでお願いします。
乱丁、落丁本はお取り替えいたします。
©Takehi Oshita　2014 Printed in Japan
ISBN978-4-37758-451-1 C0021

ゆいぽおとでは、
ふつうの人が暮らしのなかで、
少し立ち止まって考えてみたくなることを大切にします。
テーマとなるのは、たとえば、いのち、自然、こども、歴史など。
長く読み継いでいってほしいこと、
いま残さなければ時代の谷間に消えていってしまうことを、
本というかたちをとおして読者に伝えていきます。